劳动关系全流程
法律实务解析

桂维康 —— 著

中国法制出版社
CHINA LEGAL PUBLISHING HOUSE

序 言

劳动法起源于民法，后从民法中分离出来成为独立的法律部门，它属于社会法范畴。欧洲工业革命后，劳动关系出现普遍化。起初，劳动关系由民法进行调整。由于资强劳弱，由民法来调整劳动关系逐渐变得十分困难。为了调整劳资地位的不平等，需要突破民法的束缚，寻求公权力的介入，这时劳动法律由此应运而生。1802年，英国颁布的《学徒的健康及道德法》被视为现代劳动法的开端。

经过几代人的努力，我国建立了以《中华人民共和国劳动法》《中华人民共和国劳动合同法》和其他法律为主体，行政法规、部门规章、地方性法规和地方政府规章、司法解释和国际公约为辅的劳动法律制度，对保障劳动者的基本权利，维护稳定和谐的劳动关系起到了重要的作用。

社会发展迅速，劳动法在实务运用中难免出现不足。网络时代新业态不断涌现，劳动立法滞后性显现。劳动关系，从建立、履行、变更到解除、终止，涉及众多环节，每个环节中又存在很多细节问题，但是劳动法律、法规中的规定却大部分都是原则性的。针对同样的问题，不同地方性法规和规章可能有着不同的规定，甚至在同一地方，不同时期或者不同裁判机构还可能会出现不一样的观点。

我从事法律工作十余年，办理过企业的疑难、复杂劳动案件，也作为志愿者接待解答职工咨询，还对群体性劳动纠纷进行过调解，这些宝贵的经历丰富了我的法律实务经验和知识。除了本职工作之外，我还会为企业园区、律师协会讲授劳动法实务课程。这些课程得到了众多企业负责人、人力资源（HR）、法务、律师朋友们的肯定和称赞。这些肯定和称赞给了我进步的动力，也触发了我著书立作的想法，书籍可以使知识传播得更远、更久，让更多人受益。

劳动关系全流程法律实务解析

　　本书从劳动关系建立、履行、变更，劳动关系管理，一直到劳动关系解除、终止，对劳动关系全流程中的法律实务问题进行了列举、解析，还对如何判断劳动关系、竞业限制等问题进行了专章介绍。针对疑难、热点问题，在落笔前，除参考之前积累的经验、知识外，我检索了大量的地方规定、地方案例、地方裁判口径，并进行对比、归纳。我希望，本书对大家处理劳动法实务问题会有所裨益，成为大家的工具书。

　　因法律、法规、裁判口径快速更迭，书中部分内容因时间推移难免失去效用。由于我自身能力和认识有限，书中内容及文字难免出现错误，恳请读者指正，我将在再版时进行更新、修正。

　　谢谢朋友们对本书出版的关心，感谢亲爱的家人对我写作工作的支持。

桂维康
2022 年 5 月 9 日写于上海

目 录

第一章 判断劳动关系

第一节 劳动关系和劳动法律 …………………………………… 1
一、劳动关系的定义 ………………………………………… 1
二、劳动法（广义）的定义、属性、特征 ………………… 1
三、判断劳动关系的重要性 ………………………………… 3
四、如何判断劳动关系 ……………………………………… 3

第二节 劳动关系与劳务关系 …………………………………… 4
一、劳务关系的定义 ………………………………………… 4
二、劳动关系和劳务关系的相似性 ………………………… 4
三、劳动关系和劳务关系的区别 …………………………… 4

第三节 已达退休年龄人员的劳动关系问题 …………………… 6
一、国家层面规定 …………………………………………… 6
二、各地规定和裁判方式 …………………………………… 7
三、最高人民法院的观点 …………………………………… 9

第四节 大中专院校在校生的劳动关系问题 …………………… 9
一、实践中，在校生在外工作的表现形式及劳动关系认定 …… 9
二、大中专院校在校生在一定条件下，可以和用人单位建立劳动关系 …………………………………………… 10
三、认定在校生与用人单位成立劳动关系的典型案例 ……… 12

【案例1-1】郭某诉江苏益某大药房连锁有限公司劳动争议上诉案 ········· 12
【案例1-2】广州某信息科技有限公司诉范某劳动争议案 ······ 13
四、在校生用工风险及降低风险措施 ················· 14
第五节 外国人、无国籍人的劳动关系问题 ················ 15
一、取得外国人来华工作许可是认定劳动关系的前提 ······ 15
二、取得外国人来华工作许可的外国人（及无国籍人）适用劳动法情况各地不一 ················· 16
第六节 台港澳人员的劳动关系问题 ···················· 17
一、台港澳人员在大陆（内地）就业不再需要办理《台港澳人员就业证》 ························· 17
二、台港澳人员就业许可取消后对用人单位用工的影响 ······ 18
第七节 股东、董事的劳动关系问题 ···················· 18
一、股东、董事可以和用人单位建立劳动关系 ············ 18
二、如何认定股东、董事与用人单位是否存在劳动关系 ······ 19
第八节 设立中的公司与劳动者的劳动关系问题 ············ 20
第九节 用人单位的分支机构与劳动者的劳动关系问题 ······ 20
一、取得营业执照或登记证书的用人单位分支机构可以独立与劳动者建立劳动关系 ·················· 20
二、用人单位分支机构被撤销时的法律适用问题 ·········· 21
第十节 "长期两不找"期间用人单位与劳动者不存在劳动法上的权利义务 ··································· 21
第十一节 双重劳动关系问题 ························ 22
一、双重劳动关系的规则演变 ························ 22
二、双重劳动关系中的工伤保险风险 ·················· 23
第十二节 企业违法转包，与受转包方聘用的职工之间、被挂靠企业与挂靠人聘用的职工之间不存在劳动关系 ········ 23
第十三节 保险代理人与用人单位之间的劳动关系问题 ······ 25

第十四节	律师事务所、会计师事务所工作人员的劳动关系认定	26
第十五节	外国企业常驻代表机构的劳动关系问题	27
第十六节	船员劳务合同纠纷	28

  一、船员劳务合同纠纷为三级案由 …… 28
  二、"船员劳务合同纠纷"的相关问题 …… 28

第十七节 互联网平台用工模式下的劳动关系问题 …… 31
  一、互联网平台用工较传统用工相比所呈现的特点 …… 31
  二、从业者和互联网平台之间认定劳动关系的难点 …… 32
  三、认定互联网平台与从业者是否有劳动关系应考虑的因素 …… 33

第二章 劳动关系建立、履行、变更

第一节 招聘管理 …… 35
  一、招聘流程 …… 35
  二、招聘环节就业歧视问题 …… 36
  三、背景调查 …… 37
  四、发出录用通知又取消的问题 …… 41

第二节 试用期 …… 46
  一、试用期的概念 …… 46
  二、试用期的长度 …… 46
  三、不得约定试用期的情形 …… 47
  四、试用期次数 …… 47
  五、试用期延长 …… 48
  六、试用期中止 …… 50
  七、违法约定试用期的法律责任 …… 50
  八、劳动合同仅约定试用期的，试用期不成立 …… 51
  九、试用期工资 …… 51
  十、试用期内解除劳动合同的情形 …… 52

第三节　服务期 …… 53
一、服务期的概念 …… 53
二、用人单位设定服务期的条件 …… 53
三、专项培训费用 …… 54
四、专业技术培训的特征 …… 54
五、劳动者支付违约金的情形 …… 54
六、违约金数额 …… 55
七、劳动者无须支付违约金的情形 …… 55
八、特殊待遇服务期问题 …… 56
九、飞行员离职及服务期问题 …… 58

第四节　订立书面劳动合同 …… 61

第五节　劳动合同的种类 …… 62
一、固定期限劳动合同 …… 62
二、无固定期限劳动合同 …… 62
三、以完成一定工作任务为期限的劳动合同 …… 62

第六节　无固定期限劳动合同应注意的问题 …… 63
一、无固定期限劳动合同并非不能解除 …… 63
二、连续工作满十年的起始时间 …… 63
三、工作年限合并计算问题 …… 63
四、因法定顺延事由超过十年问题 …… 65
五、工作满十年、劳动者需提出或者同意续订、订立劳动合同 …… 66
六、两次固定期限劳动合同后，单位是否有选择权问题 …… 66
七、可签无固定期限但签订了固定期限，劳动者可否反悔问题 …… 67
八、可签无固定期限但签订固定期限，固定期限劳动合同到期后单位是否有终止权 …… 68

第七节　劳动合同的制定 …… 69

一、劳动合同必备条款 ·· 69
　　二、缺乏必备条款、不提供劳动合同文本的法律责任 ············ 72
　　三、劳动合同的约定条款 ·· 72
第八节　非全日制用工 ·· 72
　　一、非全日制用工的概念 ·· 72
　　二、非全日制用工中用人单位的社会保险责任 ··················· 72
　　三、非全日制用工仍然是劳动关系 ································· 73
　　四、非全日制用工与全日制用工的区别 ··························· 73
　　五、用人单位在非全日制用工中面临的风险 ······················ 73
第九节　规章制度的制定 ·· 74
　　一、规章制度的概念 ·· 74
　　二、规章制度具有效力需具备的要素 ······························ 74
　　三、规章制度制定需经过民主程序 ································· 75
　　四、规章制度需向劳动者公示或告知 ······························ 75
　　五、规章制度需合法、合理 ··· 76
　　六、实践中，规章制度制定未经过民主程序的处理 ············· 76
第十节　劳动合同的变更 ·· 80
　　一、工作地点变更 ··· 80
　　二、宽泛约定工作地点的效力 ······································· 81
　　三、特殊岗位工作地点问题 ··· 82
　　四、工作岗位变更 ··· 82
　　五、工作时间变更 ··· 85
　　【案例 2-1】李某与上海 F 食品有限公司劳动合同纠纷案 ····· 85
　　六、用人单位情况变更 ··· 87
　　七、劳动者非因本人原因从原单位被安排到新单位 ············· 88
　　【案例 2-2】张某与上海 B 贸易有限公司劳动合同纠纷案 ····· 88
　　八、劳动合同变更的形式要件 ······································· 89
第十一节　劳动合同示范文本 ·· 90

· 5 ·

一、《劳动合同（通用）》示范文本 ……………………………… 91

二、《劳动合同（劳务派遣）》示范文本 ………………………… 99

第三章　工作时间、工资管理、休息休假

第一节　工作时间 ……………………………………………… 107
一、工作时间制度种类 ……………………………………… 107
二、标准工时工作制 ………………………………………… 107
三、不定时工作制 …………………………………………… 107
四、综合计算工时工作制 …………………………………… 109

第二节　加班工资 ……………………………………………… 110
一、计算加班工资的公式 …………………………………… 110
二、加班工资计算基数 ……………………………………… 111
三、折算日工资或小时工资 ………………………………… 113
四、加班工资计算系数 ……………………………………… 113
五、法定节假日加班工资倍数之争 ………………………… 114
六、计件工资制下的加班工资 ……………………………… 114

第三节　医疗期 ………………………………………………… 115
一、医疗期的概念 …………………………………………… 115
二、医疗期的长度及医疗期的计算周期 …………………… 115
三、特殊疾病的医疗期问题 ………………………………… 117
四、劳动合同未到期，但医疗期已届满的处理 …………… 118
五、劳动合同期满，但医疗期未届满的处理 ……………… 120

第四节　病假工资 ……………………………………………… 121
一、病假工资全国性规定 …………………………………… 121
二、病假工资地方性规定 …………………………………… 121

第五节　双倍工资 ……………………………………………… 125
一、支付双倍工资的法定情形 ……………………………… 125

目 录

　　二、未依法签订书面劳动合同需支付双倍工资 ………… 125

　　三、特殊情况下未签订劳动合同的处理 …………………… 126

　　四、"书面劳动合同"不应字面机械理解 ………………… 128

　　五、缺乏必备条款的劳动合同效力 ………………………… 129

　　六、双倍工资的时效 ………………………………………… 130

　　七、倒签劳动合同问题 ……………………………………… 133

　　八、双倍工资计算基数 ……………………………………… 133

　　九、应当订立却未订立无固定期限劳动合同需支付双倍工资 … 136

第六节 代通金 …………………………………………………… 138

　　一、代通金的由来 …………………………………………… 138

　　二、代通金的规定 …………………………………………… 139

　　三、代通金理解和运用 ……………………………………… 139

　　四、提前三十日通知与额外支付一个月工资（代通金）的
　　　　方式选择 ………………………………………………… 140

　　五、代通金的基数 …………………………………………… 141

　　六、特殊情况下，代通金的基数确定 ……………………… 141

第七节 带薪年休假 ……………………………………………… 142

　　一、享受带薪年休假的条件 ………………………………… 142

　　二、带薪年休假天数 ………………………………………… 143

　　三、年休假天数计算 ………………………………………… 143

　　四、劳动者不享受年休假的情形 …………………………… 144

　　五、未休年休假工资报酬 …………………………………… 144

　　六、未休年休假工资的性质、仲裁时效 …………………… 145

　　七、用人单位未支付未休年休假工资（200%法定补偿部分），
　　　　劳动者能否解除劳动合同要求经济补偿金 ……………… 147

　　八、福利性年休假 …………………………………………… 147

　　九、劳动关系解除原因对劳动者在劳动合同解除当年度是否
　　　　享受年休假的影响 ……………………………………… 148

第八节　年终奖 …………………………………………………… 149
　　一、用人单位是否有义务发放年终奖 ……………………… 149
　　二、年终奖计算个人所得税问题 …………………………… 150

第四章　涉女职工问题

第一节　女职工权益保护 ………………………………………… 155
　　一、女职工禁忌从事的劳动范围 …………………………… 155
　　二、女职工特殊保护 ………………………………………… 156
　　三、性骚扰问题的法律规定和单位责任 …………………… 157
　　四、"三期"女职工特殊保护 ………………………………… 161
第二节　女职工"三期"假期 …………………………………… 163
　　一、产假、陪产假 …………………………………………… 163
　　二、保胎假、产前假、哺乳假 ……………………………… 163
第三节　"三期"女职工合规管理 ……………………………… 166
　　一、"三期"女职工的解除问题 …………………………… 166
　　二、产前检查问题 …………………………………………… 166
　　三、女职工入职时隐瞒怀孕情况的处理 …………………… 167
　　四、怀孕的开始时间 ………………………………………… 167
　　五、劳动合同终止后才知道怀孕的撤销问题 ……………… 168
　　六、劳动合同到期前协商一致解除劳动合同，后女职工发现
　　　　怀孕的撤销问题 ………………………………………… 169
　　七、关于撤销权的规定 ……………………………………… 170

第五章　劳动合同解除和终止

第一节　劳动合同解除的种类 …………………………………… 175
第二节　协商一致解除 …………………………………………… 175

目 录

一、劳动者提出解除劳动合同并与用人单位协商一致 ……… 175

二、用人单位提出解除劳动合同并与劳动者协商一致 ……… 176

三、协商一致协议的效力 ……………………………………… 176

四、协商解除协议范本 ………………………………………… 177

第三节 劳动者预告解除 ……………………………………… 179

一、劳动者预告解除需提前通知用人单位 ………………… 179

二、劳动者预告解除未提前通知用人单位的责任 ………… 179

三、事先约定劳动者未提前通知赔偿金额或计算方式的效力 … 179

第四节 劳动者即时解除 ……………………………………… 180

一、未按照劳动合同约定提供劳动保护或者劳动条件的 … 181

【案例 5-1】 关闭系统导致劳动者无法正常工作，且对劳动者收入造成影响的，视为未提供劳动条件，判决用人单位支付经济补偿金 ……………………………………………… 181

【案例 5-2】 出租车报废后，出租车公司未再向劳动者提供出租车，视为未提供劳动条件，判决用人单位支付经济补偿金 ………………………………………………… 182

二、未及时足额支付劳动报酬的 …………………………… 182

三、未依法为劳动者缴纳社会保险费的 …………………… 183

四、用人单位的规章制度违反法律、法规的规定，损害劳动者权益的 ………………………………………………… 187

五、因《劳动合同法》第 26 条第 1 款规定的情形致使劳动合同无效的 ………………………………………………… 187

六、法律、行政法规规定劳动者可以解除劳动合同的其他情形 ………………………………………………………… 187

七、用人单位以暴力、威胁或者非法限制人身自由的手段强迫劳动者劳动的，或者用人单位违章指挥、强令冒险作业危及劳动者人身安全的 ………………………… 187

第五节 用人单位即时解除 ……………………………………… 188

· 9 ·

一、在试用期间被证明不符合录用条件的 …………………… 188

二、严重违反用人单位规章制度的 …………………………… 188

三、严重失职，营私舞弊，给用人单位造成重大损害的 …… 189

四、劳动者同时与其他用人单位建立劳动关系，对完成本单位的工作任务造成严重影响，或者经用人单位提出，拒不改正的 …………………………………………………………… 189

五、劳动者以欺诈、胁迫的手段或者乘人之危，使用人单位在违背真实意思的情况下订立或者变更劳动合同的 …… 190

六、被依法追究刑事责任的 …………………………………… 191

第六节 用人单位预告解除 ……………………………………… 193

一、劳动者患病或者非因工负伤，在规定的医疗期满后不能从事原工作，也不能从事由用人单位另行安排的工作的 … 193

二、劳动者不能胜任工作，经过培训或者调整工作岗位，仍不能胜任工作的 ……………………………………………… 194

三、劳动合同订立时所依据的客观情况发生重大变化，致使劳动合同无法履行，经用人单位与劳动者协商，未能就变更劳动合同内容达成协议的 ………………………………… 194

四、未提前三十日通知或者未额外支付一个月工资的问题 … 196

第七节 用人单位单方解除劳动合同的程序要件 ……………… 196

一、程序要件规定和理解 ……………………………………… 196

二、程序要件的补正 …………………………………………… 198

第八节 裁员 ……………………………………………………… 200

一、裁员的法定情形和人数要求 ……………………………… 200

二、裁员的步骤要求 …………………………………………… 201

三、裁员时需优先留用的人员 ………………………………… 201

四、"优先留用"的理解 ………………………………………… 201

五、"优先留用"的举证问题 …………………………………… 202

第九节 用人单位不得预告解除和裁员的情况 ………………… 203

第十节　劳动合同的终止 …………………………………… 204
　　一、劳动合同期满的 ………………………………………… 204
　　【案例 5-3】夏某诉上海 Y 进修学院劳动合同纠纷案 ……… 206
　　二、劳动者开始依法享受基本养老保险待遇的 ……………… 209
　　三、劳动者死亡，或者被人民法院宣告死亡或者宣告失踪的 … 209
　　四、用人单位被依法宣告破产的 ……………………………… 210
　　五、用人单位被吊销营业执照、责令关闭、撤销或者用人
　　　　单位决定提前解散的 …………………………………… 210
　　六、法律、行政法规规定的其他情形 ………………………… 210
第十一节　解除、终止后劳动关系双方的法定义务 …………… 211
　　一、解除、终止后用人单位的法定义务 ……………………… 211
　　二、解除、终止后劳动者的法定义务 ………………………… 212

第六章　经济补偿金、赔偿金、继续履行

第一节　经济补偿金制度 …………………………………………… 214
第二节　用人单位应当支付经济补偿金情形的立法沿革 ………… 215
　　一、1995 年 1 月 1 日起施行的《劳动法》及《违反和解除
　　　　劳动合同的经济补偿办法》……………………………… 215
　　二、2001 年 4 月 16 日起施行的《最高人民法院关于审理
　　　　劳动争议案件适用法律若干问题的解释》……………… 216
　　三、2008 年 1 月 1 日起施行的《劳动合同法》…………… 217
　　四、《劳动合同法》施行前的地方规定 ……………………… 218
第三节　经济补偿金的计算问题 …………………………………… 218
　　一、经济补偿金的计算方式 ………………………………… 218
　　二、计算要素之劳动者在本单位工作的年限 ……………… 219
　　三、计算要素之劳动者在本单位的月工资 ………………… 220
　　四、各地关于月工资（计算基数）的规定 ………………… 220

第四节　经济补偿金分段计算问题 …………………………… 224
　　一、分段计算的情形和时间 …………………………………… 224
　　二、分段计算的年限折算 ……………………………………… 225
　　三、分段计算的年限封顶 ……………………………………… 225
　　四、分段计算的月工资（计算基数） ………………………… 226
　　五、分段计算的地方规定 ……………………………………… 227

第五节　赔偿金 …………………………………………………… 230
　　一、赔偿金的概念和计算方式 ………………………………… 230
　　二、赔偿金分段计算问题 ……………………………………… 230

第六节　一次性补偿收入、赔偿金涉税问题 …………………… 231
　　一、一次性补偿收入如何计算个人所得税 …………………… 231
　　二、当地上年职工平均工资3倍数额中"上年"的理解 …… 233
　　三、执行阶段的代扣代缴问题 ………………………………… 233
　　四、劳动法上的"经济补偿金"不完全等同于税法上的
　　　　"一次性补偿收入" ……………………………………… 234
　　五、赔偿金如何计算个人所得税 ……………………………… 236

第七节　继续履行 ………………………………………………… 237
　　一、继续履行的概念和介绍 …………………………………… 237
　　【案例6-1】刘某与上海A公司劳动合同纠纷案 …………… 239
　　二、"劳动合同已经不能继续履行"的表现情形 …………… 241
　　三、裁决、判决继续履行，仲裁、诉讼期间的工资问题 …… 242
　　四、诉求变更问题 ……………………………………………… 243

第七章　竞业限制

第一节　竞业限制的概念 ………………………………………… 245
第二节　竞业限制的主体 ………………………………………… 245
　　一、竞业限制的劳动者主体限定 ……………………………… 245

二、其他负有保密义务的人员 …………………………………… 246
　　三、竞业限制人员范围能否扩大到劳动者亲属的问题 ……… 247
　　【案例 7-1】竞业限制人员限于用人单位的高级管理人员、高级技术人员和其他负有保密义务的人员 ……………… 247
　　【案例 7-2】原告某化工公司诉被告毛某等竞业限制纠纷案件 …………………………………………………… 248
　　四、竞业限制的用人单位主体限定 …………………………… 249
　　【案例 7-3】竞业限制约定适用合同相对性原则 ……………… 249
　　五、有竞争关系的其他用人单位主体范围 …………………… 250
　　【案例 7-4】某顿公司与张某竞业限制纠纷上诉案 …………… 250
　　【案例 7-5】原告科技建材公司诉被告周某竞业限制纠纷案件 …………………………………………………… 253
第三节　竞业限制的经济补偿 …………………………………… 254
　　一、竞业限制中的经济补偿 …………………………………… 254
　　二、未约定经济补偿问题 ……………………………………… 254
　　三、约定经济补偿金过低问题 ………………………………… 258
　　四、竞业限制补偿发放时间问题 ……………………………… 259
　　五、竞业限制补偿的返还问题 ………………………………… 261
第四节　竞业限制的地域、期限 ………………………………… 263
　　一、竞业限制的地域 …………………………………………… 263
　　二、竞业限制的期限 …………………………………………… 264
　　【案例 7-6】竞业限制期限不得超过两年 ……………………… 264
第五节　竞业限制的解除 ………………………………………… 265
　　一、用人单位对竞业限制协议的解除 ………………………… 265
　　【案例 7-7】用人单位提前解除竞业限制协议需额外支付劳动者补偿 …………………………………………………… 266
　　二、劳动者对竞业限制协议的解除 …………………………… 266

【案例7-8】张某与布料公司劳动合同纠纷上
　　　　　诉案 ·· 268
第六节　劳动合同各种解除情形下竞业限制协议的效力 ····· 269
　一、劳动合同解除情形下竞业限制协议的效力 ············· 269
　二、用人单位违法解除劳动合同时竞业限制协议的效力 ····· 270
第七节　竞业限制附条件和附期限问题 ·························· 271
【案例7-9】竞业限制生效条款附期限，限制劳动者权益属
　　　　　无效 ·· 271
第八节　竞业限制违约金 ·· 273
　一、竞业限制违约金 ·· 273
　二、竞业限制违约金的调整问题 ································ 273

附　录

中华人民共和国劳动法 ··· 275
中华人民共和国劳动合同法 ·· 290
中华人民共和国劳动争议调解仲裁法 ······························ 309
中华人民共和国劳动合同法实施条例 ································ 319
最高人民法院关于审理劳动争议案件适用法律问题的解释(一) ··· 326
人力资源社会保障部、最高人民法院关于劳动人事争议仲裁与
诉讼衔接有关问题的意见(一) ······································ 337

第一章　判断劳动关系

第一节　劳动关系和劳动法律

一、劳动关系的定义

劳动关系是劳动者与用人单位在劳动过程中所发生的社会关系，是劳动者作为用人单位的成员，在用人单位的管理下，为用人单位提供有报酬的劳动所产生的权利义务关系。劳动关系具有合同关系的特征，一方面劳动者提供劳动，另一方面用人单位作为对价向其支付工资。但劳动关系并不等同于合同关系，因为它还具有人身从属性以及社会性等特征。在劳动过程中，劳动者和用人单位分别处于被管理者和管理者的地位，双方具有从属关系，地位并不平等。社会中的绝大多数人都是劳动者，劳动关系问题也是社会性问题。

二、劳动法（广义）的定义、属性、特征

1. 劳动法的定义

劳动法是调整、规范劳动关系以及与劳动关系有着密切联系的其他社会关系的法律。

2. 劳动法的属性

劳动法起源于民法，后从民法中分离出来成为独立的法律部门，属于社会法范畴。

3. 劳动法的特征

（1）劳动法侧重保护劳动者

劳动法之所以从民法中分离并独立，是因为用民法范畴去调整资强劳弱的劳动关系、用民法原则去保护弱势的劳动者出现了严重困难，需要冲破民法的束缚，寻求公权力的介入来平衡不平等的劳动关系，保护处于弱势的劳动者一方，因此劳动法应运而生。

《劳动合同法》第1条立法宗旨明确表示制定本法是保护劳动者的合法权益。[①] 虽然在《劳动合同法》草案审议期间，有部分常委会组成人员提出意见认为，劳动合同法涉及劳动合同双方当事人的权利义务，对用人单位的合法权益也应予以保护，这一点在劳动合同法的立法宗旨中应有所体现，《劳动合同法》第1条中的保护劳动者的权益应该修改成保护劳动者和用人单位双方的合法权益。但法律委员会经同财政经济委员会和国务院法制办、劳动保障部、全国总工会研究认为，劳动合同不同于经济合同，劳动合同由属于社会法的《劳动合同法》调整，而经济合同是由属于民法的《合同法》调整。劳动合同法在明确劳动合同双方当事人的权利和义务的前提下，强调保护劳动者的合法权益是必要的，这也是国际上劳动立法的通行规则。[②]

侧重保护劳动者的权利不代表劳动者只享有权利，而不承担义务，劳动法也规定了许多劳动者应当承担的义务。

（2）劳动法以强制性规范为主

如前文所述，劳动法属于社会法范畴，社会法的目的就是维护社会弱势阶层的生存及增进社会整体的福利。劳动法实现的主要方式就是通过国家介入来平衡不平等的劳资关系，如劳动法律制度中的劳动基准制度（最低工资法、工作时间

---

① 《劳动合同法》第1条规定："为了完善劳动合同制度，明确劳动合同双方当事人的权利和义务，保护劳动者的合法权益，构建和发展和谐稳定的劳动关系，制定本法。"

② 全国人民代表大会法律委员会关于《中华人民共和国劳动合同法（草案三次审议稿）》审议结果的报告。

法等）更是完全体现了国家的强制性，用人单位必须要严格遵守，只能在法律标准之上操作，不能擅自降低标准，否则不但不能达到降低之目的，反而会遭到法律的惩处。

三、判断劳动关系的重要性

如前文所述，劳动关系适用劳动法律进行调整。在法律实务中，律师、公司管理者或劳动者，遇到疑似"劳动法问题"，首要任务并不是急于去寻找处理该问题的劳动法律条文或劳动实务处理方式，而是应该先判断争议方之间是否具有劳动关系。如果错把其他法律关系判断成劳动关系，适用了劳动法律条文及处理方式进行解决，那是严重的方向错误，若方向错误后续工作也将变得无用，最终无法妥善解决问题。故能准确判断辨别劳动关系是十分重要的。

四、如何判断劳动关系

裁判机构判断劳动关系的主要依据为《劳动和社会保障部关于确立劳动关系有关事项的通知》（劳社部发〔2005〕12号）所列的三个要件，一是用人单位和劳动者符合法律、法规规定的主体资格；二是用人单位依法制定的各项劳动规章制度适用于劳动者，劳动者受用人单位的劳动管理，从事用人单位安排的有报酬的劳动；三是劳动者提供的劳动是用人单位业务的组成部分。同时具备以上要件，劳动关系成立。

要件一：用人单位和劳动者符合法律、法规规定的主体资格

1. 用人单位应为我国境内的企业、个体经济组织、民办非企业单位等组织。国家机关、事业单位、社会团体，以及依法成立的会计师事务所、律师事务所等合伙组织和基金会也能成为用人单位。

2. 劳动者应为年满十六周岁的自然人，禁止用人单位招用未满十六周岁的未成年人。文艺、体育和特种工艺单位招用未满十六周岁的未成年人，必须遵守国家有关规定，并保障其接受义务教育的权利。

要件二：用人单位依法制定的各项劳动规章制度适用于劳动者，劳动者受用人单位的劳动管理，从事用人单位安排的有报酬的劳动

1. 劳动者对用人单位具有人身从属性

（1）劳动者受用人单位规章制度管束；

（2）劳动者服从用人单位的指挥和管理；

（3）用人单位有权对劳动者进行考核和奖惩。

2. 劳动者对用人单位具有财产从属性

（1）用人单位向劳动者支付劳动报酬；

（2）劳动风险和责任由用人单位承担；

（3）劳动必备的生产工具一般由用人单位提供。

3. 劳动者与用人单位之间有建立劳动关系的合意

要件三：劳动者提供的劳动是用人单位业务的组成部分

劳动关系中劳动者提供劳动的行为是职务行为，劳动者以单位名义对外经营而非其个人名义。

第二节 劳动关系与劳务关系

一、劳务关系的定义

劳务关系是指平等主体之间发生的一方向另一方提供劳务并获得对价的民事合同关系。

二、劳动关系和劳务关系的相似性

劳动关系和劳务关系具有一定的相似性。它们都是一方提供劳务，另一方支付报酬的一种关系。因为两种关系具有相似性，故在实务中，易造成混淆。

三、劳动关系和劳务关系的区别

劳动关系和劳务关系虽然具有一定的相似性，但两者之间还是存在较大的区别，其体现于以下几个方面：

第一章 判断劳动关系

1. 主体构成不同。在劳动关系中，一方是自然人，另一方是法人或其他组织。而在劳务关系中，双方都可以是自然人、法人或其他组织。例如，在两个法人之间，不可能构成劳动关系，但有可能构成劳务关系。

2. 主体之间关系不同。在劳动关系中，劳动者和用人单位之间存在人身隶属关系。也就是说劳动者成为用人单位的成员，双方之间形成一种从属关系，除了劳动者提供劳动以外，劳动者还要接受用人单位的管理，服从用人单位的安排，遵守用人单位的规章制度，接受考勤、考核等。

而在劳务关系中，双方是平等主体之间的一种契约关系，彼此之间是没有从属性的，不存在行政隶属关系，双方的权利义务一般是由协议进行确定。

3. 主体之间权利义务不同。在劳动关系当中，劳动者享有法定的社会保险和福利待遇。而在劳务关系中，提供劳动的一方，不享有法定的社会保险和福利待遇。

4. 适用法律规范不同。劳动关系接受劳动法律的调整，劳动者享受劳动法律所特有的保护，如最低工资制度、补偿金制度、双倍工资制度等。劳动法律属于社会法的范畴，它更多地体现了国家的介入性，突出了对劳动者的保护。而对于劳务关系，它受民事法律调整，并不受劳动法律的调整，提供劳动一方也无法自动享受特有的保护，权利义务由劳务关系双方协议约定。民事法律属于私法的范畴，私法较社会法而言，更多的是体现意思自治，对当事人的权利强调平等保护。

所以，错误界定劳动关系和劳务关系，也将导致法律适用错误。

5. 处理争议的程序不同。劳动关系的双方当事人如发生劳动争议，按照劳动争议特别程序处理。特别程序为：（1）可先行协商或调解，但并非必经程序，（2）不愿协商调解、协商调解不成或者达成协议后不履行的，申请劳动仲裁，劳动仲裁是进行诉讼的必经前置程序，（3）不服劳动仲裁裁决的，可以向人民法院提起诉讼。

而对于因劳务关系所发生的纠纷，应按照民事争议的程序处理，当事人可以直接向人民法院提起民事诉讼，不存在劳动仲裁前置程序。

第三节　已达退休年龄人员的劳动关系问题

一、国家层面规定

对于已经达到法定退休年龄的人员，其劳动合同是否终止、与用人单位的关系是劳动关系还是劳务关系，《劳动合同法》第44条和《劳动合同法实施条例》第21条分别作出了规定。

按照《劳动合同法》第44条的规定，劳动者开始依法享受基本养老保险待遇的，劳动合同终止。但是按照《劳动合同法实施条例》第21条的规定，劳动者达到法定退休年龄的，劳动合同终止。

从字面上看，这两个法的条文存在冲突（也有观点认为第21条是对第44条的补充）。因为在一般情况下，劳动者已经享受养老保险的基本上已经达到了法定退休年龄。但是由于存在缴纳年限不满、历史遗留问题等情况，达到法定退休年龄的不一定能够享有养老保险待遇。达到退休年龄只是享受养老保险的一个必要条件，而不是充分条件，两者并不能等同。

《最高人民法院关于审理劳动争议案件适用法律问题的解释（一）》第32条第1款规定："用人单位与其招用的已经依法享受养老保险待遇或者领取退休金的人员发生用工争议而提起诉讼的，人民法院应当按劳务关系处理。"该规定和《劳动合同法》第44条的规定是基本一致的。

对于符合《劳动合同法实施条例》第21条达到了法定退休年龄，并且符合《劳动合同法》第44条开始依法享受养老保险待遇的人员与用人单位之间的关系，各地规定和裁判方式并无争议。双方劳动合同终止，不作为劳动关系，应当按照劳务关系处理。

对于仅符合《劳动合同法实施条例》第21条达到了法定退休年龄，但并不符合《劳动合同法》第44条开始依法享受养老保险待遇的人员与用人单位的关系，各地规定和裁判方式不一。

二、各地规定和裁判方式

对于已经达到退休年龄但未依法享受养老保险待遇或领取退休金的人员与用人单位的关系，各地规定和裁判方式不一，主要有以下几种方式：

1. 广东等地按劳务关系处理

（1）不论是规定层面还是裁判层面，都按照劳务关系处理。

《广东省高级人民法院、广东省劳动人事争议仲裁委员会关于审理劳动人事争议案件若干问题的座谈会纪要》（粤高法〔2012〕284号）[①] 第11条规定："用人单位招用已达到法定退休年龄但尚未享受基本养老保险待遇或领取退休金的劳动者，双方形成的用工关系按劳务关系处理。"

（2）浙江，在规定层面，按照劳务关系处理。但需要注意在裁判层面，浙江仍然有部分判决认定为劳动关系。

《浙江省高级人民法院民事审判第一庭、浙江省劳动人事争议仲裁院关于审理劳动争议案件若干问题的解答（二）》（浙高法民一〔2014〕7号）第14条规定："劳动者超过法定退休年龄，仍接受单位聘用的，其与聘用单位之间构成劳务关系，劳动者因工伤亡或者患职业病而向聘用单位主张工伤保险待遇的，不予支持。但劳动者尚未享受基本养老保险待遇或者领取退休金，且聘用单位已为其缴纳工伤保险费的，其工伤保险待遇应予支持。"

浙江仍然有部分判决认定为劳动关系，如在浙江省高级人民法院（2017）浙行终797号案件[②]中法院认为，中华人民共和国公民有劳动的权利和义务。现行法律只对劳动者年龄的下限作出了规定，对劳动者年龄的上限没有作规定，不能因劳动者超过法定退休年龄就否定劳动关系……超过退休年龄的人员与用人单位之间签订的聘用合同实质上就是用人单位与劳动者之间订立的劳动合同，不能因其名称不同就排除在劳动法及相关法规、规章的规定之外。故，原审第三人杨某与上诉人之间的聘用关系应当认定为劳动关系。

[①] 根据粤高法〔2020〕132号文，该文件已废止。虽然该文件已被废止，但在广东地方新规出台前，该文件在广东仍有参考意义。

[②] 本书中案例如无特别说明，均来源于裁判文书网。

2. 江苏，在规定层面，现按照劳动关系特殊情形处理。

江苏省 2009 年的规定按照雇佣关系处理，但是江苏省 2017 年的规定按劳动关系特殊情形处理。

《江苏省高级人民法院、江苏省劳动争议仲裁委员会印发〈关于审理劳动争议案件的指导意见〉的通知》（苏高法审委〔2009〕47 号）第 3 条规定："用人单位招用已达到法定退休年龄的人员，双方形成的用工关系按雇佣关系处理。"

2017 年《江苏省劳动人事争议疑难问题研讨会纪要》第 2 条规定，用人单位与其招用的已经依法享受基本养老保险待遇或领取退休金的人员发生的用工争议，按劳务关系处理。

用人单位与其招用的已达到或超过法定退休年龄但未享受基本养老保险待遇或领取退休金的人员发生用工争议，双方之间用工情形符合劳动关系特征的，应按劳动关系特殊情形处理。劳动者请求享受《劳动法》《劳动合同法》规定的劳动报酬、劳动保护、劳动条件、工作时间、休息休假、职业危害防护、福利待遇的应予支持。但劳动者请求签订无固定期限劳动合同、支付两倍工资、经济补偿、赔偿金及社会保险待遇的不予支持（其中社会保险待遇争议不包括本意见第 12 条规定的情形）。双方另有约定的除外。

3. 上海，不论是规定层面还是裁判层面，对达到退休年龄的劳动者，单位办理了终止、退休手续的按劳务关系，未办理的按劳动关系处理。

2013 年《上海市高级人民法院劳动争议案件审理要件指南（一）》第 8 条规定①，对于劳动者已开始依法享受基本养老待遇的，应严格按最高人民法院关于审理劳动争议案件适用法律若干问题的解释（三）（已失效）的规定，劳动者与用工单位发生争议，按劳务关系处理；对于虽已达到法定退休年龄，但用人单位未与其解除劳动关系仍继续用工，未按规定办理退休手续的，按劳动关系处理；对于已达到法定退休年龄，且用人单位与其已解除劳动关系，但因劳动者社会保险费缴费年限不够，不能享受养老保险待遇的，劳动者只要依照《社会保险法》有关规定补缴社保费后即可享受养老保险待遇，其再就业与用工单位发生争议的，按劳务关系处理。

---

① 对应《最高人民法院关于审理劳动争议案件适用法律问题的解释（一）》第 32 条。

第一章 判断劳动关系

三、最高人民法院的观点[①]

对于已经达到退休年龄但未依法享受养老保险待遇人员与用人单位的关系，最高人民法院认为：《劳动合同法实施条例》第21条虽然赋予了用人单位在劳动者达到法定退休年龄时对劳动关系的终止权，但人民法院在认定达到法定退休年龄的人员与用人单位用工关系时，不应仅对劳动者年龄标准作形式审查，而应当对该条规定作实质审查，具体需审查劳动者不能享受基本养老保险待遇的原因是否与用人单位有关。如非因用人单位原因不能享受基本养老保险待遇的，用人单位依据《劳动合同法实施条例》第21条享有的劳动关系终止权不受影响，人民法院可以认定双方劳动关系因劳动者达到法定退休年龄自然终止。如因用人单位原因不能享受基本养老保险待遇的，人民法院应认定用人单位因自身原因丧失了《劳动合同法实施条例》第21条赋予的劳动关系终止权，《劳动合同法实施条例》第21条不适用于该劳动者，在该劳动者达到法定退休年龄时，双方劳动关系既无法自然终止，亦禁止用人单位主动终止。

第四节 大中专院校在校生的劳动关系问题

一、实践中，在校生在外工作的表现形式及劳动关系认定

一般情况下，在校生与用人单位之间不认定为劳动关系。但是在符合一定条件时，在校生和用人单位之间会被认定为劳动关系。在校生在外工作的表现形式和劳动关系认定如下：

1. 在校生以学习为目的进行实习，此种形式不认定为劳动关系。

实践中，很多学校会安排在校生到相关单位参与实践工作。实习有两种情况，一是学校统一安排的实习，二是在校生自己联系企业进行实习。对于实习学

[①] 最高人民法院民事审判第一庭：《最高人民法院新劳动争议司法解释（一）的理解与适用》，人民法院出版社2021年版，第359页。

·9·

生而言，通过实习可以增加实践操作的经验，提高实务技能。而对于实习单位来说，接纳实习学生，既可以履行企业社会责任，也可以选拔合适人才，在一定程度还可以减少人力成本开支。

不论是学校安排还是在校生自己联系的实习，鉴于其目的并不是获取劳动报酬，而是获得实践经验，所以不应认定为劳动关系。

2. 在校生利用业余时间勤工助学，此种形式不认定为劳动关系。

该情形下在校生和企业双方都没有建立长期、稳定劳动关系的意愿，不应认定为劳动关系。《劳动部关于印发〈关于贯彻执行《中华人民共和国劳动法》若干问题的意见〉的通知》（劳部发〔1995〕309号）（以下简称《劳动法意见》）第12条也明确规定，在校学生利用业余时间勤工助学，不视为就业，未建立劳动关系，可以不签订劳动合同。

3. 在校生以就业为目的实际入职，此种形式应认定为劳动关系。

实践中，达到法定年龄的在校生，已经基本完成学校的课程，抱着就业的目的向企业提供长期、稳定的服务，接受企业规章制度的管理，领取企业的工资报酬，鉴于其特征已经符合劳动关系成立的本质要件，所以该形式应认定为劳动关系。

二、大中专院校在校生在一定条件下，可以和用人单位建立劳动关系

《劳动法》第15条[①]规定，禁止用人单位招用未满十六周岁的未成年人，该规定从年龄角度对劳动关系主体进行了限定。《劳动法意见》第4条[②]规定，公务员等人员不适用劳动法，该规定对不适用劳动关系的主体进行了规定。但是讫今为止，我国并没有法律对在校生成为劳动关系主体进行禁止性规定，故在校生身份不是建立劳动关系的障碍。

因为《劳动法意见》第12条规定，在校生利用业余时间勤工助学，不视为就业，未建立劳动关系，可以不签订劳动合同，所以导致实务中，部分观点认为

[①] 《劳动法》第15条规定："禁止用人单位招用未满十六周岁的未成年人。文艺、体育和特种工艺单位招用未满十六周岁的未成年人，必须遵守国家有关规定，并保障其接受义务教育的权利。"

[②] 《劳动法意见》第4条规定："公务员和比照实行公务员制度的事业组织和社会团体的工作人员，以及农村劳动者（乡镇企业职工和进城务工、经商的农民除外）、现役军人和家庭保姆等不适用劳动法。"

第一章 判断劳动关系

在校生无法与用人单位建立劳动关系,该观点存在误区。

《劳动法意见》第12条规定中的主体是利用业余时间勤工助学的在校生,并不是全体在校生,对于即将毕业的大中专院校学生,在一定条件下,是可以与用人单位成立劳动关系的。这些条件是[①]:

1. 在校生与用人单位之间以建立长期、稳定的劳动关系为目的。在校生遵守用人单位的规章制度,接受用人单位的管理,从事用人单位安排的工作,有明确的岗位,并接受用人单位支付的报酬。

如果是在校生以学习为目的,为补充课堂知识、参与社会实践而进行的没有工资报酬的实习,或者是通过短期或不定期劳务获得一定报酬的勤工助学,则不应认定与用人单位建立劳动关系。

2. 劳动者在应聘时如实陈述了自己的情况,用人单位在明知对方系尚未毕业的学生的情况下,仍愿意与之建立劳动关系。

如果用人单位并无招录在校生或者应届毕业生的意愿,劳动者为获得就业机会,隐瞒了自己尚未毕业等真实情况,则可能因构成欺诈而影响劳动合同的效力。

3. 不存在附生效条件劳动合同条件未成就的情况。如果用人单位明确将获得某种学位作为招录条件,而劳动者在签订劳动合同时尚未取得该学位,双方明确约定待劳动者取得相应学位时劳动合同生效,则在劳动者未能如期取得该学位的情况下,劳动合同不生效。

4. 劳动者和用人单位符合《劳动法》及《劳动合同法》规定的劳动关系成立的其他条件。

近年来,各地都出台了相关规定。规定了在校生在一定条件下,可以和用人单位建立劳动关系,比如:

根据《北京市高级人民法院、北京市劳动争议仲裁委员会关于劳动争议案件法律适用问题研讨会会议纪要(二)》(京高法发〔2014〕220号)第23条的规定,在校学生在用人单位进行实习,应当根据具体事实进行判断,对完成学校的社会实习安排或自行从事社会实践活动的实习,不认定劳动关系。但用人单位

[①] 最高人民法院民事审判第一庭编:《民事审判指导与参考》2010年第3辑(总第43辑),法律出版社,第233~234页。

与在校学生之间名为实习,实为劳动关系的除外。

三、认定在校生与用人单位成立劳动关系的典型案例

【案例1-1】郭某诉江苏益某大药房连锁有限公司劳动争议上诉案[①]

裁判摘要:

即将毕业的大专院校在校学生以就业为目的与用人单位签订劳动合同,且接受用人单位管理,按合同约定付出劳动;用人单位在明知求职者系在校学生的情况下,仍与之订立劳动合同并向其发放劳动报酬的,该劳动合同合法有效,应当认定双方之间形成劳动合同关系。

仲裁裁决结果:

南京市白下区劳动争议仲裁委员会经审查,依据原劳动部《劳动法意见》,于2008年8月19日作出仲裁决定,以郭某系在校学生,不符合就业条件,不具有建立劳动关系的主体资格,在校学生勤工助学或实习与用人单位之间的关系不属于《中华人民共和国劳动法》的调整范围,故被告与原告之间的争议,不属于劳动争议处理范围为由,决定终结被告诉原告的仲裁活动,并于2008年8月27日送达了仲裁决定书。

南京市中级人民法院终审认为:

实习是以学习为目的,到相关单位参加社会实践,没有工资,不存在由实习生与单位签订劳动合同、明确岗位、报酬、福利待遇等情形。本案中,被上诉人郭某虽于2008年7月毕业,但其在2007年10月26日明确向上诉人益某公司表达了求职就业愿望,并进行了求职登记,求职人员登记表中登记其为2008届毕业生,2007年是其实习年。2007年10月30日郭某与益某公司自愿签订了劳动合同。益某公司对郭某的情况完全知情,双方在此基础上就应聘、录用达成一致意见,签订了劳动合同,而且明确了岗位、报酬。该情形不应视为实习。郭某与益某公司签订劳动合同时已年满19周岁,符合《中华人民共和国劳动法》规定的就业年龄。具备与用工单位建立劳动关系的行为能力和责任能力。原劳动部《劳动法意见》第12条不能推定出在校生不具备劳动关系的主体资格。故上诉人

[①] 来源:《最高人民法院公报》2010年第6期(总第164期)。

第一章 判断劳动关系

的上述理由不能成立。

【案例1-2】广州某信息科技有限公司诉范某劳动争议案①

基本案情：

范某于2012年9月就读于广东某大学。自2016年1月14日始，范某到广州某信息科技有限公司（以下简称信息公司）工作。双方于2016年4月28日签订了《普通高等学校毕业生、毕业研究生就业协议书》，约定范某在信息公司从事销售工作，服务期为3年，试用期2个月，从2016年5月1日起计，收入为3200元/月，试用期满后收入为4000元/月等。2016年6月28日范某毕业后，继续在信息公司就职，服从信息公司的管理，提供劳动（包括出差），领取报酬。双方没有订立书面劳动合同。2016年7月31日范某离职。

仲裁裁决结果：

一、确认范某与信息公司自2016年6月28日起至2016年7月31日止存在劳动关系；二、信息公司一次性支付范某2016年7月1日至2016年7月31日的工资4000元、经济补偿金2000元、2016年7月28日至2016年7月31日未订立书面劳动合同的工资516.13元。裁决后，范某不服，向一审法院起诉。

法院裁判结果：

一审法院判决：

双方自2016年5月1日起至2016年7月31日止存在劳动关系。信息公司向范某支付2016年7月1日至2016年7月31日的工资4000元、经济补偿金2000元、未订立书面劳动合同的工资8000元等。判后，信息公司不服，提起上诉。二审判决驳回上诉，维持原判。

法院认为：

现行法律规定并没有将在校大学生排除在劳动法适用主体之外，因此，劳动者的学生身份并不必然成为其作为劳动主体资格的限制。在校大学生为完成学习任务或因勤工俭学到用人单位提供劳动的，双方不构成劳动关系。但如果在校大学生以就业为目的进入用人单位，双方用工关系符合劳动关系实质特征，应认定

---

① 广州市劳动争议审判白皮书（2018年）典型案例之七，来源于广州市中级人民法院官网，载https：//www.gzcourt.gov.cn/xwzx/bps/2018/12/06103216935.html，最后访问日期2022年11月4日。

· 13 ·

为劳动关系，不应以大学生尚未毕业而否认双方存在劳动关系。

本案中，范某以就业为目的入职信息公司，范某入职时已满18周岁，双方签订的《普通高等学校毕业生、毕业研究生就业协议书》明确了岗位、服务期、试用期以及报酬等情况，范某接受信息公司的管理，从事信息公司安排的劳动，信息公司按月向范某支付工资并报销差旅费，双方用工关系符合劳动关系的基本特征，应认定成立劳动关系。

四、在校生用工风险及降低风险措施

风险一：如前文所述，对在校生用工在一定条件下有被认定为劳动关系的风险。如被认定为劳动关系，在校生作为劳动者就理应享受劳动法律所特有的保护，如最低工资制度、补偿金制度、双倍工资制度等。

降低风险的措施：对于学校组织的实习，用人单位应当与学校、实习生三方签署《实习协议》，明确各方承担的责任与义务，约定由学校承担对实习生的最终教育管理义务，以减少劳动关系成立的可能性。

对于在校生以就业为目的入职并符合劳动关系成立要件极易被认定劳动关系时，应及时签订劳动合同，向在校生提供不低于最低工资标准的薪酬，履行劳动法上用人单位的责任，避免因未适用劳动法制度所带来的惩罚。

风险二：在校生出于工作原因受到伤害，用人单位需支付高额赔偿。

在校生和用人单位之间未认定为劳动关系的，在工作期间所发生的伤亡事故，在校生无法享受工伤保险待遇，虽然用人单位无须承担工伤保险待遇的赔偿责任，但是鉴于在校生与用人单位存在劳务关系，参照《民法典》第1192条第1款的规定，提供劳务一方因劳务受到损害的，根据双方各自的过错承担相应的责任。[①]

在校生和用人单位之间认定为劳动关系的，在工作期间发生伤亡事故，由于我国大部分社保机构无法为在校生办理社保登记，所以应当由用人单位按照工伤保险待遇的标准进行赔偿。

[①] 《民法典》第1192条第1款规定："个人之间形成劳务关系，提供劳务一方因劳务造成他人损害的，由接受劳务一方承担侵权责任。接受劳务一方承担侵权责任后，可以向有故意或者重大过失的提供劳务一方追偿。提供劳务一方因劳务受到损害的，根据双方各自的过错承担相应的责任。"

第一章　判断劳动关系

降低风险措施：鉴于无论是否被认定为劳动关系，在校生发生伤亡事故用人单位都将不同形式地承担赔偿责任，所以建议用人单位为在校生购买雇主责任险等商业保险，以降低风险，减少损失。

第五节　外国人、无国籍人的劳动关系问题

一、取得外国人来华工作许可是认定劳动关系的前提

根据《外国人在中国就业管理规定》第5条的规定，用人单位聘用外国人须为该外国人申请就业许可，经获准并取得《中华人民共和国外国人就业许可证书》[①]（以下简称外国人就业证）后方可聘用。

《最高人民法院关于审理劳动争议案件适用法律问题的解释（一）》第33条规定："外国人、无国籍人未依法取得就业证件即与中华人民共和国境内的用人单位签订劳动合同，当事人请求确认与用人单位存在劳动关系的，人民法院不予支持。持有《外国专家证》并取得《外国人来华工作许可证》的外国人，与中华人民共和国境内的用人单位建立用工关系的，可以认定为劳动关系。"

根据上述规定和司法解释，我们可以看出，外国人、无国籍人取得工作许可是认定其与用人单位存在劳动关系的前提条件。

外国人、无国籍人未取得工作许可则不具备劳动法律关系的主体资格，其与用人单位之间建立的用工关系不是劳动关系，双方的权利义务主要依据双方的约定予以确定，在双方无约定的情形下不能直接适用劳动法律的规定。

[①] 需要注意的是，规定中的证件名称已发生变化。2015年，国务院审改办决定将人力资源和社会保障部负责的"外国人入境就业许可"和国家外专局实施的"外国专家来华工作许可"整合为"外国人来华工作许可"。2017年4月1日起，全国统一实施外国人来华工作许可制度，发放《中华人民共和国外国人工作许可通知》（简称《外国人工作许可通知》）和《中华人民共和国外国人工作许可证》（简称《外国人工作许可证》），由人力资源和社会保障部和国家外专局联合印制，来华工作的外国人凭《外国人工作许可通知》和《外国人工作许可证》办理相关签证和居留手续。

二、取得外国人来华工作许可的外国人（及无国籍人）适用劳动法情况各地不一

《外国人在中国就业管理规定》中的劳动管理章节规定，用人单位支付所聘用外国人的工资不得低于当地最低工资标准。在中国就业的外国人的工作时间、休息、休假、劳动安全卫生，以及社会保险按国家有关规定执行。用人单位与被聘用的外国人发生劳动争议，应按照《中华人民共和国劳动法》和《中华人民共和国劳动争议调解仲裁法》处理。

然而 2017 年出台的《劳动合同法》并未对外国人是否及如何适用该法进行进一步规定，其后也未有其他法律、法规对外国人是否及如何适用《劳动合同法》进行规定。

虽然取得外国人来华工作许可的外国人可以认定与用人单位有劳动关系，但是立法的不明确性导致了除《外国人在中国就业管理规定》所规定的最低工资、工作时间、休息、休假、劳动安全卫生及社会保险外，其他劳动法上的权利义务比如劳动合同解除条件、经济补偿金、赔偿金是否直接适用于取得工作许可的外国人，各地规定和司法裁判口径不一。各地实务处理中主要表现为两种形式：1. 取得外国人工作许可的外国人无须和用人单位约定，可直接适用劳动合同解除条件、经济补偿金、赔偿金等劳动法标准。2. 取得外国人工作许可的外国人需要和用人单位进行约定，才能适用劳动合同解除条件、经济补偿金、赔偿金等劳动法标准。上海市地方规定为该种形式[①]。在上海的审判实践中，约定需为明确的规定，而不能是笼统的约定。比如，（2017）沪 01 民终 6433 号案件，法院认为："双方签订的劳动合同或其他协议中并未明确约定用人单位在违法解除劳动合同时需按照劳动合同法第 87 条的规定承担法律责任，

[①] 《上海市高级人民法院关于审理劳动争议案件若干问题的解答》（沪高法民一〔2006〕17 号）规定："二、在国内就业的外国人适用中国劳动标准的问题（一）原劳动部、公安部、外交部、原对外贸易经济合作部等四部门颁布的外国人在中国就业管理规定（劳部发〔1996〕29 号）第二十二条、第二十三条规定的最低工资、工作时间、休息休假、劳动安全卫生、社会保险等方面的劳动标准，当事人要求适用的，劳动争议处理机构可予支持。（二）当事人之间在上述规定之外约定或履行的其他劳动权利义务，劳动争议处理机构可按当事人的书面劳动合同、单项协议、其他协议形式以及实际履行的内容予以确定。（三）当事人在上述（一）、（二）所列的依据之外，提出适用有关劳动标准和劳动待遇要求的，劳动争议处理机构不予支持。"

双方的劳动合同中虽然有'《中华人民共和国劳动法》《中华人民共和国劳动合同法》《中华人民共和国劳动合同法实施条例》……为本合同的组成部分,合同双方均应严格遵守'的内容,但该约定较为笼统,不能视为双方对于用人单位违法解除劳动合同的法律责任已有明确约定。故在双方未有明确约定的情形下,对于刁某某要求小某鸽公司支付违法解除劳动合同赔偿金的上诉请求,本院不予支持。"(2017)沪01民终10282号案件中也有类似描述。而且还需要注意的是,在上海的审判实践中,用人单位与外国人关于解除条件的约定可以突破劳动法的标准。

第六节　台港澳人员的劳动关系问题

一、台港澳人员在大陆(内地)就业不再需要办理《台港澳人员就业证》

1994年2月21日,《台湾和香港、澳门居民在内地就业管理规定》(劳部发〔1994〕102号)公布,规定明确台港澳人员在内地就业实行就业证制度。

2005年10月1日《台湾香港澳门居民在内地就业管理规定》(劳动和社会保障部令第26号)实施,劳部发〔1994〕102号废止。该新规定较劳部发〔1994〕102号文的变化主要是放宽了对台港澳人员就业岗位条件,简化手续,增加了社会保险以及登记备案制度规定。

2018年7月28日,《国务院关于取消一批行政许可等事项的决定》(国发〔2018〕28号)取消台港澳人员在内地就业许可。8月23日,《人力资源社会保障部关于废止〈台湾香港澳门居民在内地就业管理规定〉的决定》(人力资源和社会保障部令第37号)废止《台湾香港澳门居民在内地就业管理规定》(劳动和社会保障部令第26号)。

在取消就业许可之前,未取得就业证的台港澳人员不能与中国内地用人单位建立劳动关系。取消就业许可后,就业证不再是认定台港澳人员和用人单位劳动关系的前提。

二、台港澳人员就业许可取消后对用人单位用工的影响

1. 劳动法保护惠及更多台港澳人员

在就业许可取消之前，鉴于多种原因用人单位未办理就业证，导致未办理就业许可的台港澳人员无法适用劳动法的特殊保护。就业证取消后，台港澳人员和大陆（内地）劳动者一样，只要符合劳动关系的要件，就适用劳动法的特殊保护。这是台港澳人员就业群体的利好，也是用人单位在用工合规时所应当注意的转变。

2. 台港澳人员可就业多元化

在就业许可取消之前，台港澳人员持有就业证只能在一家用人单位就业。就业证取消之后，台港澳人员不受就业证限制，不但可以在一家以上用人单位就业，并且还可以适用非全日制用工、劳动派遣用工等灵活用工方式。

第七节 股东、董事的劳动关系问题

一、股东、董事可以和用人单位建立劳动关系

根据《公司法》的规定，股东依法享有资产收益、参与重大决策和选择管理者等权利。根据《劳动法》的规定，劳动者有完成劳动任务的义务，享有取得劳动报酬的权利。从法律规定可以看出，股东和公司之间的关系和劳动者与用人单位之间的关系是两种不同性质的法律关系，分别由不同的法律规定进行调整。

但是股权关系和劳动关系并不是互相排斥的法律关系，没有法律规定禁止股东身份和劳动者身份的重合，股东可以和用人单位建立劳动关系。

同样也没有法律规定董事等高管不可以和用人单位建立劳动关系，并且《劳动合同法》第 24 条规定，竞业限制的人员限于用人单位的高级管理人员、高级

技术人员和其他负有保密义务的人员，由此也可看出董事等高管可以和用人单位建立劳动关系。

二、如何认定股东、董事与用人单位是否存在劳动关系

1. 判断股东、董事与用人单位是否存在劳动关系的依据

《劳动和社会保障部关于确立劳动关系有关事项的通知》（劳社部发〔2005〕12号）是判断股东、董事与用人单位是否存在劳动关系的主要依据，如同时具备以下情形，一般认定双方劳动关系成立：

（1）用人单位和股东、董事符合法律、法规规定的主体资格。

（2）用人单位依法制定的各项劳动规章制度适用于股东、董事，股东、董事受用人单位的劳动管理，从事用人单位安排的有报酬的劳动。

（3）股东、董事提供的劳动是用人单位业务的组成部分。

2. 判断股东、董事与用人单位是否存在劳动关系所应注意的其他情况

（1）劳动法属于社会法范畴，主要任务是保护处于弱势地位的劳动者。但是由于股东、董事身份的特殊性，其本身就掌握了公司的一定资源，具备较强势的谈判能力，并非完全弱势。所以法院审理股东、董事与公司确认劳动关系的纠纷中，股东、董事负有较一般劳动者更高的举证责任。

（2）鉴于部分股东、董事具有公司管理权利，当有证据证明其有管理或接触公章的可能时，盖有公司公章的劳动合同在发生争议时证明效力将变得很弱，单凭借该劳动合同一般不足以证明股东、董事与公司有建立劳动关系的合意。是否具有劳动关系还需按照劳社部发〔2005〕12号文作进一步分析判断。

（3）由于按照《企业破产法》规定，除破产费用和共益债务外，破产人所欠职工工资、经济补偿金等费用处于破产清偿最优先顺位，所以实务中当公司濒临破产或处于破产程序中，部分公司会与本公司股东或董事串通，在双方本无劳动关系的情况下，炮制虚假诉讼，虚增公司债务，损害其他债权人的合法利益。鉴于此，当企业濒临破产时，法院审理股东、董事与公司确认劳动关系的纠纷中，一般会更加严格谨慎。

第八节　设立中的公司与劳动者的劳动关系问题

设立中的公司不具备法律上的民事主体资格，不符合劳动法上的用人单位主体资格。鉴于设立中的公司主体不适格，其与劳动者之间无法建立劳动关系。

双方之间在设立期间的法律关系性质符合劳务关系的性质，双方之间的权利义务由协议予以确定。

如公司最终未能设立，设立期间公司与"劳动者"的权利义务由出资人承受。

如公司完成设立取得主体资格，其与劳动者之间的法律关系将自动演变成劳动关系。由于设立期间双方不具备劳动关系，所以设立期间不作为以后劳动关系中计算经济补偿金、赔偿金年限的依据。

第九节　用人单位的分支机构与劳动者的劳动关系问题

一、取得营业执照或登记证书的用人单位分支机构可以独立与劳动者建立劳动关系

根据《劳动合同法实施条例》第4条的规定，用人单位设立的分支机构依法取得营业执照或登记证书的，可以作为用人单位与劳动者签订劳动合同。分支机构未依法取得营业执照或者登记证书的，受用人单位委托可以与劳动者订立劳动合同，但不可以作为独立的用工主体与劳动者订立劳动合同。

取得营业执照或登记证书的用人单位分支机构可以独立与劳动者建立劳动关系在程序法中也有体现，如《最高人民法院关于适用〈中华人民共和国民事诉讼法〉的解释》（2022年修正，以下简称《民事诉讼法解释》）第53条规定，依法设立并领取营业执照的法人的分支机构可以作为民事诉讼的当事人。

二、用人单位分支机构被撤销时的法律适用问题

当用人单位分支机构被吊销营业执照、责令关闭、撤销或者提前解散时，适用《劳动合同法》第44条第5项终止劳动合同还是适用《劳动合同法》第40条第3项客观情况变化或第41条裁员解除劳动合同，各地裁判观点不一。

终止与解除在成就条件、程序、成本上存在差异，且《劳动合同法》第42条解除保护条款无法适用于终止情形。所以当用人单位分支机构被吊销营业执照、责令关闭、撤销或者提前解散时，资方应根据当地裁判观点和司法裁判口径选择终止或解除劳动合同。

第十节 "长期两不找"期间用人单位与劳动者不存在劳动法上的权利义务

"长期两不找"是指用人单位在未正式解除劳动关系或未将解除通知有效送达劳动者的情况下，劳动者长期不向用人单位提供劳动，用人单位也长期不向劳动者支付劳动报酬，劳动者和用人单位长期不联系的情况和状态。

对于存在"长期两不找"情形的案件如何处理，虽然法律并无明确规定，但是全国大部分地区的地方规定或地方司法裁判口径都认为，"长期两不找"期间用人单位和劳动者不存在劳动法上的权利义务关系。比如，《北京市高级人民法院、北京市劳动争议仲裁委员会关于劳动争议案件法律适用问题研讨会会议纪要》（2009年8月17日）第14条规定："劳动者长期未向用人单位提供劳动，用人单位也长期不再向劳动者支付劳动报酬等相关待遇，双方长期两不找的，可以认定此期间双方不享有和承担劳动法上的权利义务。"此外，《上海市高级人民法院民一庭关于审理劳动争议案件若干问题的解答》（以下简称《2002年上海解答》）第12个解答写道："劳动者长期不提供正常劳动，用人单位又未解除劳动关系的，可以认定双方劳动关系处于中止履行状态，中止履行期间用人单位和劳动者不存在劳动法上的权利义务关系。"

第十一节　双重劳动关系问题

一、双重劳动关系的规则演变

《劳动法》第99条和《劳动合同法》第91条都规定，用人单位招用与其他单位尚未解除或者终止劳动合同的劳动者，给其他用人单位造成损失的，应当承担连带赔偿责任。《劳动合同法》第39条第4项规定，劳动者同时与其他用人单位建立劳动关系，对完成本单位的工作任务造成严重影响，或者经用人单位提出，拒不改正的，用人单位可以单方解除劳动合同。

基于上述规定，可以看出之前的司法实践中并不承认双重劳动关系的存在，上述规定认为一个劳动者在同一时期只能和一家用人单位建立劳动关系。

但是2010年《最高人民法院关于审理劳动争议案件适用法律若干问题的解释（三）》（已失效）出台后，司法实践开始承认、认可双重劳动关系。因为《最高人民法院关于审理劳动争议案件适用法律若干问题的解释（三）》第8条（现为《最高人民法院关于审理劳动争议案件适用法律问题的解释（一）》第32条第2款）规定："企业停薪留职人员、未达到法定退休年龄的内退人员、下岗待岗人员以及企业经营性停产放长假人员，因与新的用人单位发生用工争议而提起诉讼的，人民法院应当按劳动关系处理。"也就是司法解释认可上述四类人员与原单位和新单位同时具备劳动关系。

同时，最高人民法院的观点还认为[1]，除以上司法解释所规定的四类政策性双重劳动关系以外，不定时工作制的劳动者、全日制用工的劳动者利用工作时间之外的时间为其他用人单位工作，与其他用人单位之间也能形成劳动关系。这种不属于企业改制政策原因形成的双重劳动关系，可以称之为"非政策性双重劳动关系"。

---

[1] 最高人民法院民事审判第一庭：《最高人民法院新劳动争议司法解释（一）的理解与适用》，人民法院出版社2021年版，第363页。

第一章 判断劳动关系

二、双重劳动关系中的工伤保险风险

根据《社会保险法》的规定，用人单位应为员工缴纳养老保险、基本医疗保险、工伤保险、失业保险、生育保险。根据《劳动和社会保障部关于非全日制用工若干问题的意见》（劳社部发〔2003〕12号）第12条的规定，用人单位应当按照国家有关规定为建立劳动关系的非全日制劳动者缴纳工伤保险费。

根据《关于实施〈工伤保险条例〉若干问题的意见》第1条，以及《最高人民法院关于审理工伤保险行政案件若干问题的规定》（以下简称《工伤保险行政案件规定》）第3条第1项的规定，职工在两个或两个以上用人单位同时就业的，各用人单位应当分别为职工缴纳工伤保险费。职工发生工伤，由职工受到伤害时其工作的单位依法承担工伤保险责任。

从以上规定可以看出：1. 用人单位应该为全日制员工缴纳五险，为非全日制员工缴纳工伤保险。2. 双重劳动关系中员工发生工伤，由发生工伤时候的单位负担工伤保险责任。

但在实务中，大部分地区操作实践为，在同一城市，如果员工已经和一家用人单位建立全日制用工关系并缴纳五险，那么第二家用人单位将无法为该员工缴纳五险或单独缴纳工伤保险（两家非全日制用人单位可以同时缴纳工伤保险）。该状况导致如果员工在第二家用人单位发生工伤，第二家用人单位将因无法缴纳工伤保险需自行支付工伤保险待遇。鉴于该风险的存在，该种情况下建议第二家用人单位购买雇主责任险来抵御风险。

第十二节 企业违法转包，与受转包方聘用的职工之间、被挂靠企业与挂靠人聘用的职工之间不存在劳动关系

根据《工伤保险条例》的规定，工伤确认的一个必要条件是工伤职工与用人单位之间存在劳动关系。

劳动关系全流程法律实务解析

《劳动和社会保障部关于确立劳动关系有关事项的通知》（劳社部发〔2005〕12号）第4条规定，建筑施工、矿山企业等用人单位将工程（业务）或经营权发包给不具备用工主体资格的组织或自然人，对该组织或自然人招用的劳动者，由具备用工主体资格的发包方承担用工主体责任。

《人力资源社会保障部关于执行〈工伤保险条例〉若干问题的意见》（人社部发〔2013〕34号）第7条规定，具备用工主体资格的承包单位违反法律、法规规定，将承包业务转包、分包给不具备用工主体资格的组织或者自然人，该组织或者自然人招用的劳动者从事承包业务时因工伤亡的，由该具备用工主体资格的承包单位承担用人单位依法应承担的工伤保险责任。

《工伤保险行政案件规定》该解释第3条第1款第4项规定，用工单位违反法律、法规规定将承包业务转包给不具备用工主体资格的组织或者自然人，该组织或者自然人聘用的职工从事承包业务时因工伤亡的，用工单位为承担工伤保险责任的单位。该解释第3条第1款第5项规定，个人挂靠其他单位对外经营，其聘用的人员因工伤亡的，被挂靠单位为承担工伤保险责任的单位。

通过规定我们可以发现，《劳动和社会保障部关于确立劳动关系有关事项的通知》中的承担"用工主体责任"已经转变为《人力资源社会保障部关于执行〈工伤保险条例〉若干问题的意见》第7条规定与《工伤保险行政案件规定》第3条第1款第4项及第5项规定中承担"工伤保险责任"。

这个转变意义重大，它突破了《工伤保险条例》中工伤确认时工伤职工需与用人单位存在劳动关系（包括事实劳动关系）的框架。在法定情形下（《工伤保险行政案件规定》第3条第1款第4项、第5项），劳动者享受工伤保险待遇不再以与承担工伤保险责任的单位存在劳动关系（包括事实劳动关系）为前提。

过去为了工伤认定，把不具有建立劳动关系合意的发包方或被挂靠方与劳动者确认为事实劳动关系，由其承担"用工主体责任"有违法理。现在明确发包方或被挂靠方与劳动者之间不是劳动关系，不存在事实劳动关系，也不是雇佣关系，而仅仅是承担"工伤保险责任"的关系，既符合法理，又能有效救济劳动者的权益。

第十三节　保险代理人与用人单位之间的劳动关系问题

实务中，用人单位（保险公司）要求保险代理人遵守公司规章制度，对其工作实施管理和监督，保险代理人需参加单位的会议和培训。对于保险代理人违反公司规定的行为，单位会按照规定进行惩戒。

从实务中所呈现的特征来看，似乎保险代理人与用人单位之间有一部分劳动关系的特征，但是实际上，保险代理人与用人单位之间不是劳动关系，而是民事代理关系。因为：

1.《保险法》（2015年修正）第112条规定，保险公司应当建立保险代理人登记管理制度，加强对保险代理人的培训和管理。

保险公司对保险代理人的培训和管理是基于《保险法》及相关规定管理保险代理行为的需要，不应将其理解为保险代理人对保险公司具有劳动关系意义上的人身从属性。

所以不能因为保险公司对保险代理人进行培训、管理就认定双方之间具有劳动关系。

2.《保险法》第117条第1款规定，保险代理人是根据保险人的委托，向保险人收取佣金，并在保险人授权的范围内代为办理保险业务的机构或者个人。

虽然保险公司会向保险代理人支付佣金报酬，但是佣金具有不稳定性，佣金的数额取决于保险代理人的业绩表现，这不符合劳动关系中劳动报酬的特征。保险代理人与保险公司之间不具有经济从属性。

实务中，部分保险公司会向保险代理人支付底薪，但是保险公司通常又会约定如果保险代理人一定时间达不到业绩指标将被"除名"，保险公司一般不会允许保险代理人长期没有业绩却领取底薪，所以也不能仅因为保险代理人有底薪而认定其与保险公司具有劳动关系。

并且《财政部、国家税务总局关于个人所得税法修改后有关优惠政策衔接问题的通知》（财税〔2018〕164号）第3条关于保险营销员、证券经纪人佣金收入的政策中规定，保险营销员、证券经纪人取得的佣金收入，属于劳务报酬所得，而不是工资、薪金所得。这也从侧面反映保险代理人与保险公司不具有劳动关系。

3.《中国保险监督管理委员会关于个人保险代理人法律地位的复函》中也明确了个人保险代理人属于保险代理人的一种，其与保险公司之间属于委托代理关系。

综上，保险代理人与用人单位之间不是劳动关系。但是如果保险代理人在从事保险代理以外还在保险公司从事其他工作，那么应根据其从事的工作按照劳动关系构成要件判决其是否和保险公司构成劳动关系。

第十四节　律师事务所、会计师事务所工作人员的劳动关系认定

虽然《劳动合同法实施条例》第3条规定，依法成立的会计师事务所、律师事务所等合伙组织和基金会，属于劳动合同法规定的用人单位。但是该规定只是肯定了律师事务所等机构可以作为劳动关系中的用人单位，对于什么情况下律师事务所等机构中人员和事务所形成劳动关系，法律法规并未作出明确的规定。

对于该问题，部分省市作出了地方性规定，可以作为处理该类纠纷的参考。比如，《上海市高级人民法院关于适用〈劳动合同法〉若干问题的意见》第1条规定："律师事务所中专职从事行政事务或勤杂工作的劳动者、在律师事务所从事法律事务并领取固定工资或底薪的劳动者，与律师事务所之间就劳动报酬等事项产生的纠纷，属于劳动争议，按照劳动争议的有关规定处理。其他涉及律师事务所与律师之间因合伙利益的分配方式及具体利益分配等问题产生的纠纷，属于民事纠纷，适用相关民事法律处理。会计事务所、基金会等组织与职工之间产生的纠纷，与前款情况相似的，参照前款规定处理。"

律师事务所有律师、顾问、行政人员、勤杂人员，并且律师还分为实习律师、授薪律师、提成律师、合伙人律师。所以对于律师事务所人员关系的认定不能一概而论，应按照劳动关系构成要件及地方性规定进行判断。

律师事务所作为专业法律服务机构，本应做到用工合规，但是现实中并不是如此。部分律师事务所为削减用工成本或对劳动法规的不熟悉、不重视，用工不规范的情况常有发生，比较突出地体现为实习律师管理。部分律师事务所认为其与实习律师之间不具有劳动关系，只是实习关系。在实习律师提供正常劳动的情况下，律师事务所向实习律师发放工资低于当地最低工资、不发放工资，更有甚者要求实习律师向律师事务所缴纳管理费或美其名曰"带教费"，不缴纳社保或让实习律师自行承担社保全部费用。而实习律师为了平稳度过一年实习期拿到律师执业证，在实习期一般不会提出异议。实际案例当中，在实习人员和律师事务所符合劳动关系构成要件的情况，将会被认定为形成劳动关系[1]。律师事务所不论从维护实习律师劳动生存权角度抑或从劳动合规角度，都应保障实习律师的合法权益，维护律师行业的良性发展。

第十五节 外国企业常驻代表机构的劳动关系问题

外国企业常驻代表机构，是指外国企业依照规定，在中国境内设立的从事与该外国企业业务有关的非营利性活动的办事机构，代表机构不具有法人资格。

《中华人民共和国国务院关于管理外国企业常驻代表机构的暂行规定》第11条规定，常驻代表机构租用房屋、聘请工作人员，应当委托当地外事服务单位或者中国政府指定的其他单位办理。

从劳动法规定的主体资格范围以及以上规定都可以看出，外国企业常驻代表机构并不是劳动法的适格主体，其在国内雇用员工应通过劳务派遣的形式，由劳务派遣单位与劳动者建立劳动关系，劳动者的相关权利受我国劳动法调整。

---

[1] 参考案例：（2015）沪一中行终字第605号、（2016）郑民四终字第5595号、（2016）川01民终9502号。

如果外国企业常驻代表处未通过劳务派遣直接用工，其与雇员之间的关系不属于劳动关系，应按劳务关系处理。全国多地对此都进行了明确规定①。

第十六节　船员劳务合同纠纷

按照《民事案件案由规定》，在二级案由"海事海商纠纷"项下设有三级案由"226. 船员劳务合同纠纷"。

船员劳务合同，是指船员与船舶所有人或船舶经营人达成的船员在船上尽职工作或服务，船舶所有人或船舶经营人向船员支付工资报酬的合同。该合同当事人因合同的订立、履行、变更和终止而产生的纠纷，即为船员劳务合同纠纷。

船员劳务合同与其他合同相比，内容较多地体现了强制性。当事人的权利和义务大多由法律规定，如船员法、劳动法和社会保障法等，当事人不能违背法律作出其他更改，合同的主体也有其特殊性。我国一般不是由船员个人直接和船舶所有人、船舶经营人签订合同，而是由船员向船员劳务服务机构提出申请，由该机构与船舶所有人或船舶经营人签订合同。②

一、船员劳务合同纠纷为三级案由

"226. 船员劳务合同纠纷"与"139. 劳务合同纠纷"及"186. 劳动合同纠纷"同为三级案由，不存在包含与被包含关系。

二、"船员劳务合同纠纷"的相关问题

1. "船员劳务合同纠纷"包括船员劳务合同纠纷及船员劳动合同纠纷

2016年《最高人民法院关于海事法院受理案件范围的规定》中第24项规

---

① 《上海市高级人民法院关于适用〈劳动合同法〉若干问题的意见》第22条、《广东省高级人民法院、广东省劳动争议仲裁委员会关于适用〈劳动争议调解仲裁法〉、〈劳动合同法〉若干问题的指导意见》第19条。

② 《最高人民法院民事案件案由适用要点与请求权规范指引》（第二版），人民法院出版社2020年版，第641页。

第一章 判断劳动关系

定,船员劳动合同、劳务合同(含船员劳务派遣协议)项下与船员登船、在船服务、离船遣返相关的报酬给付及人身伤亡赔偿纠纷案件属于海事法院受理案件的范围。

根据以上规定及司法实践,"船员劳务合同纠纷"既包括船员因履行劳务合同产生的纠纷,也包括船员因履行劳动合同产生的纠纷。

2. 四类请求及其他诉讼中包括四类请求的,才属于海事法院受理案件范围

并不是所有的船员劳务合同纠纷或船员劳动合同纠纷都属于海事法院受理案件范围。根据2016年《最高人民法院关于海事法院受理案件范围的规定》中第24项的规定,只有船员登船、在船服务、离船遣返相关的报酬给付及人身伤亡赔偿纠纷案件这四类请求才属于海事法院受理案件范围。

《最高人民法院关于审理涉船员纠纷案件若干问题的规定》(法释〔2020〕11号),对此也作了规定。该规定第1条规定:"船员与船舶所有人之间的劳动争议不涉及船员登船、在船工作、离船遣返,当事人直接向海事法院提起诉讼的,海事法院告知当事人依照《中华人民共和国劳动争议调解仲裁法》的规定处理。"

2016年《最高人民法院关于海事法院受理案件范围的规定》中第110条规定,当事人提起的民商事诉讼、行政诉讼包含本规定所涉海事纠纷的,由海事法院受理。所以,如果其他诉讼中包含船员登船、在船服务、离船遣返相关的报酬给付及人身伤亡赔偿纠纷案件这四类请求的,也属于海事法院受理案件范围。

3. 船员可主张船舶优先权的范围

根据《海商法》第22条第1款第1项的规定,船长、船员和在船上工作的其他在编人员根据劳动法律、行政法规或者劳动合同所产生的工资、其他劳动报酬、船员遣返费用和社会保险费用的给付请求具有船舶优先权。①

《最高人民法院关于审理涉船员纠纷案件若干问题的规定》(法释〔2020〕11号),对船员可主张船舶优先权的范围进行了详细的规定,其中第8条规定:"因登船、在船工作、离船遣返产生的下列工资、其他劳动报酬,船员主张船舶

---

① 船舶优先权,是指海事请求人依照《海商法》第22条的规定,向船舶所有人、光船承租人、船舶经营人提出海事请求,对产生该海事请求的船舶具有优先受偿的权利。

· 29 ·

优先权的，应予支持：

（一）正常工作时间的报酬或基本工资；

（二）延长工作时间的加班工资，休息日、法定休假日加班工资；

（三）在船服务期间的奖金、相关津贴和补贴，以及特殊情况下支付的工资等；

（四）未按期支付上述款项产生的孳息。

《中华人民共和国劳动法》和《中华人民共和国劳动合同法》中规定的相关经济补偿金、赔偿金，未依据《中华人民共和国劳动合同法》第八十二条之规定签订书面劳动合同而应支付的双倍工资，以及因未按期支付本款规定的前述费用而产生的孳息，船员主张船舶优先权的，不予支持。"

4. "船员"的定义

我国船员分为内河船员和海船船员。司法实践中，无论是内河船还是海船，在船人员都是"船员劳务合同纠纷"中的"船员"。

5. 船员劳务合同纠纷的管辖地

《海事诉讼特别程序法》第6条第2款第5项规定："因海船的船员劳务合同纠纷提起的诉讼，由原告住所地、合同签订地、船员登船港或者离船港所在地、被告住所地海事法院管辖。"

《最高人民法院关于适用〈中华人民共和国海事诉讼特别程序法〉若干问题的解释》第3条对《海事诉讼特别程序法》中的"海船"进行了扩大解释。该司法解释第3条规定，"海船"是指适合航行于海上或者通海水域的船舶。所以内河船船员和海船船员的劳务合同纠纷都适用《海事诉讼特别程序法》第6条第2款第5项规定。

《最高人民法院关于审理涉船员纠纷案件若干问题的规定》（法释〔2020〕11号），对此也进行了规定，其中第2条规定："船员与船舶所有人之间的劳务合同纠纷，当事人向原告住所地、合同签订地、船员登船港或者离船港所在地、被告住所地海事法院提起诉讼的，海事法院应予受理。"

第一章　判断劳动关系

第十七节　互联网平台用工模式下的劳动关系问题

在经历农业革命、工业革命后，我们这一代正经历互联网革命。互联网已经渗透我们生活中的各个方面，我们的生活方式因为互联网已经发生了巨大的转变。近年来，随着"互联网+"这一新型经济形态迅速发展，出现了"互联网+"的新型用工模式，如外卖骑手、网络主播、网约车司机等新型职业。

一、互联网平台用工较传统用工相比所呈现的特点

新型用工模式"互联网平台+个人"比传统的用工模式"企业+个人"更能有利发挥闲置的人力资源、极大调动劳动的积极性。在肯定互联网平台用工优点的同时，我们还需要面对如何从法律角度规制这种新型的用工模式。这种新型的用工模式与传统的用工模式相比，从工作场所、工作时间、劳动工具提供、工作分配、收入分配等方面都存在巨大差别，呈现以下特点：

1. 工作场所不特定。新型用工模式下，从业者工作场所不再限于固定的办公场所，如外卖骑手、网约车司机工作地点具有流动性，部分网络主播工作地点在自己住所。

2. 工作时间不固定。新型用工模式下，从业者工作时间不需要遵循"早九晚五"的方式，如外卖骑手（众包）、网约车司机可以自主决定何时工作、工作时长，网络主播虽按约定需完成一定工作时长，但是通常对于何时工作具有自主性。

3. 从业者自带劳动工具。传统用工模式下，劳动工具（生产资料）一般都由企业提供。而新型用工模式下，互联网平台一般不提供劳动工具，从业者需自带劳动工具从业，如外卖骑手（众包）、网约车司机需自己配备电动车、汽车等交通工具。

4. 工作分配形式多样性。传统用工模式下，企业直接指派工作给劳动者，劳动者无选择权。而新型用工模式下，除互联网平台直接指派工作给从业者的形

式外，还有互联网平台提供消费信息资源由从业者竞争取得的形式（俗称"抢单"），更有兼具指派工作形式和竞争工作形式的混合模式。

5. 收入分配多向性。传统用工模式下，通常为由企业向劳动者支付劳动报酬的正向分配方式。而新型用工模式下，既有互联网平台收取费用后向从业者支付的正向分配方式，又有从业者收取费用后向互联网平台支付的逆向分配方式。

从互联网平台用工模式与传统用工模式的巨大差别可以看出，从业者对互联网平台的人身从属性和财产从属性大幅度降低，从业者提供的劳动与互联网平台业务范畴（软件开发运营和信息整合）又存在较大区别，使得按照现行的《劳动和社会保障部关于确立劳动关系有关事项的通知》所列要件进行判断劳动关系变得困难。司法实践中，从业者往往主张与互联网平台具有劳动关系、期望得到劳动法的保护，而互联网平台往往以合作、居间、承揽等关系来抗辩与从业者不存在劳动关系。

当从业者和互联网平台发生争议需要确定是否具有劳动关系时，裁判机构将依据案件事实，按照《劳动和社会保障部关于确立劳动关系有关事项的通知》所列要件进行综合判断，但是由于该类争议的新颖性以及现行规定的滞后性，导致裁判结果不一，尚未形成完全统一的裁判理念。

二、从业者和互联网平台之间认定劳动关系的难点

1. 法律关系主体多重

（1）互联网平台往往由多个关联公司运营，并且实际运营的多个关联公司的名称与互联网平台的"APP"（手机软件）名称大相径庭。在合同订立、报酬发放等环节，有时互联网平台会用不同的运营主体进行操作。

（2）互联网平台除直接用工外，还会采取在各地与加盟商（代理商）合作，由加盟商（代理商）直接招工用工。加盟商（代理商）有时还会再次寻找合作方或将业务分包，由合作方或承包方直接招工用工。

法律关系主体的多重性导致在从业者与互联网平台、被侵权者（从业者致人损害）与互联网平台发生争议时，常常选择了错误的诉讼主体，使得审理难度增加、审理周期增长。从业者或被侵权人应在仲裁、诉讼前充分了解所涉主体以确

定被告，在涉及确定劳动关系的案件中，更应在众多主体中选定最符合劳动关系要件的一方作为被告。

2. 互联网平台用工方式多样

不但各互联网平台用工方式不一，在同一互联网平台中也存在多种用工方式。比如：

（1）外卖平台通常将骑手分为众包骑手和专送骑手。

众包骑手一般与互联网平台直接签订用工协议，可根据自己的时间决定配送时长，即使有正式工作，也可以利用空闲时间在平台接单，需自行配备交通工具。

专送骑手由加盟商（代理商）招聘或互联网平台协助招聘，与加盟商（代理商）签订用工协议，一般为全职工作，需遵循加盟商（代理商）配送站点的配送时间安排，无须自行配备交通工具。

（2）网络约车平台通常将司机分为网约车司机、豪华全职司机等。网约车司机自由灵活接单，需自备车辆。豪华全职司机顾名思义为全职工作，由平台提供制服，可以自备车辆或无车加盟。

互联网平台用工方式具有多样性，所以不能因个案中某个互联网平台被认定与从业者具有劳动关系，就认为该互联网平台与其内部所有从业者都具有劳动关系，而应根据每个案件的具体情况和具体用工方式来认定该案是否具有劳动关系。

3. 同一用工方式不同时期有不同表现形式

互联网平台在发展过程中，为运营需要或为避免劳动关系的成立，对同一用工方式也会进行调整。比如，在法院判定某互联网平台某种用工方式具有劳动关系后，互联网平台往往会剔除该种用工方式中被法院认定的劳动关系要素。所以也不能以某一时期某一平台的某一用工方式的裁判结果，来简单判断以后该平台的该种用工方式。

三、认定互联网平台与从业者是否有劳动关系应考虑的因素

1. 从互联网平台与从业者是否签订劳动合同判断双方是否有建立劳动关系

的明示合意。但在双方未签订劳动合同，却签订了合作协议、承揽协议、居间协议时，应探究是否具备其他劳动关系构成要件，而不拘泥于协议名称进行定性。

2. 从互联网平台对从业者考勤、奖惩的管理程度，从业者对工作场所、工作时间、工作分配、工作穿着的自主度等方面来判断从业者对互联网平台的人身从属性程度。

3. 从收入分配方式、劳动工具的提供方、消费者评价与从业者利益的关联度来判断从业者对互联网平台的财产从属性程度。

第二章 劳动关系建立、履行、变更

第一节 招聘管理

一、招聘流程

很多用人单位认为,招聘时与劳动者之间并未建立劳动关系,所以对招聘环节的法律风险并不重视,但实际上这种认识是错误的,在招聘环节也同样存在诸多法律风险。

部分用人单位招聘的流程为面试—面试合格—体检—体检合格—入职报到,但是该流程存在一定的法律风险。因为面试合格后用人单位通常会向劳动者发出录用通知(又称Offer)确定录用,收到录用通知后劳动者再去体检,如果体检结果不合格但劳动者不认可的话将引发争议。最终"体检合格标准"是否合法合理的判断权在裁判机构,用人单位不具有最后的决定权,如"体检合格标准"被裁判机构裁判为不合法不合理,那么用人单位将承担相应的赔偿责任。

为避免上述风险,实务中用人单位会采取以下方式避免风险:

1. 在招聘环节的体检步骤后增加复试环节,采用初次面试—初次面试合格—体检—体检合格—复试—复试合格—入职报到的流程方式,通过复试来增加筛选环节，掌握主动权。

2. 面试合格后，向劳动者发出录用通知，但是将未提供合格的体检证明作为录用通知的失效条件之一。比如，在（2015）姑苏民一初字第00682号案件中，法院认为"被告的录用通知附失效条件，并明确注明了录用通知的失效条件，其中一条即为未能提供被告要求的体检合格证明……原告在庭审中自行陈述，其于2015年4月16日已向原工作单位提出辞职申请。而此时，原告尚未向被告提交录用通知中载明的各种文件，甚至尚未至体检机构进行体检。因此，原告在未满足录用通知条件的情况下即向原单位辞职，即使确实存在经济损失，也不可归责于被告，原告要求被告赔偿其经济损失的主张不能成立"。

入职体检费的承担方：

当劳动者和用人单位发生争议时，部分劳动者会要求用人单位报销入职体检费，在司法实践中法院主要审查用人单位和劳动者是否约定了入职体检费的承担方，如无明确约定，也没有证据证明该用人单位同等或类似人员曾有报销先例，大部分法院判决不支持劳动者要求用人单位报销入职体检费的诉求。①

但是也有在用人单位和劳动者没有约定入职体检费承担方的情况下，法院判决支持了劳动者要求用人单位报销入职体检费的诉求。在该案件中，法院认为："一般而言，入职体检的项目及标准亦由用人单位指定，并且入职体检系因工作需要而为，故该费用由用人单位承担较为符合情理，对许某要求S公司报销入职体检费100元的诉讼请求，本院予以支持。"②

二、招聘环节就业歧视问题

用人单位在招聘时不得存在就业歧视，需要注意：1. 招用人员，不得歧视残疾人。2. 招用人员，除国家规定的不适合妇女的工种或者岗位外，不得以性别为由拒绝录用妇女或者提高对妇女的录用标准。用人单位录用女职工，不得在劳动合同中规定限制女职工结婚、生育的内容。3. 用人单位招用人员，不得以是传染病病原携带者为由拒绝录用。但是，经医学鉴定传染病病原携带者在治愈

---

① 参考案例：（2016）沪0110民初8198号、（2018）沪02民终7915号。
② 参考案例：（2016）沪0104民初23165号。

第二章 劳动关系建立、履行、变更

前或者排除传染嫌疑前,不得从事法律、行政法规和国务院卫生行政部门规定禁止从事的易使传染病扩散的工作。

如果用人单位出现以上情况,存在就业歧视,将面临赔偿的风险。比如,在(2017)吉0103民初1222号案件中,法院认为:"被告在校园招聘过程中,违反相关法律规定,要求原告进行肝功能复检,构成用工歧视,侵犯了原告人格权,确实给原告造成较大的精神压力,故原告要求被告赔礼道歉,赔偿经济损失及检查费用的诉讼请求应予支持;原告主张的精神赔偿金较高应予酌减,以保护5000元为宜。"

三、背景调查

1. 背景调查的重要性

在实践中,部分劳动者为获得工作机会在应聘时向用人单位提供虚假信息、作出虚假陈述。如用人单位未审核信息的真假,直接录用将会为未来用工埋下风险,特别是在如今劳动者解雇保护的大背景下。所以,用人单位在决定录用劳动者之前,应对劳动者进行一定的背景调查,对于关键性、敏感性的岗位,全面的背景调查显得尤为重要。

2022年修订的《妇女权益保障法》对女职工招录环节作出了细化的规定,用人单位应予重视并遵守。2022年修订的《妇女权益保障法》第43条规定:"用人单位在招录(聘)过程中,除国家另有规定外,不得实施下列行为:

(一)限定为男性或者规定男性优先;

(二)除个人基本信息外,进一步询问或者调查女性求职者的婚育情况;

(三)将妊娠测试作为入职体检项目;

(四)将限制结婚、生育或者婚姻、生育状况作为录(聘)用条件;

(五)其他以性别为由拒绝录(聘)用妇女或者差别化地提高对妇女录(聘)用标准的行为。"

2. 全面背景调查的岗位

对于以下关键性、敏感性岗位,建议用人单位作全面的背景调查:

(1)中高层管理人员,如总经理、副总经理、部门主要负责人等。

（2）企业关键技术人员。

（3）会计、出纳、投资等与资金管理和资金安全有关的岗位。

3. 背景调查的内容和方式

（1）身份鉴别。可使用身份证阅读器对劳动者的身份证进行识别。

（2）学历、学位信息鉴别。可上学信网进行验证。

（3）职业资格认证。可上相关职业资格网站进行验证。

（4）确认是否已与原单位解除、终止劳动关系。要求劳动者提供原用人单位开具的解除或者终止劳动合同的书面证明，以此避免招用与原单位尚未解除或者终止劳动合同的劳动者而带来的赔偿风险。

（5）以往工作经历。电话或函件询问以往单位人力资源专员（HR）或负责人、网络社交平台查看该劳动者注册信息（领英、脉脉、微博等平台）、劳动者自行提供以往社保、公积金、个人所得税缴税证明。核实以往工作经历，确定劳动者的累计工作时间，也便于在入职后依法安排带薪年休假。

（6）以往工作表现。电话或函件询问以往单位人力资源专员（HR）或负责人、劳动者自行提供以往工作中的奖惩记录。但需要注意的是，以往单位负责人对劳动者工作表现的描述具有个人主观性，所以收集该信息后招聘单位需结合其他信息进行辨别使用。

（7）竞业限制情况。对于之前单位担任高级管理人员、高级技术人员和其他负有保密义务等疑似负有竞业限制义务的人员，建议函件询问以往单位人力资源专员（HR）或负责人，问询该劳动者是否与其有竞业限制的约定，以避免承担连带赔偿责任的风险发生。

（8）是否涉及违法犯罪情况。可由劳动者自行提交无犯罪记录证明。

（9）涉及诉讼情况。用人单位可登录中国裁判文书网或其他案例库网站，用劳动者姓名进行检索查询其以往涉诉情况，如其涉及劳动诉讼、民事诉讼、刑事诉讼、行政诉讼，对裁判文书进行研读，将获得的信息作为是否聘用的依据使用。

（10）信用情况。可由劳动者自行在中国人民银行查询其个人信用报告并提供给用人单位。

第二章 劳动关系建立、履行、变更

（11）关系披露。可由劳动者自行披露其与应聘的用人单位中其他人员是否具有亲友关系，便于用人单位作出岗位安排和风险控制，以防止用人单位内部出现互相舞弊和腐败风险。

4. 背景调查其他注意点及《个人信息保护法》的规定

（1）实践中，除上述所提的背景调查内容外，部分用人单位会要求前来应聘的劳动者提供以往工资流水，以此来了解劳动者之前工资收入情况。但需要注意的是，按照法律规定，用人单位有权了解劳动者的情况仅限于与劳动合同直接相关的基本情况。用人单位应当把背景调查的内容控制在合法、合理范围，不应侵害劳动者的隐私权，也无必要调查与招聘无关的内容。

2021年11月1日施行的《个人信息保护法》第5条规定："处理个人信息应当遵循合法、正当、必要和诚信原则，不得通过误导、欺诈、胁迫等方式处理个人信息。"

《个人信息保护法》第6条规定："处理个人信息应当具有明确、合理的目的，并应当与处理目的直接相关，采取对个人权益影响最小的方式。收集个人信息，应当限于实现处理目的的最小范围，不得过度收集个人信息。"

（2）从减少风险以及尊重劳动者隐私权角度，建议用人单位将具体背景调查的内容向劳动者说明，并取得劳动者的书面授权或同意。

《个人信息保护法》第13条规定："符合下列情形之一的，个人信息处理者方可处理个人信息：

（一）取得个人的同意；

（二）为订立、履行个人作为一方当事人的合同所必需，或者按照依法制定的劳动规章制度和依法签订的集体合同实施人力资源管理所必需；

（三）为履行法定职责或者法定义务所必需；

（四）为应对突发公共卫生事件，或者紧急情况下为保护自然人的生命健康和财产安全所必需；

（五）为公共利益实施新闻报道、舆论监督等行为，在合理的范围内处理个人信息；

（六）依照本法规定在合理的范围内处理个人自行公开或者其他已经合法公

开的个人信息；

（七）法律、行政法规规定的其他情形。

依照本法其他有关规定，处理个人信息应当取得个人同意，但是有前款第二项至第七项规定情形的，不需取得个人同意。"

根据以上条文规定，用人单位处理劳动者信息（包括收集、存储、使用等）需要具有法定情形。或者根据该条第1款第1项取得劳动者的同意，或者根据该条第1款第2项按照依法制定的劳动规章制度和依法签订的集体合同实施人力资源管理所必需，比较这两种法定情形，按照第1款第1项取得劳动者的同意更加利于举证。

用人单位根据该条第1款第1项取得劳动者的同意，建议取得劳动者的书面授权或同意，便于发生争议后进行举证。

用人单位根据该条第1款第2项按照依法制定的劳动规章制度和依法签订的集体合同实施人力资源管理所必需，需要具备以下两个条件：

第一，用人单位有经民主程序依法制定的劳动规章制度和集体合同；

第二，该劳动规章制度和集体合同中明确了个人信息处理规则、处理目的、处理方式和范围。

（3）背景调查出现可疑情形时，可听取劳动者申辩。在未查清事实的情况下，切勿武断定论，避免错失人才及增加法律风险。

（4）用人单位应制作完整的应聘表格让劳动者填写，以便在劳动合同履行中发现劳动者有虚假陈述时作为对照证据使用。

（5）用人单位应将调取的和应聘者自行提供的信息资料妥善保管，用以日后备查。同时对信息资料采取保密措施，防止泄露劳动者隐私。

《个人信息保护法》第9条规定："个人信息处理者应当对其个人信息处理活动负责，并采取必要措施保障所处理的个人信息的安全。"

《个人信息保护法》第51条规定："个人信息处理者应当根据个人信息的处理目的、处理方式、个人信息的种类以及对个人权益的影响、可能存在的安全风险等，采取下列措施确保个人信息处理活动符合法律、行政法规的规定，并防止未经授权的访问以及个人信息泄露、篡改、丢失：

第二章 劳动关系建立、履行、变更

（一）制定内部管理制度和操作规程；

（二）对个人信息实行分类管理；

（三）采取相应的加密、去标识化等安全技术措施；

（四）合理确定个人信息处理的操作权限，并定期对从业人员进行安全教育和培训；

（五）制定并组织实施个人信息安全事件应急预案；

（六）法律、行政法规规定的其他措施。"

5. 入职后，发现劳动者应聘时造假并不必然导致劳动合同无效

入职前，如用人单位背景调查发现劳动者提供虚假材料或作出虚假陈述，用人单位可以选择不聘用。

虽然《劳动合同法》第26条第1款第1项规定，以欺诈、胁迫的手段或者乘人之危，使对方在违背真实意思的情况下订立或者变更劳动合同的，劳动合同无效或部分无效。但是这不代表在劳动者入职后，只要用人单位发现其之前有弄虚作假行为就意味着劳动合同无效。鉴于用人单位在录用时对劳动者提供的信息负有审核及管理职责，在劳动合同履行一定时间后，用人单位再以劳动者学历或工作经历造假等情况提出无效或解除劳动合同，裁判机构往往会从用人单位在招聘时是否明确向劳动者提出学历或工作经历等要求、劳动者造假的情况是否影响劳动合同的履行等角度判断劳动合同是否无效、用人单位解除是否合法。司法实践中，用人单位以劳动者造假主张劳动合同无效或解除合同败诉的案例众多，该风险点用人单位应引起注意，这也从另一个角度反映了用人单位进行入职前背景调查的重要性。

四、发出录用通知又取消的问题

用人单位确定录用劳动者后，通常会向该劳动者发出录用通知（Offer），然后再与劳动者签订劳动合同。但实践中，部分用人单位发出录用通知后，又会出于种种原因取消发出的录用通知，不再和劳动者签订劳动合同，一般取消的理由为用人单位在背景调查中发现劳动者不符合要求、用人单位自身岗位需求发生变化等。

劳动关系全流程法律实务解析

1. 录用通知的性质

根据《民法典》的规定，要约是希望和他人订立合同的意思表示，而录用通知是用人单位希望与劳动者订立正式劳动合同的意思表示，所以一般情况下录用通知的性质为要约。

2. 取消录用通知应承担缔约过失责任

用人单位发出录用通知书，劳动者通过答复或行为表示接受录用，并已经为履行即将开始的劳动关系作出准备性或配合性的行动，此时，用人单位取消录用通知书需要承担缔约过失责任。

虽然，发出录用通知书后用人单位与劳动者并未签订劳动合同，用人单位不承担劳动法意义上的违约责任。但是用人单位发出的录用通知书的性质是希望与劳动者订立正式劳动关系的一种要约，该要约经过应聘劳动者承诺后发生法律效力，具有劳动关系预约合同的性质，对作出约定的双方具有法律约束力，用人单位违反应当承担缔约过失责任。

3. 缔约过失责任的理解

缔约过失责任，是指在合同订立过程中，一方当事人因违背诚实信用原则所尽义务，而导致另一方当事人信赖利益损失所应承担的民事损害赔偿责任。当事人在订立合同过程中，因过错违反先合同义务，导致合同不成立，或者合同虽成立，但被确认无效、被变更或撤销，给对方造成损失时应承担民事损害赔偿责任。

根据《劳动合同法》的规定，订立劳动合同，应当遵循合法、公平、平等自愿、协商一致、诚实信用的原则。如在缔约过程中，用人单位由自身行为导致劳动者形成合理信赖并基于此信赖遭受损失的，用人单位应当对该损失承担赔偿责任。

4. 用人单位取消录用通知后承担缔约责任的赔偿数额

我国现行法律中未对用人单位取消录用通知后赔偿数额标准进行规定。司法实践中，裁判机构主要结合以下因素来裁量具体赔偿数额：

（1）劳动者在原单位的工资标准；

（2）录用通知书承诺的试用期工资标准和转正后工资标准；

第二章　劳动关系建立、履行、变更

（3）劳动者自身的就业条件；

（4）劳动者停止工作的时间以及因停止工作而可能减少的权益；

（5）用人单位的过错程度。

结合以上因素后，裁判机构一般裁判的赔偿金额为劳动者工资标准 1 个月到 3 个月左右。比如：

① （2017）沪 0106 民初 17670 号案件中，法院判决用人单位赔偿劳动者 10000 元。（低于劳动者原单位月工资 16000 元及录用通知书承诺月工资 13000 元）

② （2019）粤 01 民终 321 号案件中，法院判决用人单位赔偿劳动者原单位约定工资一个月 25000 元、原单位为劳动者购买社保 2766 元、公积金的支出部分 2160 元，共 29926 元。

③ （2018）粤 01 民终 9537 号案件中，法院判决用人单位赔偿劳动者原单位离职前 12 个月平均工资的两倍 22026 元。

④ （2015）黄浦民一（民）初字第 7213 号案件中，法院酌定用人单位赔偿劳动者录用通知书承诺的试用期工资两个月共 14880 元（基本薪资 5208 元加绩效薪资 2232 元）。

⑤ （2017）京 0105 民初 9176 号案件中，法院判决用人单位赔偿劳动者入职通知书承诺的转正工资两个月共 44000 元。

⑥ （2018）湘 0302 民初 695 号案件中，法院酌定用人单位赔偿劳动者原单位工资三个月 45000 元。

5. 取消录用通知的法定免责情形

（1）撤回

录用通知可以撤回，但是撤回通知应当在录用通知到达劳动者之前或者与录用通知同时到达劳动者。

需要注意的是，只有在录用通知是以快递、信件形式发送的情形下，用人单位才有可能用加急快递、加急信件方式使撤回通知提前或同时送达劳动者。如果录用通知是以电子邮件等数据电文形式发送，用人单位基本就失去了撤回的机会，因为电子邮件发送后即刻到达劳动者邮箱。

(2)撤销

录用通知符合情形时可以撤销,但是撤销通知应当在劳动者发出承诺之前到达劳动者。有以下三种情形,录用通知不得撤销:

第一种情形,录用通知确定了劳动者承诺的期限或以其他形式明示录用通知不可撤销。

第二种情形,劳动者有理由认为录用通知是不可撤销的,并已经为履行即将开始的劳动关系作出了诸如从原单位离职、拒绝其他工作机会等准备性或配合性的行动。

第三种情形,撤回会造成应聘者损失。

6. 取消录用通知后用人单位的抗辩情形

(1)用人单位认为劳动者在应聘时存在虚假陈述。

如用人单位以此情况抗辩,法院将审查是否存在虚假陈述、程度、对劳动合同履行影响度来判断抗辩是否成立。用人单位不可理解为只要劳动者有虚假陈述就可取消录用,司法实践中相关案例为:

案例一(用人单位抗辩不成立):(2018)沪0115民初28475号案件中,法院经审理后认为:"被告通过邮件向原告发出入职通知,原告基于信赖为入职作出了相应的准备工作,但被告仅以原告填写的应聘申请表中工作经历入职离职时间稍有出入为由取消录用原告,显然违背了诚实信用原则,应当承担缔约过失责任。"

案例二(用人单位抗辩不成立):(2017)沪0106民初17670号案件中,法院经审理后认为:"虽然原告填写的履历与2份劳动合同的主体存在一定的差异,但是原告提供的工商登记查询信息能证实……三家公司系关联公司,故原告在应聘信息表中填写为担任上海L管理集团有限公司营销总监的内容与事实基本相符合,并未违反诚实信用的原则。被告在双方劳动合同的缔约过程中存在一定过错,应当在其过错范围内赔偿原告信赖利益的损失。"

(2)用人单位认为劳动者未满足录用通知(或其他名称)中的必须条件,录用通知并未要约。司法实践中相关案例为:

案例三(用人单位抗辩成立):(2019)京02民终6435号案件中,法院经

第二章 劳动关系建立、履行、变更

审理后认为："该《意向书》……根据内容表述……劳动合同订立内容并不明确具体，且在《意向书》后文的'聘用须知'中，也明确告知正式聘用还应当附有其他必须条件。综合以上……《意向书》亦无法认定为劳动合同关系成立的要约。"

案例四（用人单位抗辩不成立）：（2019）沪 0113 民初 7921 号案件中，法院经审理后认为："被告向原告发出录用通知，原告基于信赖为入职做了相应的准备工作，且被告未能提供证据证明其在面试时以及向原告发出《录用通知》时告知原告最终以原告的体检报告结果为录用依据，现被告仅以原告的体检报告有异常为由取消录用原告，显然违背了诚实信用原则，应当承担缔约过失责任。"

（3）用人单位认为劳动者未按录用通知书规定提供全部入职材料。司法实践中相关案例为：

案例五（用人单位抗辩成立）：（2016）沪 0115 民初 67581 号案件中，法院经审理后认为："事实上，截至仲裁之时，徐某都未向外某某提供《录用通知书》所规定全部入职材料，其行为违反了诚信原则……徐某要求外某某承担缔约过失责任，于法无据，本院难以支持。"

综合以上用人单位抗辩的情形和五个案例可以看出，用人单位抗辩需要具备以下条件才有可能成立：用人单位在录用通知上写明了必须条件（生效条件）或入职材料并明确告知了劳动者、劳动者不满足必须条件或未提交录用通知要求的入职材料。

7. 取消录用通知争议解决方式及案由

劳动者因用人单位取消录用通知发生争议，可以选择与用人单位进行协商。在协商不成的情况下，可向人民法院提起诉讼，大部分劳动仲裁部门认为该争议不属于劳动争议案件而不予受理。

在司法实践中，法院一般对该类案件案由确定为缔约过失责任纠纷。也有对该类案件案由确定为劳动争议，如（2018）沪 0114 民初 16222 号、（2017）京 0105 民初 9176 号，虽然这些案件案由定义为劳动争议，但是仍然主要依据《合同法》第 42 条[①]缔约过失的规定进行法律适用和判决。

---

① 现为《民法典》第 500 条。

第二节 试用期

一、试用期的概念

试用期，是指劳动者新入职用人单位后，用人单位对新入职的劳动者进行工作能力、工作态度、品德等方面考察的期限。同时劳动者在该期限也可以对用人单位的企业文化、发展空间等进行全方位的衡量。试用期为约定条款，在用人单位未与劳动者约定试用期的情况下，视为没有试用期。

试用期劳动者享有劳动法规定的所有权利，部分用人单位对处于试用期的劳动者权利进行限制违反了劳动法。实践中，用人单位以劳动者处于试用期为由不为劳动者缴纳社会保险更是典型的违法行为。

二、试用期的长度

试用期的最长期限不得超过法律的规定，试用期的最长期限取决于劳动合同的期限。根据《劳动合同法》第 19 条第 1 款的规定："劳动合同期限三个月以上不满一年的，试用期不得超过一个月；劳动合同期限一年以上不满三年的，试用期不得超过二个月；三年以上固定期限和无固定期限的劳动合同，试用期不得超过六个月。"

要准确理解《劳动合同法》第 19 条第 1 款的规定中"以上""不满"等词汇的含义，还需结合《民法典》中关于词汇的定义。《民法典》第 1259 条规定，"民法所称的'以上'、'以下'、'以内'、'届满'，包括本数；所称的'不满'、'超过'、'以外'，不包括本数。"

《民法典》第 1259 条中对词汇的定义同样适用于劳动法，结合《民法典》第 1259 条、《劳动合同法》第 19 条第 1 款可更清晰地表达为：

1. 劳动合同期限三个月以上（包括三个月）不满一年（不包括一年）的，试用期不得超过一个月（包括一个月）；

第二章 劳动关系建立、履行、变更

2. 劳动合同期限一年以上（包括一年）不满三年（不包括三年）的，试用期不得超过二个月（包括二个月）；

3. 三年以上（包括三年）固定期限和无固定期限的劳动合同，试用期不得超过六个月（包括六个月）。

三、不得约定试用期的情形

根据法律的规定，不得约定试用期的情形为：

1. 以完成一定工作任务为期限的劳动合同不得约定试用期；

2. 劳动合同期限不满三个月不得约定试用期；

3. 非全日制用工双方当事人不得约定试用期。

四、试用期次数

1. 法律规定

《劳动合同法》第19条第2款规定："同一用人单位与同一劳动者只能约定一次试用期。"

2. 劳动者离职后再入职原单位能否再约定试用期的观点存在分歧

劳动者离职后再入职原单位能否再约定试用期问题，实际上就是对《劳动合同法》第19条第2款的规定中"同一用人单位与同一劳动者只能约定一次试用期"的理解问题。实务中对该问题存在两种观点，分别为：

（1）第一种观点，劳动者离职后再入职，用人单位不得再约定试用期。最高人民法院民事审判第一庭编的《民事审判指导与参考》2010年第4辑（总第44辑）的解答持该观点。解答中提到"实践中，对于如何理解《劳动合同法》中有关'同一用人单位与同一劳动者只能约定一次试用期'的规定，出现了分歧。有些劳动者在与单位解除或者终止劳动合同并间隔若干时间后再次被单位招用，有可能职位和岗位发生了变化，在这种情况下，若一概不能约定试用期，似乎显得有些不合理，故对这条规定应当从其立法原意入手理解。由于《劳动合同法》的立法意图就是促使劳动者与用人单位之间建立稳定的劳动合同关系，如果不作上述规定，有可能出现有的单位有意在短期内多次与劳动者签订合同、适用

多个试用期现象。故此，如果用人单位连续使用同一劳动者在同一岗位或者可替代性的岗位工作，不论是延长劳动合同期限还是劳动合同终止后隔时用人单位再次招用的等，均不应另行约定试用期"。

（2）第二种观点，劳动者离职后再入职，用人单位可以再次约定试用期。该观点认为，"同一用人单位与同一劳动者只能约定一次试用期"仅限于同一段劳动关系持续期间，如果劳动者离职后再入职，不受"同一用人单位与同一劳动者只能约定一次试用期"的限制，可以再次约定试用期。

上海市第一中级人民法院曾有判决持该观点①。法院认为，"同一用人单位与同一劳动者只能约定一次试用期"这一规定的前提条件是在"同一段劳动关系中"。因劳动者离职之后的工作技术和能力可能因身体条件、主观意愿等发生变化而有所下降，因此在两段不同的劳动关系中，同一用人单位面对同一劳动者，可以再次约定试用期。

3. 用人单位对劳动者进行岗位调动、职位调动不得再约定试用期。

4. 《劳务派遣暂行规定》第 6 条规定："劳务派遣单位可以依法与被派遣劳动者约定试用期。劳务派遣单位与同一被派遣劳动者只能约定一次试用期。"根据该规定，劳务派遣单位（用人单位）与同一被派遣劳动者只能约定一次试用期，即使被派遣劳动者更换用工单位，劳务派遣单位（用人单位）与被派遣劳动者也不可以再次约定试用期。

五、试用期延长

试用期能否延长法律并无明确规定。实务中，针对用人单位未经劳动者同意延长试用期或延长后总试用期长度超过法定标准的，裁判机构一般持否定态度。

但是对于延长试用期经过劳动者同意，且延长后总试用期长度不超过法定标准，延长试用期间的工资亦按转正后标准支付的情况，用人单位延长是否合法，法院裁判观点不一。

认定用人单位延长试用期合法的案例：

---

① 来源：上海法院网，载 http://shfy.chinacourt.gov.cn/article/detail/2014/09/id/1431852.shtml，最后访问日期 2022 年 11 月 6 日。

第二章 劳动关系建立、履行、变更

上海市静安区人民法院2018年度劳动争议审判白皮书中十大典型案例之案例四,用人单位延长试用期的合法性认定——张某诉某服装有限公司劳动合同纠纷案。在该案中法院认为:"根据相关法律规定,三年以上固定期限的劳动合同,试用期不得超过六个月。本案中,双方原先约定的试用期为3个月,此后虽进行了延长,但延长的原因系张某的工作表现不佳而需进一步考察,而延长后的试用期未超出法定期限,试用期内也未降低张某的工资待遇,且已征得张某本人同意。因此,该行为没有侵犯张某的合法权益。张某要求服装公司赔偿延长试用期损失的诉请,不予支持。"①

认定用人单位延长试用期违法的案例:

北京市第一中级人民法院网公布的案例。案情为:2012年11月13日,任某入职某科技公司,双方于当日签订劳动合同,合同期限自当日至2022年11月13日,其中试用期为2个月。任某的月工资标准为5万元,公司于每月15日前支付任某上个自然月的工资。任某试用期工资标准与转正后工资标准相同。2013年1月10日,双方签订《试用期延长协议》,该协议载明:任某试用期将于2013年1月14日结束,经公司管理层调查考核,综合考核结果与实际表现,未能达到公司要求,因此根据《劳动合同法》第19条的相关规定,延长员工试用期2个月,直至2013年3月14日止,以作深入考核,原劳动合同除第1条第1项外,其他条款不变。后双方发生争议解除劳动关系,任某向法院提起诉讼要求公司向其支付2013年1月14日至2013年3月14日违法约定试用期的赔偿金100000元。二审法院经审理认为:"根据本案相关证据及当事人在仲裁提交的申请书、当事人陈述等可以认定任某在科技公司正常工作至2013年3月1日。科技公司在与任某约定2个月试用期后再次约定试用期并延长试用期的行为违反了《中华人民共和国劳动合同法》第19条的规定,构成违法约定试用期。该公司应以任某试用期满月工资为标准,按照已经履行的超过法定试用期的期间,向任某支付赔偿金。该赔偿金的支付期间为任某正常提供劳动的2013年1月14日至2013年3月1日。最终二审法院判决该科技公司向任某支付2013年1月14日至

---

① 来源:上海法院网,载http://shfy.chinacourt.gov.cn/article/detail/2019/07/id/4153362.shtml,最后访问日期2021年12月22日。

2013 年 3 月 1 日违法约定试用期的赔偿金八万余元。"①

六、试用期中止

如劳动者在试用期患病并请病假，将导致用人单位难以在既定的试用期内对劳动者进行考察。针对这种情况试用期能否中止，虽然法律并无明确规定，但是多个地方对此出台了地方性规定。

1.《江苏省劳动合同条例》第 15 条规定："试用期包含在劳动合同期限内。劳动者在试用期内患病或者非因工负伤须停工治疗的，在规定的医疗期内，试用期中止。"

2.《浙江省高级人民法院民事审判第一庭、浙江省劳动人事争议仲裁院关于审理劳动争议案件若干问题的解答（四）》（浙高法民一〔2016〕3 号）中第 2 条规定："试用期是用人单位与劳动者的相互考察期间。劳动者在此期间请病假，影响到考察目的的实现，故该病假期间可从试用期中扣除。"

3.《天津市贯彻落实〈劳动合同法〉若干问题实施细则》中第 13 条规定："劳动者在试用期间内被证明不符合录用条件的，用人单位应当在试用期内做出解除劳动合同的决定。劳动者在试用期内患病或者非因工负伤的，经劳动关系双方协商一致，试用期可以中止。"

4.《上海市劳动合同条例》第 26 条规定了劳动合同中止履行的条款。上海审判实践中倾向性观点认为，劳动者在试用期请病假，根据合理性角度判断，试用期应予相应延长。

实践中，在没有地方规定认可试用期中止的情况下，用人单位需根据当地司法实践，谨慎判断病假期间能否中止试用期，以免增加自身用工风险。

七、违法约定试用期的法律责任

《劳动合同法》第 83 条规定："用人单位违反本法规定与劳动者约定试用期的，由劳动行政部门责令改正；违法约定的试用期已经履行的，由用人单位以劳

---

① 案号：北京市第一中级人民法院（2014）一中民终字第 02401 号。

第二章 劳动关系建立、履行、变更

动者试用期满月工资为标准,按已经履行的超过法定试用期的期间向劳动者支付赔偿金。"

需要注意的是,对于违法约定的试用期,只要劳动者已经实际履行,用人单位就需按照劳动者已经履行的超过法定试用期的期间向劳动者支付赔偿金,对于劳动者尚未履行的期间,用人单位不需要支付赔偿金。

八、劳动合同仅约定试用期的,试用期不成立

《劳动合同法》第19条第4款规定:"试用期包含在劳动合同期限内。劳动合同仅约定试用期的,试用期不成立,该期限为劳动合同期限。"

该规定的意思为,如果用人单位仅和劳动者签订试用期合同,那么视为该试用期合同为劳动合同,试用期的期限为劳动合同的期限。

实务中,部分用人单位出于排斥过早和劳动者确定劳动合同期限等原因。在劳动者入职后,先与劳动者签订试用期合同,并和劳动者约定经试用期考核合格后,再与劳动者另行签订正式的劳动合同。用人单位的此种行为不但违反法律,而且存在较大的法律风险。比如:

1. 只约定试用期,签订了试用期合同,视为签订劳动合同。在该试用期合同到期后,如果用人单位不续签劳动合同,需按照《劳动合同法》第46条第5项向劳动者支付经济补偿。

2. 只约定试用期,签订了试用期合同,视为签订劳动合同。在该试用期合同到期后,如果用人单位续签劳动合同,视为第二次订立劳动合同。这也加速了用人单位应当签订无固定期限劳动合同情形的到来。

3. 只约定试用期,签订了试用期合同,视为签订了劳动合同,用人单位无法以劳动者在试用期被证明不符合录用条件为由解除劳动合同。

九、试用期工资

用人单位可以和劳动者约定试用期工资,但是需要遵守以下准则:

1. 劳动者在试用期的工资不得低于本单位相同岗位最低档工资的80%;

2. 劳动者在试用期的工资不得低于劳动合同约定工资的80%;

3. 劳动者在试用期的工资不得低于用人单位所在地的最低工资标准。

十、试用期内解除劳动合同的情形

1. 试用期内解除劳动合同的情形及限制

试用期内，用人单位并不能随意解除劳动合同。按照《劳动合同法》第 21 条的规定，只有在劳动者有《劳动合同法》第 39 条和第 40 条第 1 项、第 2 项的情形下，用人单位才能解除劳动合同。并且用人单位在试用期解除劳动合同的，应当向劳动者说明理由。

需要注意的是，法律并未规定有《劳动合同法》第 40 条第 3 项（客观情形发生重大转变）和《劳动合同法》第 41 条（经济性裁员）情形时用人单位有权解除劳动者，故在争议解决地没有针对该问题规定及司法裁判口径的情况下，用人单位应避免依据《劳动合同法》第 40 条第 3 项和第 41 条解除试用期员工，以减少风险。

2. 试用期不符合录用条件的理解运用

《劳动合同法》第 39 条第 1 项规定，劳动者在试用期间被证明不符合录用条件的，用人单位可以解除劳动合同。《劳动合同法》第 39 条第 1 项是用人单位在试用期特别拥有的解除权。但用人单位使用第 39 条第 1 项解除劳动者并非易事，在实践中需要满足以下条件：

（1）用人单位有录用条件的规定，书面约定录用条件并由劳动者签名更佳；

（2）用人单位的录用条件明确具体，具有可操作性；

（3）用人单位依据录用条件定期考核，进行记录；

（4）用人单位能证明劳动者不符合录用条件；

（5）劳动者不符合录用条件，需在试用期内解除；

（6）用人单位应该将解除理由向劳动者说明；

（7）用人单位在解除前应当将理由通知工会。

3. "三期"女职工试用期不符合录用条件解除问题

"三期"女职工，用人单位不得依据《劳动合同法》第 40 条、第 41 条的规定解除劳动合同，但用人单位可以依据《劳动合同法》第 39 条第 1 项的规定，以劳动者在试用期被证明不符合录用条件解除劳动合同。

4. 转正手续并不是试用期结束的前提

部分用人单位认为，给劳动者办理转正手续是劳动者试用期结束的前提，即使劳动者试用期满，只要未办理转正手续则劳动者依然处于试用期，这种认识是错误的。按照法律的规定，只要劳动者试用期满，无论是否办理转正手续，均视为试用期结束。

第三节 服务期

一、服务期的概念

《劳动合同法》第22条规定："用人单位为劳动者提供专项培训费用，对其进行专业技术培训的，可以与该劳动者订立协议，约定服务期。劳动者违反服务期约定的，应当按照约定向用人单位支付违约金。违约金的数额不得超过用人单位提供的培训费用。用人单位要求劳动者支付的违约金不得超过服务期尚未履行部分所应分摊的培训费用。用人单位与劳动者约定服务期的，不影响按照正常的工资调整机制提高劳动者在服务期期间的劳动报酬。"

《劳动合同法实施条例》第17条规定："劳动合同期满，但是用人单位与劳动者依照劳动合同法第二十二条的规定约定的服务期尚未到期的，劳动合同应当续延至服务期满；双方另有约定的，从其约定。"

二、用人单位设定服务期的条件

用人单位要与劳动者约定服务期，需要满足以下条件：

1. 用人单位为劳动者提供了专项培训费用；
2. 用人单位对劳动者进行了专业技术培训；
3. 用人单位需与劳动者约定了服务期。

三、专项培训费用

用人单位为劳动者提供的专项培训费用一般金额较高，按照《劳动合同法实施条例》第 16 条的规定："劳动合同法第二十二条第二款规定的培训费用，包括用人单位为了对劳动者进行专业技术培训而支付的有凭证的培训费用、培训期间的差旅费用以及因培训产生的用于该劳动者的其他直接费用。"

还需要注意的情况：1. 如用人单位派遣劳动者赴境外培训，除培训费、差旅费外，培训期间的各项支出（如住宿费、交通费、生活费等）都可计算在培训费用内。2. 用人单位因购买新设备（技术），新设备（技术）提供者对劳动者进行培训，在证据能够分辨新设备（技术）款与培训费的情况下，裁判机构有认可培训费发生的可能。3. 在用人单位确有相关费用支出的情况下，在一定情况下可不拘泥于相关凭证是否存在。

四、专业技术培训的特征

专业技术培训并不是指用人单位入职、管理、安全培训，而是系统性的专业知识和职业的培训，该专业技术培训一般表现为以下特征：

1. 该培训一般时间较长；
2. 该培训一般针对单位中的少数人；
3. 接受培训者一般享有较高薪水或职位；
4. 该培训并不限于脱产学习，但一般为脱产或半脱产学习；
5. 培训由用人单位或关联单位或其他第三方提供。

五、劳动者支付违约金的情形

服务期未满，劳动者违反服务期约定的，应当按照约定向用人单位支付违约金。劳动者需支付违约金的情形如下：

1. 劳动者提出与用人单位协商一致解除劳动合同；
2. 劳动者出于自身原因单方提出与用人单位解除劳动合同；
3. 因劳动者存在过失，用人单位依据《劳动合同法》第 39 条单方解除劳动

第二章 劳动关系建立、履行、变更

合同。

六、违约金数额

根据《劳动合同法》的规定，违约金的数额不得超过用人单位提供的培训费用。用人单位要求劳动者支付的违约金不得超过服务期尚未履行部分所应分摊的培训费用。

需要注意的是，劳动者在培训期间的工资收入不得作为培训费用计入违约金的计算基数。

七、劳动者无须支付违约金的情形

服务期未满，存在以下情形的，用人单位不得要求劳动者支付违约金：

1. 因用人单位存在过失，劳动者依据《劳动合同法》第38条单方解除劳动合同的；

2. 用人单位违法解除劳动合同的；

3. 用人单位依据《劳动合同法》第40条无过失性辞退规定单方解除劳动合同的；

4. 用人单位依据《劳动合同法》第41条经济性裁员规定单方解除劳动合同的；

5. 劳动合同届满，但服务期未满，用人单位选择不续签而终止劳动合同的；

6. 劳动合同届满，但服务期未满，因用人单位单方降低劳动者工资等劳动合同约定条件，导致劳动者不同意续签劳动合同的。

需要注意的是，《劳动部办公厅关于试用期内解除劳动合同处理依据问题的复函》（劳办发〔1995〕264号）第3条规定："用人单位出资（指有支付货币凭证的情况）对职工进行各类技术培训，职工提出与单位解除劳动关系的，如果在试用期内，则用人单位不得要求劳动者支付该项培训费用……"但是鉴于以上复函已被《人力资源社会保障部关于第二批宣布失效和废止文件的通知》（人社部发〔2016〕34号）废止，故，劳动者在试用期提出解除的，用人单位可以要求劳动者支付违约金。

八、特殊待遇服务期问题

1. 特殊待遇服务期效力问题

《劳动合同法》出台后，明确规定了只有两种情形用人单位与劳动者可以约定违约金条款：

（1）用人单位与劳动者订立了服务期协议；

（2）用人单位与劳动者订立了竞业限制协议。

法律规定用人单位为劳动者提供专项培训费用，对其进行专业技术培训的，可以与劳动者订立服务期协议。而对于用人单位提供了特殊待遇是否可以约定服务期，法律并未明确规定，但是我国多数地方规定肯定了特殊待遇服务期的效力。

2. 关于特殊待遇服务期的地方规定和案例

北京规定：

《北京市高级人民法院、北京市劳动人事争议仲裁委员会关于审理劳动争议案件法律适用问题的解答》（京高法发〔2017〕142号）第14条规定："用人单位除向劳动者支付正常劳动报酬外，还特别给予劳动者如汽车、房屋、住房补贴等经济方面特殊待遇，双方对特殊待遇与约定工作期限的关联性有明确约定的按约定；虽无明确约定，但能够认定用人单位系基于劳动者的工作期限给予劳动者特殊待遇的，由于劳动者未完全履行合同，用人单位可以就劳动者未履行合同对应部分拒绝给付特殊待遇，对已经预先给付的，可以按照相应比例要求返还。"

北京案例：

（2018）京02民终1285号案件，法院认为，服务期的内涵是指用人单位和劳动者约定的，对劳动者有特殊约束力的，劳动者因获得特殊的条件而应当与用人单位持续劳动关系的期限。虽然《劳动合同法》第25条规定"除本法第二十二条和第二十三条规定的情形外，用人单位不得与劳动者约定由劳动者承担违约金"，但并未规定其法律后果。从社会效果上看，如果一概认定专项技术培训之外的服务期约定无效，不仅会造成与此相关联的劳动关系的不稳定性，而且会导致劳动者需要承担全额返还特殊待遇的后果，反而不利于劳动者权益的保护，也

第二章　劳动关系建立、履行、变更

不符合《劳动合同法》第 3 条所规定的公平原则。因此，在用人单位为劳动者提供足以与专业技术培训相对等的特殊待遇的情况下，应当参考适用《劳动合同法》第 22 条之规定，并据此确定用人单位与劳动者的权利义务。

用人单位为其招用的劳动者办理了北京户口，双方据此约定了服务期，确因劳动者违反了诚实信用原则，给用人单位造成损失的，劳动者应当予以赔偿。

上海规定：

《上海市高级人民法院关于适用〈劳动合同法〉若干问题的意见》（沪高法〔2009〕73 号）第 7 条规定："……用人单位给予劳动者价值较高的财物，如汽车、房屋或住房补贴等特殊待遇的，属于预付性质。劳动者未按照约定期限付出劳动的，属于不完全履行合同。根据合同履行的对等原则，对劳动者未履行的部分，用人单位可以拒绝给付；已经给付的，也可以要求相应返还。因此，用人单位以劳动者未完全履行劳动合同为由，要求劳动者按照相应比例返还的，可以支持。"

上海案例：

（2018）沪 02 民终 1671 号案件中，法院认为，民事活动应当遵循诚实信用原则。我国现行劳动法律规范并未就用人单位与劳动者约定提供特殊待遇、服务期等事项作出强制性规定。D 公司与钟某及案外人陈某某先后签订的两份《协议书》及《特殊待遇预付约定书》系各方真实意思表示，且不违反现行法律法规，应属合法有效，对各方均具有约束力。根据上述协议约定，钟某需在承诺的期限内与东软公司保持劳动关系，并按照约定付出劳动，如若违反，则钟某应当全额返还陈某某给付的特殊待遇。现钟某已于 2017 年 3 月提出《离职申请》，即上述约定中钟某全额返还特殊待遇的条件成就，D 公司要求钟某全额返还已经获得的预付待遇，符合双方的约定。

依据协议钟某应全额返还 D 公司已支付的预付待遇 117349.57 元。

上海一般不支持就办理户籍约定服务期：

在《劳动合同法》施行之前，《上海市高级人民法院关于审理劳动争议案件若干问题的解答》（沪高法民一〔2006〕17 号）第 7 条规定，用人单位为其引进的部分非本市户籍人员办理本市户籍，可约定其为特殊待遇。当事人通过书面合同约定，明确将用人单位为引进人员办理本市户口作为特殊待遇，并据此设定服务期和违约责任的，劳动争议处理机构可予确认。服务期期限和违约金数额应当合理确定，审理中发现所设定的服务期期限和违约金数额不合理的，可以根据当事人的具体违约原因、违约程度酌情调整。

但是《劳动合同法》施行之后，上海的审判实践中，一般不支持用人单位因为劳动者办理户籍而约定服务期和违约金。如（2017）沪0112民初36678号案件中，法院认为，2008年1月1日起施行的《中华人民共和国劳动合同法》第22条规定："用人单位为劳动者提供专项培训费用，对其进行专业技术培训的，可以与该劳动者订立协议，约定服务期。劳动者违反服务期约定的，应当按照约定向用人单位支付违约金……"即法律对于用人单位及劳动者可约定服务期的范围及情形作了明确规定。本案原告以为被告办理落户手续作为约定服务期的事由，并不符合上述法定可约定服务期的情形，原告现以被告违反服务期约定为由主张违约金，缺乏法律依据，本院对此难予支持。

3. 特殊待遇服务期违约条款描述

虽然，多地出台了认定特殊待遇服务期的规定，但是鉴于《劳动合同法》第25条将劳动者承担违约金的情形限定在服务期协议和竞业限制协议，并且根据现有类似案例的检索结果，建议用人单位将特殊待遇服务期协议违约条款中的关键字描述为"返还""赔偿损失"，避免描述为"违约金"。

九、飞行员离职及服务期问题

国内飞行员紧缺、各航空公司工资差距大，以上多方面原因致使飞行员离职率较高。由于航空公司对飞行员前期培训投入大、飞行员离职涉飞行档案转移等行业特殊性，导致实践中飞行员离职难。

飞行员的离职流动方式分为有序流动和仲裁、诉讼解除两种方式。

第一种方式，飞行员按照《航空公司飞行员有序流动公约》[①] 有序流动，该流动方式为飞行员向流出公司提出离职申请，在航空公司之间协商好流转价格

---

① 《航空公司飞行员有序流动公约》是在中国航空运输协会和中国民航飞行员协会的共同组织下，4大航空集团以及多家航空公司在北京签署的文件。

第二章　劳动关系建立、履行、变更

后，经过一定时间周期、办理相关手续后，飞行员进入流入公司。该种方式可减少矛盾激发、方式缓和，但是按照该种方式流动有流动幅度等限制，并不能完全满足飞行员离职需求。

第二种方式，飞行员与航空公司通过劳动仲裁、诉讼解决离职及相关争议。通过仲裁、诉讼解决飞行员离职及相关争议中呈现如下问题：

1. 解除条件

部分航空公司认为根据行政管理文件或单位规章制度、劳动合同约定，飞行员辞职需经过公司同意，但实际上这个认识是错误的。

《劳动合同法》第37条规定："劳动者提前三十日以书面形式通知用人单位，可以解除劳动合同。劳动者在试用期内提前三日通知用人单位，可以解除劳动合同。"从《劳动合同法》的规定可以看出，飞行员享有单方预告解除权，离职无须经过航空公司同意。

在司法实践中，航空公司常以劳动合同规定，行业规定，飞行员未支付赔偿金、补偿金为由不认可劳动关系解除，并拒绝退工、拒绝办理人事档案和社会保险关系转移手续。但是依据《劳动合同法》第37条、第50条第1款的规定，法院通常都会支持飞行员解除劳动关系的诉求，并要求航空公司办理退工、人事档案和社会保险关系转移手续。

2. 飞行员档案转移

飞行员辞职后，需要转移的特殊档案、证照及证照关系包括：现实表现材料（安保评价）、飞行技术档案（飞行技术履历档案已经变更为飞行技术档案，包括飞行记录簿）的复印件、飞行执照关系、空勤登机证、体检鉴定档案（健康记录本）和民用航空人员体检合格证关系。

飞行员所涉档案众多且流转手续行业专有，办理相关档案转移是飞行员入职新公司的前提，大部分航空公司以不同意档案转移的方式来拒绝飞行员离职，所以档案转移是飞行员离职难中的重要因素。

现阶段，全国各地法院对飞行员档案转移问题存在不同裁判方式：

（1）对于飞行员档案转移问题，不予处理。

上海法院按该方式裁判。如（2018）沪01民终1205号案件，法院认为，卢某要求吉某航空公司为其办理飞行技术档案（包括飞行记录本）、飞行执照关系、空勤登记证、体检鉴定档案（健康记录本）和体检合格证关系的转移手续，并出具安保评价的诉讼请求，不属于人民法院处理范围，不予处理。

（2）支持飞行员要求档案转移的诉求。

北京法院按该方式裁判。如（2016）京民终5517号案件，法院判决第3项为："中国某政航空有限责任公司于本判决生效后30日内，依照民航管理部门的相关规定为黄某办理或协助办理飞行技术档案（包括飞行记录簿）复印件、飞行执照关系、空勤登机证、体检鉴定档案（健康记录本）和体检合格证的转移手续。"

需要注意的是，北京劳动仲裁认为飞行员档案转移不属于仲裁受理范围。

另外，通过裁判文书检索结果显示，深圳、福建有判决支持飞行员要求档案转移的诉求。

3. 飞行员服务期及违约金

鉴于飞行员对航空公司的重要性，航空公司会与飞行员签订长期劳动合同或无固定期限劳动合同，同时约定长时间的服务期或者不约定服务期。

司法实践中，各法院对飞行员提前离职所要承担的违约金认定方式不一，主要有以下四种方式：

（1）以航空公司培训费支出凭证为准。

（2）在航空公司无法证明培训支出的情况下，依规定在70万元至210万元之间按照市场价格浮动判定。

所依据的规定为：《中国民用航空总局、人事部、劳动和社会保障部、国务院国有资产监督管理委员会、国务院法制办公室关于规范飞行人员流动管理保证民航飞行队伍稳定的意见》（民航人发〔2005〕104号）、《最高人民法院关于转发中国民用航空总局等〈关于规范飞行人员流动管理保证民航飞行队伍稳定的意见〉的通知》（法发〔2005〕13号）。

需要注意的是，虽然民航发〔2017〕10号文件取消了民航人发〔2005〕104号文第1条中支付费用的参考标准。但在审判实践中，部分法院还是仍然依据民航人发〔2005〕104号文第1条的参考标准进行判决。

(3) 不审查航空公司培训费支出，直接依规定在 70 万元至 210 万元之间按照市场价格浮动判定。

(4) 法院根据综合情况或双方约定，进行酌定。

另外，航空公司在违约金外，额外要求飞行员赔偿飞行经历费用或损害赔偿金（能证明实际损害发生的除外）的诉求，一般不会得到法院的支持。

第四节　订立书面劳动合同

用人单位自用工之日起即与劳动者建立了劳动关系。建立劳动关系，必须签订书面的劳动合同。已建立劳动关系，未同时订立书面劳动合同的，应当自用工之日起一个月内订立书面劳动合同。用人单位与劳动者在用工前订立劳动合同的，劳动关系自用工之日起建立。

自用工之日起一个月内，经用人单位书面通知后，劳动者不与用人单位订立书面劳动合同的，用人单位应当书面通知劳动者终止劳动关系，无须向劳动者支付经济补偿，但是应当依法向劳动者支付其实际工作时间的劳动报酬。

用人单位自用工之日起超过一个月不满一年未与劳动者订立书面劳动合同的，应当依照《劳动合同法》第 82 条的规定向劳动者每月支付两倍的工资，并与劳动者补订书面劳动合同；劳动者不与用人单位订立书面劳动合同的，用人单位应当书面通知劳动者终止劳动关系，并依照《劳动合同法》第 47 条的规定支付经济补偿。前款规定的用人单位向劳动者每月支付两倍工资的起算时间为用工之日起满一个月的次日，截止时间为补订书面劳动合同的前一日。

用人单位自用工之日起满一年未与劳动者订立书面劳动合同的，自用工之日起满一个月的次日至满一年的前一日应当依照《劳动合同法》第 82 条的规定向劳动者每月支付两倍的工资，并视为自用工之日起满一年的当日已经与劳动者订立无固定期限劳动合同，应当立即与劳动者补订书面劳动合同。

第五节　劳动合同的种类

劳动合同分为固定期限劳动合同、无固定期限劳动合同和以完成一定工作任务为期限的劳动合同。

一、固定期限劳动合同

固定期限劳动合同，是指用人单位与劳动者约定合同终止时间的劳动合同。用人单位与劳动者协商一致，可以订立固定期限劳动合同。

二、无固定期限劳动合同

无固定期限劳动合同，是指用人单位与劳动者约定无确定终止时间的劳动合同。用人单位与劳动者协商一致，可以订立无固定期限劳动合同。有下列情形之一，劳动者提出或者同意续订、订立劳动合同的，除劳动者提出订立固定期限劳动合同外，应当订立无固定期限劳动合同：

（一）劳动者在该用人单位连续工作满十年的；

（二）用人单位初次实行劳动合同制度或者国有企业改制重新订立劳动合同时，劳动者在该用人单位连续工作满十年且距法定退休年龄不足十年的；

（三）连续订立二次固定期限劳动合同，且劳动者没有本法第39条和第40条第1项、第2项规定的情形，续订劳动合同的。

用人单位自用工之日起满一年不与劳动者订立书面劳动合同的，视为用人单位与劳动者已订立无固定期限劳动合同。

三、以完成一定工作任务为期限的劳动合同

以完成一定工作任务为期限的劳动合同，是指用人单位与劳动者约定以某项工作的完成为合同期限的劳动合同。用人单位与劳动者协商一致，可以订立以完成一定工作任务为期限的劳动合同。

第二章　劳动关系建立、履行、变更

需要注意的是，以完成一定工作任务为期限的劳动合同因任务完成而终止的，不存在续签问题，终止后用人单位应当依照《劳动合同法》第 47 条的规定向劳动者支付经济补偿。

第六节　无固定期限劳动合同应注意的问题

一、无固定期限劳动合同并非不能解除

"无确定终止时间"指的是无固定期限劳动合同没有一个明确的终止时间，劳动合同的期限长度不能确定。很多用人单位对无固定期限劳动合同有理解上的误区，甚至惧怕、抗拒无固定期限劳动合同的建立，认为无固定期限劳动合同没有终止时间，无法解除。但这种认识是错误的，无固定期限劳动合同并非无法解除，出现法定情形或者双方协商一致的，无固定期限劳动合同同样可以解除。

二、连续工作满十年的起始时间

劳动者连续工作满十年的起始时间，应当自用人单位用工之日起计算，包括《劳动合同法》施行前的工作年限。

三、工作年限合并计算问题

《劳动合同法实施条例》第 10 条规定："劳动者非因本人原因从原用人单位被安排到新用人单位工作的，劳动者在原用人单位的工作年限合并计算为新用人单位的工作年限。原用人单位已经向劳动者支付经济补偿的，新用人单位在依法解除、终止劳动合同计算支付经济补偿的工作年限时，不再计算劳动者在原用人单位的工作年限。"

原用人单位已经向劳动者支付经济补偿的，新用人单位在依法解除、终止劳动合同时，当然无须再支付原用人单位工作年限所对应的经济补偿。但是原用人单位已经向劳动者支付经济补偿的，原用人单位的工龄是否连续计算，各地观点

不一。

观点一：原用人单位已经向劳动者支付经济补偿的，原用人单位的工龄不再连续计算。上海、江苏（重组改制情形下）持该种观点。

《上海市高级人民法院关于适用〈劳动合同法〉若干问题的意见》第18条规定："如何把握《实施条例》第十条规定的劳动者非本人原因，由原用人单位安排到新用人单位工作，其连续工作年限的计算问题。2008年9月18日之后，不是由劳动者本人提出，而是由用人单位以组织调动、委派等方式安排到另外一个用人单位工作，且用人单位未向劳动者支付解除或终止合同的经济补偿金的，属于非因劳动者本人原因而由单位安排到新用人单位的情况。如，用人单位根据工作需要，在关联企业之间、集团企业内部调整劳动者的具体工作单位等等。2008年9月18日之前产生的类似问题，按当时的规定处理。"

《江苏省高级人民法院、江苏省劳动争议仲裁委员会印发〈关于审理劳动争议案件的指导意见〉的通知》（苏高法审委〔2009〕47号）第8条规定："用人单位的下列行为，应认定属于《劳动合同法实施条例》第十条规定的'劳动者非因本人原因从原用人单位被安排到新用人单位工作'的情形：

（一）用人单位以组织委派任命形式对劳动者进行工作调动的；

（二）用人单位因资产业务划转、资产购并、重组等原因导致劳动者工作调动的；

（三）用人单位安排劳动者在用人单位下属分支机构间流动的；

（四）用人单位及其关联企业与劳动者轮流订立劳动合同的。

《劳动合同法实施条例》实施后，劳动者因原用人单位重组改制进入新用人单位，原用人单位已向劳动者依法支付了经济补偿的，劳动者的工作年限不连续计算。《劳动合同法实施条例》实施前，用人单位根据国家相关政策规定进行改制的，劳动者的工作年限计算应按改制时的政策规定处理。"

观点二：原用人单位已经向劳动者支付经济补偿的，原用人单位的工龄连续计算。浙江等地持该种观点。

《浙江省高级人民法院民事审判第一庭、浙江省劳动人事争议仲裁院关于审理劳动争议案件若干问题的解答（五）》（浙高法民一〔2019〕1号）规定：

第二章 劳动关系建立、履行、变更

"三、劳动者非因本人原因从原用人单位被安排到新用人单位工作，其在新用人单位连续工作未满十年也未订立两次劳动合同，但在前后用人单位累计连续工作已满十年或者已连续订立两次固定期限劳动合同，劳动者提出与新用人单位订立无固定期限劳动合同的，是否应予支持？

答：劳动者非因本人原因从原用人单位被安排到新用人单位工作，劳动者在原用人单位的工作年限和订立劳动合同的次数合并计算为新用人单位的工作年限、订立劳动合同次数。因此，如劳动者符合《劳动合同法》第十四条规定，提出与新用人单位订立无固定期限劳动合同的，用人单位应当与其订立。"

四、因法定顺延事由超过十年问题

因法定顺延事由，使得劳动者在同一单位工作时间超过十年的，是否能作为应当签订无固定期限劳动合同的理由，各地有不同观点。

观点一：因法定顺延事由，使得劳动者在同一单位工作时间超过十年的，不作为签订无固定期限劳动合同的理由。上海持该种观点。

《上海市高级人民法院关于适用〈劳动合同法〉若干问题的意见》第4条第3项规定，劳动合同期满后，合同自然终止。合同期限的顺延只是为了照顾劳动者的特殊情况，对合同终止时间进行了相应的延长，而非不得终止。《劳动合同法》第45条也明确规定："劳动合同期满，有本法第四十二条规定情形之一的，劳动合同应当延续至相应的情形消失时终止……"在法律没有对终止的情况作出特别规定的情况下，不能违反法律关于合同终止的有关规定随意扩大解释，将订立无固定期限合同的后果纳入其中。因此，法定的顺延事由消失时，合同自然终止。

观点二：因部分法定顺延事由，使得劳动者在同一单位工作时间超过十年的，作为签订无固定期限劳动合同的理由。江苏、广东等地持该种观点。

《江苏省高级人民法院、江苏省劳动争议仲裁委员会印发〈关于审理劳动争议案件的指导意见〉的通知》（苏高法审委〔2009〕47号）第9条规定："劳动合同期限届满后，因下列情形而续延，致使劳动者在同一用人单位连续工作满十年，劳动者提出订立无固定期限劳动合同的，应予支持：

（一）从事接触职业病危害作业的劳动者未进行离岗前职业健康检查，或者疑似职业病病人在诊断或者医学观察期间的；

（二）患病或者非因工负伤，在规定的医疗期内的；

（三）女职工在孕期、产期、哺乳期的。"

《广东省高级人民法院、广东省劳动人事争议仲裁委员会关于审理劳动人事争议案件若干问题的座谈会纪要》（粤高法〔2012〕284号）第18条规定："劳动合同期限届满后，因符合《劳动合同法》第四十二条第（一）、（三）、（四）项规定情形而续延，致使劳动者在同一用人单位连续工作满十年，劳动者提出签订无固定期限劳动合同的，应予支持。"

五、工作满十年、劳动者需提出或者同意续订、订立劳动合同

劳动者在用人单位连续工作满十年，符合订立无固定期限劳动合同条件时，劳动者应当提出或者同意续订、订立劳动合同，如果劳动者没有提出签订无固定期限劳动合同，用人单位无须签订无固定期限劳动合同。在发生争议时，劳动者需要证明曾向用人单位作出签订无固定期限劳动合同的意思表示。

也有个别地方规定，用人单位需书面告知劳动者可以订立无固定期限劳动合同。比如，《江苏省劳动合同条例》第18条第2款规定："劳动者在用人单位连续工作满十年的，用人单位应当在劳动合同期满三十日前，书面告知劳动者可以订立无固定期限劳动合同。"第19条规定："劳动合同期满前，符合订立无固定期限劳动合同条件的劳动者未书面提出订立固定期限劳动合同，也未书面提出终止劳动合同，劳动合同期满后继续在用人单位工作的，视为劳动者同意与用人单位订立无固定期限劳动合同。"

六、两次固定期限劳动合同后，单位是否有选择权问题

在连续订立两次固定期限劳动合同后，用人单位是否有续约的选择权，各地存在不同观点。

第一种观点，在连续订立两次固定期限劳动合同后，用人单位有选择续签或不续签的权利，但是一旦选择续签，就必须接受劳动者提出签订无固定期限劳动

第二章 劳动关系建立、履行、变更

合同的主张。上海持该种观点。

《上海市高级人民法院关于适用〈劳动合同法〉若干问题的意见》第 4 条第 4 项规定,《劳动合同法》第 14 条第 2 款第 3 项的规定,应当是指劳动者已经与用人单位连续订立二次固定期限劳动合同后,与劳动者第三次续订合同时,劳动者提出签订无固定期限劳动合同的情形。

第二种观点,在连续订立两次固定期限劳动合同后,用人单位没有选择续签或不续签的权利,劳动者提出签订无固定期限劳动合同的,用人单位必须接受。北京等多地持该种观点。

《北京市高级人民法院、北京市劳动争议仲裁委员会关于劳动争议案件法律适用问题研讨会会议纪要(二)》(京高法发〔2014〕220 号)规定:

"34. 用人单位与劳动者连续订立二次固定期限劳动合同的,第二次固定期限劳动合同到期时,用人单位能否终止劳动合同?

根据《劳动合同法》第十四条第二款第三项规定,劳动者有权选择订立固定期限劳动合同或者终止劳动合同,用人单位无权选择订立固定期限劳动合同或者终止劳动合同。上述情形下,劳动者提出或者同意续订、订立无固定期限劳动合同,用人单位应当与劳动者订立无固定期限劳动合同。"

七、可签无固定期限但签订了固定期限,劳动者可否反悔问题

劳动者依照《劳动合同法》符合签订无固定期限劳动合同的条件,但劳动者与用人单位签订了固定期限劳动合同,该固定期限劳动合同对用人单位和劳动者具有约束力,劳动者要求变更为无固定期限劳动合同的,一般不予支持,但有证据证明用人单位存在欺诈、胁迫、乘人之危等情形的除外。部分地方、地区对此问题作出了专门的规定。

《广东省高级人民法院、广东省劳动人事争议仲裁委员会关于审理劳动人事争议案件若干问题的座谈会纪要》(粤高法〔2012〕284 号)第 17 条规定:"劳动者虽然符合《劳动合同法》第十四条第二款规定的可签订无固定期限劳动合同的条件,但与用人单位签订了固定期限劳动合同,在该固定期限劳动合同履行过程中又请求与用人单位重新签订无固定期限劳动合同的,不予支持。"

《长三角区域"三省一市"劳动人事争议疑难问题审理意见研讨会纪要》[①]第4条规定:"……劳动者符合订立无固定期限劳动合同条件,但与用人单位订立了固定期限劳动合同,根据《中华人民共和国劳动合同法》第十四条以及《中华人民共和国劳动合同法实施条例》第十一条的规定,该劳动合同应为有效。但劳动者能够举证证明该合同订立过程中用人单位存在欺诈、胁迫、乘人之危情形的除外。"

八、可签无固定期限但签订固定期限,固定期限劳动合同到期后单位是否有终止权

用人单位与劳动者连续订立二次固定期限劳动合同后,劳动者与用人单位再次订立固定期限劳动合同的,最后一次固定期限劳动合同到期时,用人单位是否可以终止劳动合同,各地存在不同观点。

第一种观点,用人单位可以终止劳动合同。上海持该种观点。

《上海市高级人民法院关于适用〈劳动合同法〉若干问题的意见》第4条第2项规定,劳动者符合签订无固定期限劳动合同的条件,但与用人单位签订固定期限劳动合同的,根据《劳动合同法》第14条及《实施条例》第11条的规定,该固定期限劳动合同对双方当事人具有约束力。合同期满时,该合同自然终止。

第二种观点,用人单位不可以终止劳动合同。北京等多地持该种观点。

《北京市高级人民法院、北京市劳动争议仲裁委员会关于劳动争议案件法律适用问题研讨会会议纪要(二)》(京高法发〔2014〕220号)规定:

"35. 用人单位与劳动者连续订立二次固定期限劳动合同后,劳动者与用人单位再次订立固定期限劳动合同的,最后一次固定期限劳动合同到期时,用人单位是否可以终止劳动合同?

在用人单位与劳动者连续订立二次固定期限劳动合同后,劳动者与用人单位再次订立固定期限劳动合同的,适用《劳动合同法》第十四条规定。在最后一次固定期限劳动合同到期时,应认定符合连续订立二次固定期限劳动合同的条件,排除法定情形外,劳动者提出或者同意续订、订立无固定期限劳动合同,用

---

① 该《研讨会纪要》中的"三省一市"指的是江苏省、浙江省、安徽省、上海市。

第二章 劳动关系建立、履行、变更

人单位应当与劳动者订立无固定期限劳动合同。"

第七节 劳动合同的制定

实务中，部分用人单位的劳动合同是在互联网上下载或借鉴其他单位而形成，这些用人单位并不清楚劳动合同条文的意义和潜在的风险。制定和审查劳动合同是现代化企业管理者或专业法律服务提供者必须具备的能力，具备规范的劳动合同也是用人单位合法合规用工的前提之一。

一、劳动合同必备条款

根据《劳动合同法》第17条的规定，劳动合同应当具备以下条款：

（一）用人单位的名称、住所和法定代表人或者主要负责人

该条款为明确用人单位主体信息。用人单位应为我国境内的企业、个体经济组织、民办非企业单位等组织。国家机关、事业单位、社会团体，以及依法成立的会计师事务所、律师事务所等合伙组织和基金会也能成为用人单位。用人单位不能为自然人，自然人与自然人之间无法建立劳动关系。

用人单位变更名称、法定代表人、主要负责人或者投资人等事项，不影响劳动合同的履行。

用人单位发生合并或者分立等情况，原劳动合同继续有效，劳动合同由承继其权利和义务的用人单位继续履行。

（二）劳动者的姓名、住址和居民身份证或者其他有效身份证件号码

该条款为明确劳动者主体信息。劳动者应为年满十六周岁的自然人，禁止用人单位招用未满十六周岁的未成年人。文艺、体育和特种工艺单位招用未满十六周岁的未成年人，必须遵守国家有关规定，并保障其接受义务教育的权利。用人单位可使用身份证阅读器对劳动者身份证进行识别，确保劳动者主体信息的真实性。

劳动者地址信息十分重要，建议明确劳动者的户籍地址以及实际居住地。如

劳动者地址不明，将导致用人单位通知（特别是处罚通知）无法有效送达。现代社会人口流动大，通常情况劳动者变更地址后不会及时通知用人单位。鉴于此，建议用人单位在劳动者实际居住地址栏后增加"劳动者变更地址需书面通知用人单位，未书面通知的，用人单位向该地址进行的送达视为有效送达"的描述，以此避免无法送达的情况发生。

（三）劳动合同期限

劳动合同的期限是用人单位和劳动者之间履行劳动合同的期限。

劳动合同需要确定劳动合同的类型。劳动合同分为固定期限劳动合同、无固定期限劳动合同和以完成一定工作任务为期限的劳动合同。

如签订固定期限劳动合同，不但需要明确劳动合同的起始时间，还需要明确劳动合同的终止时间。用人单位可以根据单位情况、试用期安排等因素来确定固定期限劳动合同的期限，一般可设置为一年期、两年期、三年期劳动合同。

错误表述：某用人单位在劳动合同中描述，"该劳动合同为固定期限劳动合同，合同期限为一年，从2018年6月8日起至2019年6月8日止"。这种表述是错误的，该劳动合同的期限已经超过一年，为一年零一天，在劳动合同期满用人单位不续签或变相不续签的情况下，用人单位需多支付半个月的经济补偿金。正确的表述为，"该劳动合同为固定期限劳动合同，合同期限为一年，从2018年6月8日起至2019年6月7日止"。

（四）工作内容和工作地点

工作内容是关于劳动者在用人单位具体从事工作岗位的描述。

部分用人单位为便于在劳动合同履行期间对劳动者进行调岗，往往会在工作内容条款后再约定"单位可以根据实际经营管理需要，对劳动者的岗位进行调整，劳动者必须遵守服从"。但是实际上，这样的约定并不能赋予用人单位无限调岗权。按照劳动法律的规定及司法实践，用人单位与劳动者协商一致可以变更劳动者的工作岗位，在无法协商一致的情况下，能否调岗还需根据用人单位经营情况是否发生变化、调岗的合理性等方面进行判断。

工作地点是劳动合同的履行地，是劳动者从事工作的地点。工作地点决定了工作的环境、生活的环境，更是劳动者选择一份工作时所要考量的重要因素。部

第二章 劳动关系建立、履行、变更

分用人单位为便于在劳动合同履行期间更换劳动者的工作地点，会将工作地点约定为"中国""上海""北京"这样一个较大的范围，或者在工作地点条款后再约定"单位可以根据实际经营管理需要，变更劳动者的工作地点"。同样，这样的约定并不能赋予用人单位随意变更权。劳动者已经在实际履行地点工作的，用人单位要单方变更劳动者工作地点的，裁判机构需要对工作地点的变更进行合理性审查。

关于工作内容和工作地点的变更问题，将在本章第十一节进行详细论述。

（五）工作时间和休息休假

目前，我国存在三种工作时间制度，即标准工时制、不定时工作制、综合计算工时工作制。劳动合同中应确定适用的工作时间制度，如适用标准工时制，需进一步约定每日工作时间和休息日。具体的上下班时间等细节可在劳动合同中体现，也可以在规章制度或其他文件中另行约定。

用人单位可以约定劳动者依照法律规定享有法定节假日和年假、婚、丧、病、产假等其他法定强制假期，也可以约定劳动者享有多于法定时间的假期。具体休假细则可在规章制度或其他文件中另行约定。

（六）劳动报酬

劳动报酬是劳动者向用人单位提供劳动应获取的对价，也是劳动者提供劳动的主要目的。劳动报酬条款需要对固定工资的数额、浮动工资的数额、是否含税、工资的支付方式、支付周期、支付日为法定节假日或休息日的处理方式等情况作出约定。

劳动合同对劳动报酬和劳动条件等标准约定不明确，引发争议的，用人单位与劳动者可以重新协商；协商不成的，适用集体合同规定；没有集体合同或者集体合同未规定劳动报酬的，实行同工同酬。

（七）社会保险

用人单位和劳动者应该依法缴纳社会保险。用人单位不为劳动者缴纳社会保险的条款或者用人单位与劳动者达成不缴纳社会保险的协议都是无效的。

（八）劳动保护、劳动条件和职业危害防护

用人单位与劳动者订立劳动合同时，应当将工作过程中可能产生的职业病危害及其后果、职业病防护措施和待遇如实告知劳动者，并在劳动合同中写明。在工作中为劳动者配备必要的安全防护措施，发放必要的劳动用品。

（九）法律、法规规定应当纳入劳动合同的其他事项

二、缺乏必备条款、不提供劳动合同文本的法律责任

用人单位提供的劳动合同文本未载明《劳动合同法》规定的劳动合同必备条款或者用人单位未将劳动合同文本交付劳动者的，由劳动行政部门责令改正；给劳动者造成损害的，应当承担赔偿责任。

三、劳动合同的约定条款

劳动合同除法律规定的必备条款外，用人单位与劳动者可以约定试用期、培训、保守秘密、补充保险和福利待遇等其他事项。该项为兜底性条款。鉴于2022年修订的《妇女权益保障法》第44条规定，劳动（聘用）合同或者服务协议中应当具备女职工特殊保护条款。建议用人单位将女职工特殊保护条款作为必备条款写入劳动合同。

第八节 非全日制用工

一、非全日制用工的概念

非全日制用工，是指以小时计酬为主，劳动者在同一用人单位一般平均每日工作时间不超过四小时，每周工作时间累计不超过二十四小时的用工形式。

二、非全日制用工中用人单位的社会保险责任

根据《劳动和社会保障部关于非全日制用工若干问题的意见》（劳社部发〔2003〕12号）第12条的规定，用人单位应当按照国家有关规定为建立劳动关系的非全日制劳动者缴纳工伤保险费。

第二章 劳动关系建立、履行、变更

三、非全日制用工仍然是劳动关系

虽然非全日制用工是一种特殊的用工形式，与全日制用工存在巨大的区别，但是非全日制用工中，用人单位和劳动者之间形成的仍然是劳动关系，而不是民事雇佣关系。

四、非全日制用工与全日制用工的区别

1. 非全日制用工双方当事人可以订立口头协议。非全日制用工单位未签订书面劳动合同，不存在双倍工资风险。

需要注意的是，虽然法律规定并未强制非全日制用工双方当事人签订书面劳动合同，但是从预防用工风险角度，还是建议用人单位与非全日制劳动者签订书面劳动合同。在非全日制劳动者主张形成全日制用工关系时，书面劳动合同可以在一定程度上证明用人单位和劳动者具有建立非全日制用工的合意。

2. 从事非全日制用工的劳动者可以与一个或者一个以上用人单位订立劳动合同，但是，后订立的劳动合同不得影响先订立劳动合同的履行。

虽然全日制用工的劳动者也可与其他用人单位建立劳动关系，但是经现用人单位提出，劳动者拒不改正的，劳动者将面临被解除劳动合同的风险。

3. 非全日制用工双方当事人不得约定试用期。

4. 非全日制用工双方当事人任何一方都可以随时通知对方终止用工。终止用工，用人单位不向劳动者支付经济补偿。

5. 非全日制用工劳动报酬结算支付周期最长不得超过十五日。

6. 劳务派遣单位不得以非全日制用工形式招用被派遣劳动者。

五、用人单位在非全日制用工中面临的风险

1. 法律已经对非全日制用工的计酬方式、工作时间、报酬支付周期作出了明确的规定，用人单位应尽可能按照法律规定进行非全日制用工。实践中，当用人单位违反计酬方式、工作时间、报酬支付周期进行非全日制用工时，劳动者通常会要求确认形成全日制劳动关系，进而根据其情况要求用人单位支付未签劳动

合同双倍工资、经济补偿、赔偿金等一系列全日制员工权益，还会要求追究用人单位未缴纳社会保险的责任。

虽然在非全日制用工纠纷中，存在小部分超过法定工作时间、超过报酬支付周期但未被认定全日制用工的案例，但是用人单位不应心存侥幸，应尽量做到合规用工，减少法律风险。

2. 用人单位应当按照国家有关规定为建立劳动关系的非全日制劳动者缴纳工伤保险费，以防范非全日制劳动者发生工伤时的赔偿责任。

如因为所在地方规定，导致无法为非全日制劳动者缴纳工伤保险费，用人单位应购买雇主责任险来抵御工伤赔偿风险或直接放弃非全日制用工。

第九节 规章制度的制定

一、规章制度的概念

用人单位要进行劳动管理、全面地履行劳动合同离不开规章制度。在劳动关系中，除了相关劳动法律法规以外，用人单位对劳动者行使管理权的另一个重要依据就是用人单位的规章制度。

用人单位的规章制度是用人单位进行劳动管理的制度总和，也是用人单位内部的行为规则。规章制度一般包括工资管理、工作时间、休息休假、奖惩规定等劳动管理制度。用人单位应当依法建立和完善劳动规章制度，保障劳动者享有劳动权利、履行劳动义务。

用人单位制定的规章制度需符合国家法律、法规的规定。用人单位直接涉及劳动者切身利益的规章制度违反法律、法规规定的，由劳动行政部门责令改正，给予警告；给劳动者造成损害的，应当承担赔偿责任。

二、规章制度具有效力需具备的要素

并不是用人单位制定的规章制度就具有效力，用人单位要制定有效的规章制

第二章 劳动关系建立、履行、变更

度，需要具备以下要素：

1. 用人单位规章制度的制定需要经过民主程序；
2. 用人单位制定的规章制度需要向劳动者公示或告知；
3. 用人单位制定的规章制度需合法、合理。

三、规章制度制定需经过民主程序

用人单位在制定、修改或者决定有关劳动报酬、工作时间、休息休假、劳动安全卫生、保险福利、职工培训、劳动纪律，以及劳动定额管理等直接涉及劳动者切身利益的规章制度或者重大事项时，应当经职工代表大会或者全体职工讨论，提出方案和意见，与工会或者职工代表平等协商确定。

在规章制度和重大事项决定实施过程中，工会或者职工认为不适当的，有权向用人单位提出，通过协商予以修改完善。

对以上制定规章制度经过民主程序的规定进行分解，可具体分成以下步骤：

1. 用人单位制定规章制度的初步讨论稿；
2. 用人单位将规章制度初步讨论稿发放给劳动者，通知劳动者对讨论稿提出意见，告知全体员工大会（或职工代表大会）召开时间：

（1）要对已发放讨论稿、通知书进行证据保留；

（2）发放讨论稿及通知书日和全体员工大会（或职工代表大会）召开时间需间隔一定合理时间，给予劳动者审视思考讨论稿的时间。

3. 召开全体员工大会（或职工代表大会），收集听取劳动者（代表）意见，讨论协商，表决通过。用人单位应注意进行会议签到，并制定会议纪要，注意过程留痕。

四、规章制度需向劳动者公示或告知

用人单位应当将直接涉及劳动者切身利益的规章制度和重大事项决定进行公示，或者告知劳动者。用人单位将规章制度进行公示、告知可以采取以下方式：

1. 用人单位在单位公告栏张贴规章制度进行公示；
2. 将规章制度作为邮件发送给劳动者；

3. 将规章制度在单位内部系统公布;

4. 向劳动者发放规章制度,并由劳动者签字确认;

5. 将规章制度作为劳动合同的附件;

6. 将规章制度作为培训内容,并让劳动者进行培训签到;

7. 组织劳动者学习规章制度,并进行书面考核;

8. 将规章制度在全体劳动者之间传阅学习,并逐个签字确认。

需要注意的是,当用人单位和劳动者发生劳动争议,需要判断规章制度效力时,经劳动者签字确认的方式相较其他方式更易举证且更具证明力。

五、规章制度需合法、合理

1. 规章制度需合法。如果规章制度中出现如"试用期不缴纳社会保险""女职工在职期间不得生育"等违法条款,不但该类条款会因为其违法性被判定无效,并且将面临以下风险:

(1) 用人单位直接涉及劳动者切身利益的规章制度违反法律、法规规定的,由劳动行政部门责令改正,给予警告;给劳动者造成损害的,应当承担赔偿责任。

(2) 用人单位的规章制度违反法律、法规的规定,损害劳动者权益的,劳动者可以依据《劳动合同法》第38条第1款第4项的规定,行使单方解除权,要求用人单位支付经济补偿。

2. 规章制度需合理。规章制度不但需合法,还需合理。所谓合理是指规章制度的内容符合社会正常认知。如果规章制度中出现如"迟到一次将被开除"的条款,该类条款就会因其不合理性被判定为无效。

六、实践中,规章制度制定未经过民主程序的处理

在司法实践中,如果规章制度未进行规定,或虽然规章制度内容上合法合理,但是制定过程未经过民主程序,该规章制度是否能够成为用人单位管理员工的依据,部分地方、地区进行了具体的规定。包括但不限于以下观点:

第一种观点,规章制度无效、规章制度未规定或程序瑕疵,但是劳动者严重违反劳动纪律和职业道德的,用人单位依然可以对劳动者进行处理。上海、北京

第二章　劳动关系建立、履行、变更

持该种观点。

《上海市高级人民法院关于适用〈劳动合同法〉若干问题的意见》第11条规定，用人单位要求劳动者承担合同责任的处理。劳动合同的履行应当首要遵循依法、诚实信用的原则。劳动合同的当事人之间除了规章制度的约束之外，实际上也存在很多约定的义务和依据诚实信用原则而应承担的合同义务。如《劳动法》第3条第2款关于"劳动者应当完成劳动任务，提高职业技能，执行劳动安全卫生规程，遵守劳动纪律和职业道德"等规定，就是类似义务的法律基础。因此，在规章制度无效的情况下，劳动者违反必须遵守的合同义务，用人单位可以要求其承担责任。劳动者以用人单位规章制度没有规定为由提出抗辩的，不予支持。但在规范此类行为时，应当仅对影响劳动关系的重大情况进行审核，以免过多干涉用人单位的自主管理权。

《北京市高级人民法院、北京市劳动争议仲裁委员会关于劳动争议案件法律适用问题研讨会会议纪要》（2009年8月17日）第36条规定："用人单位在《劳动合同法》实施前制定的规章制度，虽未经过《劳动合同法》第四条第二款规定的民主程序，但内容未违反法律、行政法规及政策规定，并已向劳动者公示或告知的，可以作为用人单位用工管理的依据。"

《北京市高级人民法院、北京市劳动人事争议仲裁委员会关于审理劳动争议案件法律适用问题的解答》（京高法发〔2017〕142号）第13条规定："……《劳动法》第三条第二款中规定：'劳动者应当遵守劳动纪律和职业道德'。上述规定是对劳动者的基本要求，即便在规章制度未作出明确规定、劳动合同亦未明确约定的情况下，如劳动者存在严重违反劳动纪律或职业道德的行为，用人单位可以依据《劳动法》第三条第二款的规定与劳动者解除劳动合同。"

《长三角区域"三省一市"劳动人事争议疑难问题审理意见研讨会纪要》第7条规定，劳动者存在违反法律、行政法规规定或者必须遵守的劳动纪律等情形，严重影响到用人单位生产经营秩序或者管理秩序的，应当认可用人单位解除劳动合同的正当性。对劳动者仅以用人单位规章制度未明确规定或者制定存在程序瑕疵、劳动合同未明确约定为由，主张用人单位解除劳动合同违法的，不予支持。

第二种观点，规章制度虽然未经民主程序或未达成一致意见，但是规章制度的内容合法、合理，并且已向劳动者公示或者告知的，可作为处理劳动争议的依据。江苏规定为该观点，但是由于《长三角区域"三省一市"劳动人事争议疑难问题审理意见研讨会纪要》的出台，江苏转变为第一种观点。

《江苏省高级人民法院、江苏省劳动争议仲裁委员会关于印发〈关于审理劳动争议案件的指导意见〉的通知》（苏高法审委〔2009〕47号）第18条规定："用人单位在《劳动合同法》实施前制定的规章制度，虽未经过《劳动合同法》第四条规定的民主程序，但其内容不违反法律、行政法规及政策规定，且不存在明显不合理的情形，并已向劳动者公示或者告知的，可以作为处理劳动争议的依据。

用人单位在《劳动合同法》实施后制定、修改规章制度，经法定民主程序与工会或职工代表协商，但未达成一致意见，若该规章制度的内容不违反法律、行政法规的规定、不存在明显不合理的情形，且已向劳动者公示或者告知的，可以作为处理劳动争议的依据。

有独立法人资格的子公司执行母公司的规章制度，如子公司履行了《劳动合同法》第四条规定的民主程序，或母公司履行了《劳动合同法》第四条规定的民主程序且在子公司内向劳动者公示或告知的，母公司的规章制度可以作为处理子公司劳动争议的依据。"

第三种观点，规章制度虽然未经民主程序或未达成一致意见，但是规章制度的内容合法、合理，并且已向劳动者公示或者告知，且劳动者没有异议的，可作为处理劳动争议的依据。广东持该观点。之前浙江规定也持该观点，但2019年6月21日《浙江省高级人民法院民事审判第一庭、浙江省劳动人事争议仲裁院关于审理劳动争议案件若干问题的解答（五）》（浙高法民一〔2019〕1号）及《长三角区域"三省一市"劳动人事争议疑难问题审理意见研讨会纪要》的出台使浙江转变成第一种观点。

《广东省高级人民法院、广东省劳动争议仲裁委员会关于适用〈劳动争议调解仲裁法〉、〈劳动合同法〉若干问题的指导意见》（粤高法发〔2008〕13号）[①]

[①] 根据粤高法〔2020〕132号文，该文件已废止。虽然该文件已被废止，但在广东地方新规出台前，该文件在广东仍有参考意义。

第二章　劳动关系建立、履行、变更

第20条规定："用人单位在《劳动合同法》实施前制定的规章制度，虽未经过《劳动合同法》第四条第二款规定的民主程序，但内容未违反法律、行政法规及政策规定，并已向劳动者公示或告知的，可以作为用人单位用工管理的依据。

《劳动合同法》实施后，用人单位制定、修改直接涉及劳动者切身利益的规章制度或者重大事项时，未经过《劳动合同法》第四条第二款规定的民主程序的，原则上不能作为用人单位用工管理的依据。但规章制度或者重大事项的内容未违反法律、行政法规及政策规定，不存在明显不合理的情形，并已向劳动者公示或告知，劳动者没有异议的，可以作为劳动仲裁和人民法院裁判的依据。"

《浙江省高级人民法院民一庭关于审理劳动争议案件若干问题的意见》（浙法民一〔2009〕3号）第34条规定："用人单位在《劳动合同法》实施前制定的规章制度，虽未经过该法第四条第二款规定的民主程序，但内容未违反法律、行政法规、政策及集体合同规定，不存在明显不合理的情形，并已向劳动者公示或告知的，可以作为人民法院审理劳动争议案件的依据。

《劳动合同法》实施后，用人单位制定、修改或者决定直接涉及劳动者切身利益的规章制度或者重大事项时，未经过该法第四条第二款规定的民主程序的，一般不能作为人民法院审理劳动争议案件的依据。规章制度或者重大事项决定的内容未违反法律、行政法规、政策及集体合同规定，不存在明显不合理的情形，并已向劳动者公示或告知，且劳动者没有异议的，可以作为人民法院审理劳动争议案件的依据。"

《浙江省高级人民法院民事审判第一庭、浙江省劳动人事争议仲裁院关于审理劳动争议案件若干问题的解答（五）》（浙高法民一〔2019〕1号）第11条规定："……在规章制度未作出明确规定、劳动合同亦未明确约定的情况下，劳动者严重违反劳动纪律，用人单位可以依据《劳动法》第二十五条第二项规定解除劳动合同。"

虽然根据部分地方的规定，在规章制度合法、合理且已公示、告知的前提下，未经民主程序的规章制度具有效力，可以作为处理劳动争议的依据。但是，有地方规定的裁判机构在审理案件时，结合每个案件的具体情况，依然有不认可未经民主程序规章制度效力的可能。所以建议用人单位严格依照法律规定按照民主程序建立规章制度，以此作为合规用工管理的依据，不抱侥幸心理，避免用工风险的发生。

第十节 劳动合同的变更

一、工作地点变更

1. 用人单位变更工作地点的效力

出于经营的需要或因为其他情况，用人单位需要整体搬迁或变更部分劳动者的工作地点。用人单位变更工作地点的效力需要分不同的情况进行分析。

（1）用人单位与劳动者协议一致对工作地点进行了变更，应认定协议变更的效力。

（2）用人单位单方变更工作地点，但属于近距离搬迁的，如直辖市的市区之间搬迁，并未给劳动者造成严重影响的，司法实践一般会认定该变更的效力。

（3）用人单位单方变更工作地点，较远距离搬迁，如直辖市的市区到郊区、郊区到郊区搬迁。较远距离搬迁给劳动者造成一定影响，但用人单位通过提供交通补贴、提供班车、减少一定工作的方式来减少搬迁对劳动者影响的，司法实践一般会认定该变更的效力。

反之，如果较远距离搬迁给劳动者造成一定影响，但用人单位并未通过合理方式减少对劳动者的影响，司法实践一般不会认定该变更的效力。

（4）用人单位单方变更工作地点，远距离搬迁，如跨市、跨省搬迁，给劳动者造成严重影响，与劳动者无法协商一致的，用人单位可以依据《劳动合同法》第40条第3项客观情况发生重大变化条款，在支付经济补偿的前提下单方解除劳动合同。

（5）用人单位单方面变更部分劳动者的工作地点，需要结合变更的距离、变更的理由及必要性来综合考虑变更的效力。

第二章　劳动关系建立、履行、变更

2. 用人单位单方面搬迁，未协商一致的处理

实践中，用人单位单方面搬迁，在未协商一致的情况下，劳动者常以不前往新地点上班进行抵抗变更，这时部分用人单位会以劳动者旷工违反规章制度为由解除劳动关系。但用人单位在该种情况下的解除行为，大部分被裁判机构认定为违法解除，并被裁判向劳动者支付赔偿金（补偿金的两倍）。

用人单位能否因劳动者不去新地点上班而解除劳动关系，取决于变更工作地点行为的效力。在变更工作地点具有效力的情况下，用人单位才具备以旷工为理由的解除权，反之则无权解除。

用人单位在劳动者不前往新地点上班时，需在判断变更效力的前提下，谨慎处理，避免出现支付赔偿金的风险发生。

二、宽泛约定工作地点的效力

实践中，用人单位为便于在劳动合同履行期间更换劳动者的工作地点，会将工作地点约定为"全国""上海""北京"这样一个较大的范围，或者在工作地点条款后再约定"单位可以根据实际经营管理需要，变更劳动者的工作地点"。这样的约定并不能直接赐予用人单位随意变更权。在劳动者已经在实际履行地点工作的，用人单位要单方变更劳动者工作地点的，需要对工作地点的变更进行合理性审查。关于宽泛约定工作地点效力的问题，部分地区、地方作出了明确的规定。

《长三角区域"三省一市"劳动人事争议疑难问题审理意见研讨会纪要》第8条规定："……用人单位与劳动者在劳动合同中宽泛约定工作地点，但未对用人单位工作地点、经营模式、劳动者工作岗位特性等特别提示的，属于对工作地点约定不明。

对于从事全国范围的销售、长途运输、野外作业等工作地点无法固定的特殊工作，劳动合同将劳动者工作地点约定为'全国范围''长三角区域'等宽泛工作地点的，可以认定有效。

劳动合同对工作地点没有约定、约定不明确或者劳动合同约定与实际履行地不一致的，应当以实际履行地为认定工作地点的主要依据。"

《北京市高级人民法院、北京市劳动人事争议仲裁委员会关于审理劳动争议

案件法律适用问题的解答》（京高法发〔2017〕142号）第6条规定："……用人单位与劳动者在劳动合同中宽泛地约定工作地点是'全国'、'北京'等，如无对用人单位经营模式、劳动者工作岗位特性等特别提示，属于对工作地点约定不明。劳动者在签订劳动合同后，已经在实际履行地点工作的，视为双方确定具体的工作地点。用人单位不得仅以工作地点约定为'全国''北京'为由，无正当理由变更劳动者的工作地点。

用人单位与劳动者在劳动合同中明确约定用人单位可以单方变更工作地点的，仍应对工作地点的变更进行合理性审查。具体审查时，除考虑对劳动者的生活影响外，还应考虑用人单位是否采取了合理的弥补措施（如提供交通补助、班车）等。"

三、特殊岗位工作地点问题

特殊岗位的工作性质决定了其工作地点范围无法固定，比如：

1. 劳动者的工作岗位是培训师，需要对"全国"各地分公司的劳动者进行培训；

2. 劳动者的工作岗位是门店督导，需要对"全国""全市"的连锁门店进行检查、指导；

3. 劳动者的工作岗位是长途运输司机、全国范围销售人员，工作地点无法固定；

4. 用人单位的分支机构遍及全国，用人单位以不固定的方式约定主要管理人员的工作地点。

特殊岗位无法穷尽列举，用人单位可结合单位自身性质、劳动者工作性质设置特殊岗位为不固定工作地点，但是设置时需遵循客观性、合理性。

四、工作岗位变更

1. 用人单位变更劳动者工作岗位的效力

在劳动合同履行中，出于经营的需要或因为其他情况，用人单位会对劳动者的工作岗位进行变更，也就是俗称的"调岗"。用人单位对劳动者的工作岗位进

第二章 劳动关系建立、履行、变更

行变更是否具有效力，需分不同情况进行判断。

（1）用人单位与劳动者就工作岗位变更及工资报酬变更达成一致的，应尊重用人单位和劳动者双方的合意，认定工作岗位变更的效力。

（2）用人单位能证明因劳动者不能胜任原工作、医疗期满后不能从事原工作或客观情况发生转变而变更劳动者工作岗位的，司法实践一般会认定该变更的效力。

（3）劳动合同中明确约定了特定条件发生时用人单位可以调整劳动者的工作岗位，且特定条件的约定合法、合理。如条件确实已成就，司法实践一般会认定变更的效力。

（4）在以上三种情况以外，用人单位单方面调整劳动者岗位需要从是否生产营业所必需、是否合理、目的是否正当、工资变动等情况综合判断其效力。

2. 用人单位变更劳动者工作岗位的地方、地区规定

北京规定：

《北京市高级人民法院、北京市劳动人事争议仲裁委员会关于审理劳动争议案件法律适用问题的解答》（京高法发〔2017〕142号）第5条规定："用人单位调整劳动者工作岗位的，如何处理？

用人单位与劳动者约定可根据生产经营情况调整劳动者工作岗位的，经审查用人单位证明生产经营情况已经发生变化，调岗属于合理范畴，应支持用人单位调整劳动者工作岗位。

用人单位与劳动者在劳动合同中未约定工作岗位或约定不明的，用人单位有正当理由，根据生产经营需要，合理地调整劳动者工作岗位属于用人单位自主用工行为。判断合理性应参考以下因素：用人单位经营必要性、目的正当性，调整后的岗位为劳动者所能胜任、工资待遇等劳动条件无不利变更。

用人单位与劳动者签订的劳动合同中明确约定工作岗位但未约定如何调岗的，在不符合《劳动合同法》第四十条所列情形时，用人单位自行调整劳动者工作岗位的属于违约行为，给劳动者造成损失的，用人单位应予以赔偿，参照原岗位工资标准补发差额。对于劳动者主张恢复原工作岗位的，根据实际情况进行处理。经审查难以恢复原工作岗位的，可释明劳动者另行主张权利，释明后劳动

者仍坚持要求恢复原工作岗位，可驳回请求。

用人单位在调整岗位的同时调整工资，劳动者接受调整岗位但不接受同时调整工资的，由用人单位说明调整理由。应根据用人单位实际情况、劳动者调整后的工作岗位性质、双方合同约定等内容综合判断是否侵犯劳动者合法权益。"

上海规定：

关于用人单位调整劳动者工作内容和工资报酬的问题，《上海市高级人民法院关于审理劳动争议案件若干问题的解答》（沪高法民一〔2006〕17号）第6条规定：

"（一）用人单位与劳动者对调整工作内容和工资报酬有明确的书面约定，或者虽无明确书面约定但已通过实际履行等方式默示调整了原合同约定的，视为双方对变更达成一致。

（二）用人单位在劳动者不胜任工作、劳动者医疗期满后不能从事原工作、对负有保守用人单位商业秘密的劳动者采取保密措施等情形下依法调整劳动者工作内容和工资报酬，用人单位应对调整劳动者工作内容的合理依据承担举证责任。

（三）劳动合同中明确约定调整工作内容与工资报酬的有关调解，当事人可按约定履行。劳动合同中虽有工作内容和工资报酬调整的约定，但调整的调解和指向不明确的，用人单位应当提供充分证据证明调整的合理性，用人单位不能证明调整合理性的，劳动者可以要求撤销用人单位的调整决定。"

另外，关于劳动者拒绝去新岗位工作是否构成旷工的问题。上海法院倾向性意见认为，虽《劳动合同法》规定用人单位与劳动者协商一致可以变更劳动合同，但也不可否认用人单位因生产结构、经营范围进行调整或外部市场发生变化的情况下行使经营管理自主权，在合法、合理的前提下对劳动者岗位进行适当调整，对此劳动者应当予以配合，这也是劳动关系人身从属性的具体体现。如劳动者对调整工作岗位有异议，应当采用协商的方式解决，而不应当以消极怠工的方式进行抵制或对抗。故如劳动者既未到新的工作岗位报到也未到原岗位出勤，按照用人单位规章制度规定确属严重违纪的，用人单位可以与劳动者解除劳动合同。

长三角区域规定：

《长三角区域"三省一市"劳动人事争议疑难问题审理意见研讨会纪要》第6条规定，除《中华人民共和国劳动合同法》40条第1项和第2项规定的用人单

第二章 劳动关系建立、履行、变更

位可以单方调整劳动者工作岗位的法定情形外,用人单位可以按劳动合同约定或者规章制度规定对劳动者工作岗位进行调整。如劳动合同无约定或者规章制度未规定,但确属用人单位生产经营所必需,且对劳动者的劳动报酬以及其他劳动条件未作不利变更,劳动者有服从安排的义务,可以认定用人单位调整劳动者工作岗位有效。

广东规定:

《广东省高级人民法院、广东省劳动人事争议仲裁委员会关于审理劳动人事争议案件若干问题的座谈会纪要》(粤高法〔2012〕284号)第22条规定:"用人单位调整劳动者工作岗位,同时符合以下情形的,视为用人单位合法行使用工自主权,劳动者以用人单位擅自调整其工作岗位为由要求解除劳动合同并请求用人单位支付经济补偿的,不予支持:

(一)调整劳动者工作岗位是用人单位生产经营的需要;

(二)调整工作岗位后劳动者的工资水平与原岗位基本相当;

(三)不具有侮辱性和惩罚性;

(四)无其他违反法律法规的情形。

用人单位调整劳动者的工作岗位且不具有上款规定的情形,劳动者超过一年未明确提出异议,后又以《劳动合同法》第三十八条第一款第(一)项规定要求解除劳动合同并请求用人单位支付经济补偿的,不予支持。"

五、工作时间变更

工作时间是劳动合同的必备条款,工作时间变更是对劳动合同内容的重大变更,如用人单位对劳动者的工作时间进行变更,需按照劳动法的规定经过民主程序、向劳动者公示或告知,并做到内容合法、合理。当涉及劳动者工作时间重大变更时,从降低风险角度,建议用人单位与劳动者协商并达成一致。

【案例2-1】李某与上海F食品有限公司劳动合同纠纷案[①]

基本案情:

李某为上海F食品有限公司(以下简称F公司)员工,F公司多年来上班时

---

① 案例基于作者代理案件并经过加工处理,仅为说明法律问题参考。

劳动关系全流程法律实务解析

间一直为一周5天，一天8小时。2013年，F公司控股方发生转变，2014年，F公司改变员工上班时间为一周6天，其中周一到周五每天工作7.5个小时，周六工作2.5个小时。全公司除李某和另外两名员工外，其他员工都书面同意并按照新的上班时间上班。后李某照常按旧的上班时间上班，周六不来。F公司按照规章制度连续两周对其进行旷工警告，扣发旷工工资，并降职降薪。后李某以F公司未足额支付工资等理由提出离职，要求F公司按照《劳动合同法》第38条支付经济补偿。

仲裁裁决结果：

仲裁委认可F公司变更工作时间的合理性，裁决不支持李某要求经济补偿的仲裁请求。

法院裁判结果：

一审法院不认可F公司工作时间变更的合理性，进而不认可F公司对李某扣薪、降职降薪行为，最终支持了李某要求经济补偿金的诉讼请求。二审判决驳回F公司上诉，维持原判。

法院认为：

《国务院关于职工工作时间的规定》规定，职工每日工作8小时、每周工作40小时。因工作性质或生产特点的限制，不能实行每日工作8小时、每周工作40小时标准工时制度的，可以实行不定时工作制或综合计算工时工作制等其他工作和休息办法，并按照《劳动部关于企业实行不定时工作制和综合计算工时工作制的审批办法》执行。从1995年5月1日起施行每周40小时工时制度有困难的企业，可以延期实行，但最迟应当于1997年5月1日起施行。本案中，被告F公司一直执行每日工作8小时、每周工作40小时的标准工时制度。即使在2013年被收购后，被告也一直在执行标准工时制度。被告于2014年6月27日发布补充通知，将工作时间自同年7月1日起调整为周一至周五每天工作7.5小时、周六工作2.5小时，虽该补充通知加盖有被告工会公章，然在国家相关规定要求有条件的企业尽可能实行标准工时制，且被告历来执行标准工时制度、即使在被收购后亦长期执行标准工时制度的情况下，被告于2014年下半年起不再执行标准工时制，被告未能提供充分有效证据证明原告的岗位基于其工作性质及被告的生

第二章 劳动关系建立、履行、变更

产特点不能执行标准工时制度。还要指出的是,《中华人民共和国劳动合同法》规定工作时间属于劳动合同的必备条款。本案中,原、被告间签订的最后一期劳动合同明确约定原告实行标准工时制度。现被告单方变更原告李某的工作时间,属劳动合同内容的重大变更,但被告并未能与原告协商一致。且按被告调整后的工作时间,虽然周一至周五的工作时间每天少了半小时,但对于家住长宁区、工作在闸北区、每日上下班在途时间较长的原告而言周六花费与平时几乎一样的上下班在途时间仅为了上2.5小时的班,显然在操作上欠缺人性化的关怀。

……

同之前陈述观点,被告于2014年7月1日起对原告工作时间所作的调整欠缺合理性,被告以原告休息日旷工为由对其予以记大过处理、以旷工为由进行扣款、进而降职降薪处理,显然缺乏依据。原告据此向被告提出解除劳动关系并进而主张经济补偿金,于法有据。

上述案例中法院不认可工作时间变更的理由可归纳为:

1.《国务院关于职工工作时间的规定》规定,职工每日工作8小时、每周工作40小时。

2. F公司一直执行五天工作时间制度(被收购后也未改变)。F公司于2014年改变工作时间,未能提供有效证据证明李某的岗位性质及公司的生产特点已经不能执行原工作时间制度。

3. F公司并未与李某就变更工作时间协商一致。

4. F公司变更后的工作时间不合理。

六、用人单位情况变更

1. 在劳动合同的履行中,用人单位会变更名称、法定代表人、主要负责人或者投资人等事项,但是这些变更不影响劳动合同的履行。

2. 用人单位发生合并或者分立等情况,原劳动合同继续有效,劳动合同由承继其权利和义务的用人单位继续履行。

合并和分立是资产重组的方式。资产重组后,用人单位管理层更迭,新旧单位企业文化冲突,容易导致劳动纠纷的发生和增长。在该种情况下,部分资产重组后的企业愿意接纳旧企业的劳动者，主要原因是出于税法筹划的考量，因为《国家税务总局关于纳税人资产重组有关增值税问题的公告》（国家税务总局公告 2011 年第 13 号）规定："纳税人在资产重组过程中，通过合并、分立、出售、置换等方式，将全部或者部分实物资产以及与其相关联的债权、负债和劳动力一并转让给其他单位和个人，不属于增值税的征税范围，其中涉及的货物转让，不征收增值税。"

七、劳动者非因本人原因从原单位被安排到新单位

劳动者非因本人原因从原用人单位被安排到新用人单位工作的，劳动者在原用人单位的工作年限合并计算为新用人单位的工作年限。原用人单位已经向劳动者支付经济补偿的，新用人单位在依法解除、终止劳动合同计算支付经济补偿的工作年限时，不再计算劳动者在原用人单位的工作年限。

劳动者非因本人原因从原用人单位被安排到新用人单位工作，原用人单位未支付经济补偿，劳动者依照《劳动合同法》第 38 条规定与新用人单位解除劳动合同，或者新用人单位向劳动者提出解除、终止劳动合同，在计算支付经济补偿或赔偿金的工作年限时，劳动者请求把在原用人单位的工作年限合并计算为新用人单位工作年限的，人民法院应予支持。

用人单位符合下列情形之一的，应当认定属于"劳动者非因本人原因从原用人单位被安排到新用人单位工作"：

（一）劳动者仍在原工作场所、工作岗位工作，劳动合同主体由原用人单位变更为新用人单位；

（二）用人单位以组织委派或任命形式对劳动者进行工作调动；

（三）因用人单位合并、分立等原因导致劳动者工作调动；

（四）用人单位及其关联企业与劳动者轮流订立劳动合同；

（五）其他合理情形。

【案例 2-2】张某与上海 B 贸易有限公司劳动合同纠纷案[①]

基本案情：

[①] 案例基于作者代理案件并经过加工处理，仅为说明法律问题参考。

张某于 2006 年入职 A 公司，2011 年 A 公司安排张某与 B 公司（A 公司控股）签订无固定期限合同。2013 年开始张某和管理层关系恶化，同年 4 月 B 公司以张某严重违纪为由解除劳动合同。张某要求 B 公司支付违法解除劳动合同赔偿金，并将 A 公司的工作年限合并计算。

仲裁裁决结果：

仲裁委裁决 B 公司支付违法解除赔偿金，但未将张某在 A 公司的工作年限合并计算。

法院裁判结果：

一审法院判决 B 公司支付违法解除赔偿金，并将张某在 A 公司的工作年限合并计算在内，赔偿金的年限从 2006 年计算到 2013 年。二审判决驳回 B 公司上诉，维持原判。

法院认为：

从已查明的事实分析，被告 B 公司与案外人 A 公司虽均系独立法人，但两家公司无论是从其经营范围还是股东组成上来看，明显具有着关联性，故属于关联企业。该关联企业先后两次与原告张某订立书面劳动合同，但又未能举证证明系原告原因所造成，故根据司法解释，原告主张要求将其在 A 公司的工作年限（自 2006 年 11 月起）合并计算为在被告处的工作年限，并无不妥，本院予以支持。

八、劳动合同变更的形式要件

《劳动合同法》第 35 条规定："用人单位与劳动者协商一致，可以变更劳动合同约定的内容。变更劳动合同，应当采用书面形式。变更后的劳动合同文本由用人单位和劳动者各执一份。"

由于《劳动合同法》中规定"变更劳动合同，应当采用书面形式"，导致部分观点认为，变更劳动合同必须采用书面形式，如果没有采用书面形式则变更无效。但实际上这种认识是错误的，因为《劳动合同法》第 35 条的中的"应当采用书面形式"是管理性的强制性规范而不是效力性的强制性规范，违反管理性的强制性规范并不当然无效，只有违反效力性的强制性规范才是当然无效。

鉴于部分观点对《劳动合同法》第 35 条产生理解上的偏差，2013 年《最高人民法院关于审理劳动争议案件适用法律若干问题的解释（四）》第 11 条（现为《最高人民法院关于审理劳动争议案件适用法律问题的解释（一）》第 43 条）规定："变更劳动合同未采用书面形式，但已经实际履行了口头变更的劳动合同超过一个月，且变更后的劳动合同内容不违反法律、行政法规、国家政策以及公序良俗，当事人以未采用书面形式为由主张劳动合同变更无效的，人民法院不予支持。"

通过以上法律及司法解释的规定，可以总结出变更劳动合同分为以下形式：

1. 书面变更

（1）用人单位和劳动者双方协商一致书面变更，变更有效。

（2）用人单位单方要求变更，向劳动者发出变更后的书面劳动合同文本，劳动者签字确认，变更有效。

2. 口头变更

（1）用人单位与劳动者双方就变更事宜口头达成一致，实际履行超过一个月，变更有效。

（2）用人单位单方口头变更。

A. 用人单位能证明单方口头变更有合法理由，且双方实际履行超过一个月。此时，不论劳动者是否提出异议，应确认口头变更符合变更的实质要件，且实际履行弥补了形式要件的不足，变更有效。

B. 用人单位无法证明单方口头变更有合法理由，双方实际履行超过一个月，不论劳动者是否提出异议，由于变更违反法律、法规、国家政策以及公序良俗，变更无效。

第十一节　劳动合同示范文本

人力资源社会保障部根据《中华人民共和国劳动合同法》等法律法规和政策规定编制了《劳动合同（通用）》和《劳动合同（劳务派遣）》示范文本[①]，

[①] 两个示范文本来源于人力资源和社会保障部官网，载 http://www.mohrss.gov.cn/ldgxs/LDGX-hetong/201911/t20191128_344013.html，最后访问日期 2022 年 11 月 3 日。

于 2019 年 11 月 25 日予以公布。用人单位可根据自身情况合法、合规修改后适用。

一、《劳动合同（通用）》示范文本

劳 动 合 同

（通用）

甲方（用人单位）：_____

乙方（劳动者）：_____

签订日期：_____年_____月_____日

注 意 事 项

一、本合同文本供用人单位与建立劳动关系的劳动者签订劳动合同时使用。

二、用人单位应当与招用的劳动者自用工之日起一个月内依法订立书面劳动合同，并就劳动合同的内容协商一致。

三、用人单位应当如实告知劳动者工作内容、工作条件、工作地点、职业危害、安全生产状况、劳动报酬以及劳动者要求了解的其他情况；用人单位有权了解劳动者与劳动合同直接相关的基本情况，劳动者应当如实说明。

四、依法签订的劳动合同具有法律效力，双方应按照劳动合同的约定全面履行各自的义务。

五、劳动合同应使用蓝、黑钢笔或签字笔填写，字迹清楚，文字简练、准确，不得涂改。确需涂改的，双方应在涂改处签字或盖章确认。

六、签订劳动合同，用人单位应加盖公章，法定代表人（主要负责人）或委托代理人签字或盖章；劳动者应本人签字，不得由他人代签。劳动合同由双方各执一份，交劳动者的不得由用人单位代为保管。

甲方（用人单位）：＿＿＿＿＿＿＿＿＿＿＿＿＿＿＿＿＿＿

统一社会信用代码：＿＿＿＿＿＿＿＿＿＿＿＿＿＿＿＿＿

法定代表人（主要负责人）或委托代理人：＿＿＿＿＿＿＿

注 册 地：＿＿＿＿＿＿＿＿＿＿＿＿＿＿＿＿＿＿＿＿＿

经 营 地：＿＿＿＿＿＿＿＿＿＿＿＿＿＿＿＿＿＿＿＿＿

联系电话：＿＿＿＿＿＿＿＿＿＿＿＿＿＿＿＿＿＿＿＿＿

乙方（劳动者）：＿＿＿＿＿＿＿＿＿＿＿＿＿＿＿＿＿＿＿

居民身份证号码：＿＿＿＿＿＿＿＿＿＿＿＿＿＿＿＿＿＿

（或其他有效证件名称＿＿＿＿＿＿＿证件号：＿＿＿＿＿＿＿＿＿）

第二章　劳动关系建立、履行、变更

户籍地址：_____

经常居住地（通信地址）：_____

联系电话：_____

根据《中华人民共和国劳动法》《中华人民共和国劳动合同法》等法律法规政策规定，甲乙双方遵循合法、公平、平等自愿、协商一致、诚实信用的原则订立本合同。

一、劳动合同期限

第一条　甲乙双方自用工之日起建立劳动关系，双方约定按下列第_____种方式确定劳动合同期限：

1. 固定期限：自_____年____月____日起至_____年____月____日止。其中，试用期自用工之日起至_____年____月____日止。

2. 无固定期限：自_____年____月____日起至依法解除、终止劳动合同时止。其中，试用期自用工之日起至_____年____月____日止。

3. 以完成一定工作任务为期限：自_____年____月____日起至_____年____月____日工作任务完成时止。甲方应当以书面形式通知乙方工作任务完成。

二、工作内容和工作地点

第二条　乙方工作岗位是_____，岗位职责为_____。乙方的工作地点为_____。

乙方应爱岗敬业、诚实守信，保守甲方商业秘密，遵守甲方依法制定的劳动规章制度，认真履行岗位职责，按时保质完成工作任务。乙方违反劳动纪律，甲方可依据依法制定的劳动规章制度给予相应处理。

三、工作时间和休息休假

第三条　根据乙方工作岗位的特点，甲方安排乙方执行以下第_____种工时制度：

1. 标准工时工作制。每日工作时间不超过8小时，每周工作时间不超过40

·93·

小时。由于生产经营需要，经依法协商后可以延长工作时间，一般每日不得超过1小时，特殊原因每日不得超过3小时，每月不得超过36小时。甲方不得强迫或者变相强迫乙方加班加点。

2. 依法实行以_____为周期的综合计算工时工作制。综合计算周期内的总实际工作时间不应超过总法定标准工作时间。甲方应采取适当方式保障乙方的休息休假权利。

3. 依法实行不定时工作制。甲方应采取适当方式保障乙方的休息休假权利。

第四条 甲方安排乙方加班的，应依法安排补休或支付加班工资。

第五条 乙方依法享有法定节假日、带薪年休假、婚丧假、产假等假期。

四、劳动报酬

第六条 甲方采用以下第_____种方式向乙方以货币形式支付工资，于每月_____日前足额支付：

1. 月工资_____元。

2. 计件工资。计件单价为_____，甲方应合理制定劳动定额，保证乙方在提供正常劳动情况下，获得合理的劳动报酬。

3. 基本工资和绩效工资相结合的工资分配办法，乙方月基本工资_____元，绩效工资计发办法为_____。

4. 双方约定的其他方式_____。

第七条 乙方在试用期期间的工资计发标准为_____或_____元。

第八条 甲方应合理调整乙方的工资待遇。乙方从甲方获得的工资依法承担的个人所得税由甲方从其工资中代扣代缴。

五、社会保险和福利待遇

第九条 甲乙双方依法参加社会保险，甲方为乙方办理有关社会保险手续，并承担相应社会保险义务，乙方应当缴纳的社会保险费由甲方从乙方的工资中代扣代缴。

第十条 甲方依法执行国家有关福利待遇的规定。

第十一条 乙方因工负伤或患职业病的待遇按国家有关规定执行。乙方患病

第二章 劳动关系建立、履行、变更

或非因工负伤的,有关待遇按国家有关规定和甲方依法制定的有关规章制度执行。

六、职业培训和劳动保护

第十二条 甲方应对乙方进行工作岗位所必需的培训。乙方应主动学习,积极参加甲方组织的培训,提高职业技能。

第十三条 甲方应当严格执行劳动安全卫生相关法律法规规定,落实国家关于女职工、未成年工的特殊保护规定,建立健全劳动安全卫生制度,对乙方进行劳动安全卫生教育和操作规程培训,为乙方提供必要的安全防护设施和劳动保护用品,努力改善劳动条件,减少职业危害。乙方从事接触职业病危害作业的,甲方应依法告知乙方工作过程中可能产生的职业病危害及其后果,提供职业病防护措施,在乙方上岗前、在岗期间和离岗时对乙方进行职业健康检查。

第十四条 乙方应当严格遵守安全操作规程,不违章作业。乙方对甲方管理人员违章指挥、强令冒险作业,有权拒绝执行。

七、劳动合同的变更、解除、终止

第十五条 甲乙双方应当依法变更劳动合同,并采取书面形式。

第十六条 甲乙双方解除或终止本合同,应当按照法律法规规定执行。

第十七条 甲乙双方解除终止本合同的,乙方应当配合甲方办理工作交接手续。甲方依法应向乙方支付经济补偿的,在办结工作交接时支付。

第十八条 甲方应当在解除或终止本合同时,为乙方出具解除或者终止劳动合同的证明,并在十五日内为乙方办理档案和社会保险关系转移手续。

八、双方约定事项

第十九条 乙方工作涉及甲方商业秘密和与知识产权相关的保密事项的,甲方可以与乙方依法协商约定保守商业秘密或竞业限制的事项,并签订保守商业秘密协议或竞业限制协议。

第二十条 甲方出资对乙方进行专业技术培训,要求与乙方约定服务期的,应当征得乙方同意,并签订协议,明确双方权利义务。

第二十一条 双方约定的其他事项:_____

_____。

九、劳动争议处理

第二十二条 甲乙双方因本合同发生劳动争议时，可以按照法律法规的规定，进行协商、申请调解或仲裁。对仲裁裁决不服的，可以依法向有管辖权的人民法院提起诉讼。

十、其他

第二十三条 本合同中记载的乙方联系电话、通信地址为劳动合同期内通知相关事项和送达书面文书的联系方式、送达地址。如发生变化，乙方应当及时告知甲方。

第二十四条 双方确认：均已详细阅读并理解本合同内容，清楚各自的权利、义务。本合同未尽事宜，按照有关法律法规和政策规定执行。

第二十五条 本合同双方各执一份，自双方签字（盖章）之日起生效，双方应严格遵照执行。

甲方（盖章）　　　　　　　　　　　　　乙方（签字）

法定代表人（主要负责人）

或委托代理人（签字或盖章）

　年　月　日　　　　　　　　　　　　　　年　月　日

第二章 劳动关系建立、履行、变更

附件 1

续订劳动合同

经甲乙双方协商同意，续订本合同。

一、甲乙双方按以下第_____种方式确定续订合同期限：

1. 固定期限：自_____年____月____日起至_____年____月____日止。

2. 无固定期限：自_____年____月____日起至依法解除或终止劳动合同时止。

二、双方就有关事项约定如下：

1. _____；
2. _____；
3. _____。

三、除以上约定事项外，其他事项仍按照双方于_____年____月____日签订的劳动合同中的约定继续履行。

甲方（盖章）   乙方（签字）

法定代表人（主要负责人）

或委托代理人（签字或盖章）

    年   月   日   年   月   日

附件2

变更劳动合同

一、经甲乙双方协商同意，自_____年___月___日起，对本合同作如下变更：

1. _____；
2. _____；
3. _____。

二、除以上约定事项外，其他事项仍按照双方于_____年___月___日签订的劳动合同中的约定继续履行。

甲方（盖章）   乙方（签字）

法定代表人（主要负责人）

或委托代理人（签字或盖章）

   年   月   日   年   月   日

二、《劳动合同（劳务派遣）》示范文本

劳动合同

（劳务派遣）

甲方（劳务派遣单位）：＿＿＿＿＿＿＿＿＿＿

乙方（劳动者）：＿＿＿＿＿＿＿＿＿＿

签订日期：＿＿＿＿＿年＿＿＿月＿＿＿日

注 意 事 项

一、本合同文本供劳务派遣单位与被派遣劳动者签订劳动合同时使用。

二、劳务派遣单位应当向劳动者出具依法取得的《劳务派遣经营许可证》。

三、劳务派遣单位不得与被派遣劳动者签订以完成一定任务为期限的劳动合同，不得以非全日制用工形式招用被派遣劳动者。

劳动关系全流程法律实务解析

四、劳务派遣单位应当将其与用工单位签订的劳务派遣协议内容告知劳动者。劳务派遣单位不得向被派遣劳动者收取费用。

五、劳动合同应使用蓝、黑钢笔或签字笔填写，字迹清楚，文字简练、准确，不得涂改。确需涂改的，双方应在涂改处签字或盖章确认。

六、签订劳动合同，劳务派遣单位应加盖公章，法定代表人（主要负责人）或委托代理人应签字或盖章；被派遣劳动者应本人签字，不得由他人代签。劳动合同交由劳动者的，劳务派遣单位、用工单位不得代为保管。

甲方（劳务派遣单位）：_____
统一社会信用代码：_____
劳务派遣许可证编号：_____
法定代表人（主要负责人）或委托代理人：_____
注　册　地：_____
经　营　地：_____
联系电话：_____

乙方（劳动者）：_____
居民身份证号码：_____
（或其他有效证件名称_____　证件号：_____）
户籍地址：_____
经常居住地（通信地址）：_____
联系电话：_____

根据《中华人民共和国劳动法》《中华人民共和国劳动合同法》等法律法规政策规定，甲乙双方遵循合法、公平、平等自愿、协商一致、诚实信用的原则订立本合同。

第二章　劳动关系建立、履行、变更

一、劳动合同期限

第一条　甲乙双方约定按下列第_____种方式确定劳动合同期限：

1. 二年以上固定期限合同：自_____年____月____日起至_____年____月____日止。其中，试用期自用工之日起至_____年____月____日止。

2. 无固定期限的劳动合同：自_____年____月____日起至依法解除或终止劳动合同止。其中，试用期自用工之日起至_____年____月____日止。

试用期至多约定一次。

二、工作内容和工作地点

第二条　乙方同意由甲方派遣到_____（用工单位名称）工作，用工单位注册地_____，用工单位法定代表人或主要负责人_____。派遣期限为_____，自_____年____月____日起至_____年____月____日止。乙方的工作地点为_____。

第三条　乙方同意在用工单位_____岗位工作，属于临时性/辅助性/替代性工作岗位，岗位职责为_____。

第四条　乙方同意服从甲方和用工单位的管理，遵守甲方和用工单位依法制定的劳动规章制度，按照用工单位安排的工作内容及要求履行劳动义务，按时完成规定的工作数量，达到相应的质量要求。

三、工作时间和休息休假

第五条　乙方同意根据用工单位工作岗位执行下列第_____种工时制度：

1. 标准工时工作制，每日工作时间不超过8小时，平均每周工作时间不超过40小时，每周至少休息1天。

2. 依法实行以_____为周期的综合计算工时工作制。

3. 依法实行不定时工作制。

第六条　甲方应当要求用工单位严格遵守关于工作时间的法律规定，保证乙方的休息权利与身心健康，确因工作需要安排乙方加班加点的，经依法协商后可以延长工作时间，并依法安排乙方补休或支付加班工资。

第七条　乙方依法享有法定节假日、带薪年休假、婚丧假、产假等假期。

四、劳动报酬和福利待遇

第八条 经甲方与用工单位商定，甲方采用以下第____种方式向乙方以货币形式支付工资，于每月____日前足额支付：

1. 月工资_____元。

2. 计件工资。计件单价为_____。

3. 基本工资和绩效工资相结合的工资分配办法，乙方月基本工资_____元，绩效工资计发办法为_____。

4. 约定的其他方式_____。

第九条 乙方在试用期期间的工资计发标准为_____或_____元。

第十条 甲方不得克扣用工单位按照劳务派遣协议支付给被派遣劳动者的劳动报酬。乙方从甲方获得的工资依法承担的个人所得税由甲方从其工资中代扣代缴。

第十一条 甲方未能安排乙方工作或者被用工单位退回期间，甲方应按照不低于甲方所在地最低工资标准按月向乙方支付报酬。

第十二条 甲方应当要求用工单位对乙方实行与用工单位同类岗位的劳动者相同的劳动报酬分配办法，向乙方提供与工作岗位相关的福利待遇。用工单位无同类岗位劳动者的，参照用工单位所在地相同或者相近岗位劳动者的劳动报酬确定。

第十三条 甲方应当要求用工单位合理确定乙方的劳动定额。用工单位连续用工的，甲方应当要求用工单位对乙方实行正常的工资调整机制。

五、社会保险

第十四条 甲乙双方依法在用工单位所在地参加社会保险。甲方应当按月将缴纳社会保险费的情况告知乙方，并为乙方依法享受社会保险待遇提供帮助。

第十五条 如乙方发生工伤事故，甲方应当会同用工单位及时救治，并在规定时间内，向人力资源社会保障行政部门提出工伤认定申请，为乙方依法办理劳动能力鉴定，并为其享受工伤待遇履行必要的义务。甲方未按规定提出工伤认定申请的，乙方或者其近亲属、工会组织在事故伤害发生之日或者乙方被诊断、鉴定为职业病之日起1年内，可以直接向甲方所在地人力资源社会保障行政部门提

第二章 劳动关系建立、履行、变更

请工伤认定申请。

六、职业培训和劳动保护

第十六条 甲方应当为乙方提供必需的职业能力培训,在乙方劳务派遣期间,督促用工单位对乙方进行工作岗位所必需的培训。乙方应主动学习,积极参加甲方和用工单位组织的培训,提高职业技能。

第十七条 甲方应当为乙方提供符合国家规定的劳动安全卫生条件和必要的劳动保护用品,落实国家有关女职工、未成年工的特殊保护规定,并在乙方劳务派遣期间督促用工单位执行国家劳动标准,提供相应的劳动条件和劳动保护。

第十八条 甲方如派遣乙方到可能产生职业危害的岗位,应当事先告知乙方。甲方应督促用工单位依法告知乙方工作过程中可能产生的职业病危害及其后果,对乙方进行劳动安全卫生教育和培训,提供必要的职业危害防护措施和待遇,预防劳动过程中的事故,减少职业危害,为劳动者建立职业健康监护档案,在乙方上岗前、派遣期间、离岗时对乙方进行职业健康检查。

第十九条 乙方应当严格遵守安全操作规程,不违章作业。乙方对用工单位管理人员违章指挥、强令冒险作业,有权拒绝执行。

七、劳动合同的变更、解除和终止

第二十条 甲乙双方应当依法变更劳动合同,并采取书面形式。

第二十一条 因乙方派遣期满或出现其他法定情形被用工单位退回甲方的,甲方可以对其重新派遣,对符合法律法规规定情形的,甲方可以依法与乙方解除劳动合同。乙方同意重新派遣的,双方应当协商派遣单位、派遣期限、工作地点、工作岗位、工作时间和劳动报酬等内容,并以书面形式变更合同相关内容;乙方不同意重新派遣的,依照法律法规有关规定执行。

第二十二条 甲乙双方解除或终止本合同,应当按照法律法规规定执行。甲方应在解除或者终止本合同时,为乙方出具解除或者终止劳动合同的证明,并在十五日内为乙方办理档案和社会保险关系转移手续。

第二十三条 甲乙双方解除终止本合同的,乙方应当配合甲方办理工作交接手续。甲方依法应向乙方支付经济补偿的,在办结工作交接时支付。

·103·

八、劳动争议处理

第二十四条 甲乙双方因本合同发生劳动争议时，可以按照法律法规的规定，进行协商、申请调解或仲裁。对仲裁裁决不服的，可以依法向有管辖权的人民法院提起诉讼。

第二十五条 用工单位给乙方造成损害的，甲方和用工单位承担连带赔偿责任。

九、其他

第二十六条 本合同中记载的乙方联系电话、通信地址为劳动合同期内通知相关事项和送达书面文书的联系方式、送达地址。如发生变化，乙方应当及时告知甲方。

第二十七条 双方确认：均已详细阅读并理解本合同内容，清楚各自的权利、义务。本合同未尽事宜，按照有关法律法规和政策规定执行。

第二十八条 本劳动合同一式（　　）份，双方至少各执一份，自签字（盖章）之日起生效，双方应严格遵照执行。

甲方（盖章）　　　　　　　　　　　　　　　乙方（签字）

法定代表人（主要负责人）

或委托代理人（签字或盖章）

　　　年　　月　　日　　　　　　　　　　　年　　月　　日

第二章 劳动关系建立、履行、变更

附件 1

续订劳动合同

经甲乙双方协商同意，续订本合同。

一、甲乙双方按以下第_____种方式确定续订合同期限：

1. 固定期限：自_____年____月____日起至_____年____月____日止。

2. 无固定期限：自_____年____月____日起至依法解除或终止劳动合同时止。

二、双方就有关事项约定如下：

1. _____；

2. _____；

3. _____。

三、除以上约定事项外，其他事项仍按照双方于_____年____月____日签订的劳动合同中的约定继续履行。

甲方（盖章）   乙方（签字）

法定代表人（主要负责人）

或委托代理人（签字或盖章）

　年　　月　　日   　年　　月　　日

附件2

变更劳动合同

一、经甲乙双方协商同意，自_____年___月___日起，对本合同作如下变更：

1. _____；
2. _____；
3. _____。

二、除以上约定事项外，其他事项仍按照双方于_____年___月___日签订的劳动合同中的约定继续履行。

甲方（盖章）   乙方（签字）

法定代表人（主要负责人）

或委托代理人（签字或盖章）

   年   月   日   年   月   日

第三章 工作时间、工资管理、休息休假

第一节 工作时间

一、工作时间制度种类

我国实行三种工作时间制度,分别是标准工时工作制、不定时工作制、综合计算工时工作制。

二、标准工时工作制

标准工时工作制,是指劳动者每日工作 8 小时、每周工作 40 小时的工作制度。一般情况下,用人单位实行标准工时工作制。但因工作性质或生产特点的限制,不能实行标准工时制度的,按照国家有关规定,可以实行其他工作和休息办法。

三、不定时工作制

不定时工作制,是指企业因工作情况特殊,需要安排职工机动作业,无法实行标准工时制度,采用不确定工作时间的工时制度。

1. 不定时工作制的申请问题

全国绝大部分地区,用人单位实行不定时工作制需要向劳动行政部门提出申

请和获得批准。但是北京等少数地区，用人单位对于高级管理人员实行不定时工作制度无须经过审批，只需在劳动合同中明确约定即可（需注意的是，实践、口径并不是恒定的）。

2. 不定时工作制的加班问题

（1）不定时工作制下，劳动者工作日以及休息日加班，用人单位无须支付加班工资。

（2）不定时工作制下，劳动者法定节假日加班，用人单位是否应当按照不低于工资标准的300%向劳动者支付加班费，各地规定不一。

上海、深圳等地规定，用人单位需要按照300%支付加班工资。

《上海市企业工资支付办法》（沪人社综发〔2016〕29号）第13条第4款规定，经人力资源社会保障行政部门批准实行不定时工时制的劳动者，在法定休假节日由企业安排工作的，按照不低于劳动者本人日或小时工资的300%支付加班工资。

《深圳市员工工资支付条例》第20条规定："用人单位安排实行不定时工作制的员工在法定休假节日工作的，按照不低于员工本人正常工作时间工资的百分之三百支付员工加班工资。"

劳动部《工资支付暂行规定》及北京、江苏、广东等多地规定，用人单位无须支付加班工资。

《北京市工资支付规定》第17条规定："用人单位经批准实行不定时工作制度的，不适用本规定第十四条的规定。"

《江苏省工资支付条例》第25条规定："经人力资源社会保障行政部门批准实行不定时工作制的，不执行本条例第二十条的规定。"

《广东省工资支付条例》第23条规定："经人力资源社会保障部门批准实行不定时工作制的，不适用本条例第二十条的规定。"

3. 不定时工作制的适用对象

根据《劳动部关于企业实行不定时工作制和综合计算工时工作制的审批办法》（劳部发〔1994〕503号）第4条的规定："企业对符合下列条件之一的职工，可以实行不定时工作制。

第三章　工作时间、工资管理、休息休假

（一）企业中的高级管理人员、外勤人员、推销人员、部分值班人员和其他因工作无法按标准工作时间衡量的职工；

（二）企业中的长途运输人员、出租汽车司机和铁路、港口、仓库的部分装卸人员以及因工作性质特殊，需机动作业的职工；

（三）其他因生产特点、工作特殊需要或职责范围的关系，适合实行不定时工作制的职工。"

四、综合计算工时工作制

综合计算工时工作制，是指企业因工作情况特殊或受季节和自然条件限制，需要安排职工连续作业，无法实行标准工时制度，采用以周、月、季、年等为周期综合计算工作时间的工时制度。

1. 综合计算工时工作制需提出申请和获得批准

用人单位实行综合计算工时工作制需要向劳动行政部门提出申请和获得批准。

2. 综合计算工时工作制的工作时间及制度依据

（1）制度依据

《劳动和社会保障部关于职工全年月平均工作时间和工资折算问题的通知》（劳社部发〔2008〕3号）第1条规定：

"一、制度工作时间的计算

年工作日：365天-104天（休息日）-11天（法定节假日）=250天

季工作日：250天÷4季=62.5天/季

月工作日：250天÷12月=20.83天/月

工作小时数的计算：以月、季、年的工作日乘以每日的8小时。"

（2）综合计算工时工作制的工作时间

以年为周期综合计算工作时间的，工作时间为250天×8小时=2000小时。

以季为周期综合计算工作时间的，工作时间为62.5天×8小时=500小时。

以月为周期综合计算工作时间的，工作时间为20.83天×8小时=166.64小时。

需要注意的是，用于计算综合工时基数的年、季、月工作天数是方便实践计算的平均数。

3. 综合计算工时工作制的加班问题

（1）综合计算工时工作制下，劳动者在综合工时计算周期内，超过总法定标准工作时间（2000小时、500小时、166.64小时）的部分视为延时加班，用人单位应当按照不低于工资标准的150%向劳动者支付加班费。

换言之，只要劳动者在周期内不超过总法定标准工作时间，在某一日超过8个小时或某一周超过40小时，用人单位不需要支付加班工资。

（2）综合计算工时工作制下，劳动者法定节假日加班的，用人单位应当按照不低于工资标准的300%向劳动者支付加班费。

4. 综合计算工时工作制的适用对象

《劳动部关于企业实行不定时工作制和综合计算工时工作制的审批办法》（劳部发〔1994〕503号）第5条规定："企业对符合下列条件之一的职工，可实行综合计算工时工作制，即分别以周、月、季、年等为周期，综合计算工作时间，但其平均日工作时间和平均周工作时间应与法定标准工作时间基本相同。

（一）交通、铁路、邮电、水运、航空、渔业等行业中因工作性质特殊，需连续作业的职工；

（二）地质及资源勘探、建筑、制盐、制糖、旅游等受季节和自然条件限制的行业的部分职工；

（三）其他适合实行综合计算工时工作制的职工。"

第二节　加班工资

一、计算加班工资的公式

计算加班工资需要明确以下事项：

1. 加班时长；

第三章　工作时间、工资管理、休息休假

2. 加班工资计算基数；

3. 按照加班工资计算基数折算的日工资或小时工资；

4. 加班工资计算系数。

计算加班工资的公式为：

加班工资＝加班时长×日工资或小时工资×加班工资计算系数。

二、加班工资计算基数

大部分经济发达地区对加班工资的计算基数作出了规定，其中还有部分地区在不同时期对加班工资的计算基数作出了不同的规定。在计算加班工资，确定加班工资的计算基数时，用人单位或劳动者应检索当地关于加班工资计算基数的最新规定进行适用。

1. 上海关于加班工资计算基数的规定：

《上海市企业工资支付办法》（沪人社综发〔2016〕29号）第9条规定："……加班工资和假期工资的计算基数为劳动者所在岗位相对应的正常出勤月工资，不包括年终奖，上下班交通补贴、工作餐补贴、住房补贴、中夜班津贴、夏季高温津贴、加班工资等特殊情况下支付的工资。

加班工资和假期工资的计算基数按以下原则确定：

（一）劳动合同对劳动者月工资有明确约定的，按劳动合同约定的劳动者所在岗位相对应的月工资确定；实际履行与劳动合同约定不一致的，按实际履行的劳动者所在岗位相对应的月工资确定。

（二）劳动合同对劳动者月工资未明确约定，集体合同（工资专项集体合同）对岗位相对应的月工资有约定的，按集体合同（工资专项集体合同）约定的与劳动者岗位相对应的月工资确定。

（三）劳动合同、集体合同（工资专项集体合同）对劳动者月工资均无约定的，按劳动者正常出勤月依照本办法第二条规定的工资（不包括加班工资）的70%确定。

加班工资和假期工资的计算基数不得低于本市规定的最低工资标准。法律、法规另有规定的，从其规定。"

2. 北京关于加班工资计算基数的规定：

《北京市高级人民法院、北京市劳动人事争议仲裁委员会关于审理劳动争议案件法律适用问题的解答》（京高法发〔2017〕142号）第22条规定："……劳动者加班费计算基数，应当按照法定工作时间内劳动者提供正常劳动应得工资确定，劳动者每月加班费不计到下月加班费计算基数中。具体情况如下：

（1）用人单位与劳动者在劳动合同中约定了加班费计算基数的，以该约定为准；双方同时又约定以本市规定的最低工资标准或低于劳动合同约定的工资标准作为加班费计算基数，劳动者主张以劳动合同约定的工资标准作为加班费计算基数的，应予支持。

（2）劳动者正常提供劳动的情况下，双方实际发放的工资标准高于原约定工资标准的，可以视为双方变更了合同约定的工资标准，以实际发放的工资标准作为计算加班费计算基数。实际发放的工资标准低于合同约定的工资标准，能够认定为双方变更了合同约定的工资标准的，以实际发放的工资标准作为计算加班费的计算基数。

（3）劳动合同没有明确约定工资数额，或者合同约定不明确时，应当以实际发放的工资作为计算基数。用人单位按月直接支付给职工的工资、奖金、津贴、补贴等都属于实际发放的工资，具体包括国家统计局《〈关于工资总额组成的规定〉若干具体范围的解释》中规定'工资总额'的几个组成部分。加班费计算基数应包括'基本工资'、'岗位津贴'等所有工资项目。不能以'基本工资'、'岗位工资'或'职务工资'单独一项作为计算基数。在以实际发放的工资作为加班费计算基数时，加班费（前月）、伙食补助等应当扣除，不能列入计算基数范围。国家相关部门对工资组成规定有调整的，按调整的规定执行。

（4）劳动者的当月奖金具有'劳动者正常工作时间工资报酬'性质的，属于工资组成部分。劳动者的当月工资与当月奖金发放日期不一致的，应将这两部分合计作为加班费计算基数。用人单位不按月、按季发放的奖金，根据实际情况判断可以不作为加班费计算基数。

（5）在确定职工日平均工资和小时平均工资时，应当按照原劳动和社会保障部《关于职工全年月平均工作时间和工资折算问题的通知》规定，以每月工

第三章 工作时间、工资管理、休息休假

作时间为 21.75 天和 174 小时进行折算。

（6）实行综合计算工时工作制的用人单位，当综合计算周期为季度或年度时，应将综合周期内的月平均工资作为加班费计算基数。"

除以上列举的北京、上海规定外，还有《浙江省劳动争议仲裁委员会关于劳动争议案件处理若干问题的指导意见（试行）》第 38 条、《广东省高级人民法院、广东省劳动争议仲裁委员会关于适用〈劳动争议调解仲裁法〉、〈劳动合同法〉若干问题的指导意见》第 28 条、《深圳市中级人民法院关于审理劳动争议案件的裁判指引》第 61 条等地方规定对其所辖区域内的加班工资计算基数作出界定，篇幅所限，本处就不再一一列明。

三、折算日工资或小时工资

加班工资计算基数是指月工资，所以在确定加班工资计算基数后，还需进一步折算日工资或小时工资。

按照《劳动法》第 51 条的规定，法定节假日用人单位应当依法支付工资，即折算日工资、小时工资时不剔除国家规定的 11 天法定节假日。据此，日工资、小时工资的折算为：

月计薪天数 =（365 天 - 104 天休息日）÷12 月 = 21.75 天。

日工资 = 月工资收入÷月计薪天数。

小时工资 = 月工资收入÷月计薪天数÷8 小时。

四、加班工资计算系数

用人单位根据实际需要安排劳动者在法定标准工作时间以外工作的，以加班工资计算基数，按照以下标准支付加班工资：

（一）安排劳动者在日法定标准工作时间以外延长工作时间的，按照不低于劳动者本人小时工资的 150% 支付；

（二）安排劳动者在休息日工作，而又不能安排补休的，按照不低于劳动者本人日或小时工资的 200% 支付；

（三）安排劳动者在法定休假节日工作的，按照不低于劳动者本人日或小时

工资的 300% 支付。

五、法定节假日加班工资倍数之争

实践中，用人单位安排劳动者在法定节假日工作，在原有工资基础上，额外支付 200% 加班工资还是额外支付 300% 加班工资存在不同观点。

第一种观点：法定节假日加班的，用人单位在原有工资基础上，应额外支付 200% 加班工资，宁波市等少数地区持该种观点。

该种观点认为，《劳动法》第 51 条规定，法定节假日用人单位应当依法支付工资，法定节假日为计薪日。既然法定节假日为计薪日，原有工资中就包含了法定节假日的工资，所以法定节假日加班的，用人单位只要额外支付 200%（300%-100%）加班工资即可。

第二种观点：法定节假日加班的，用人单位在原有工资基础上，应额外支付 300% 加班工资，上海、浙江等大部分地区持该种观点。

该种观点认为，虽然法定节假日为计薪日，但并不影响加班工资的计付。劳动者在法定节假日加班的，用人单位要在原有工资基础上，再额外支付 300% 的加班工资。

并且原劳动部《对〈工资支付暂行规定〉有关问题的补充规定》明确："安排在法定休假节日工作的，应另外支付给劳动者不低于劳动合同规定的劳动者本人小时或日工资标准 300% 的工资。"确定了"300%"的加班工资是"另外支付"。

六、计件工资制下的加班工资

实行计件工资的劳动者，在完成计件定额任务后，用人单位安排延长工作时间的，应根据加班工资计算系数，分别按照不低于其本人法定工作时间计件单价的 150%、200%、300% 支付其工资。

也就是说，计件工资制下依然存在加班工资的问题。只是在计件工资制下，支付加班工资（提高计件单价），需要满足两个条件：1. 劳动者已完成计件定额；2. 用人单位在法定工作时间以外安排劳动者工作。

第三章　工作时间、工资管理、休息休假

用人单位应当根据工时制度合理确定劳动定额和计件报酬标准。用人单位在制定、修改或者决定有关劳动定额管理的制度时，需按照法律规定经过民主程序并向劳动者进行公示或告知。

关于合理的劳动定额标准线，部分地方明确作出了规定：

《江苏省工资支付条例》第11条规定："实行计件工资制的，用人单位确定、调整劳动定额或者计件报酬标准应当遵循科学合理的原则；确定、调整的劳动定额应当使本单位同岗位百分之九十以上劳动者在法定工作时间内能够完成。"

《广东省工资支付条例》第21条规定："实行计件工资的，用人单位应当科学合理确定劳动定额和计件单价，并予以公布。确定的劳动定额原则上应当使本单位同岗位百分之七十以上的劳动者在法定劳动时间内能够完成。用人单位在劳动者完成劳动定额后，安排劳动者在正常工作时间以外工作的，应当依照本条例第二十条规定支付加班或者延长工作时间的工资。"

第三节　医疗期

一、医疗期的概念

医疗期，是指职工因患病或非因工负伤停止工作治病休息，企业不得因此解除劳动合同的时限。

二、医疗期的长度及医疗期的计算周期

1. 医疗期的长度

医疗期的长度取决于职工累计工作年限和本单位连续工作年限。

1994年劳动部《企业职工患病或非因工负伤医疗期规定》（劳部发〔1994〕479号）第3条规定："企业职工因患病或非因工负伤，需要停止工作医疗时，根据本人实际参加工作年限和在本单位工作年限，给予三个月到二十四个月的医疗期：（一）实际工作年限十年以下的，在本单位工作年限五年以下的为三个

月；五年以上的为六个月。（二）实际工作年限十年以上的，在本单位工作年限五年以下的为六个月；五年以上十年以下的为九个月；十年以上十五年以下的为十二个月；十五年以上二十年以下的为十八个月；二十年以上的为二十四个月。"

2. 医疗期的计算周期

医疗期在计算周期内累计计算，在计算周期内医疗期未使用完的，下一个计算周期医疗期重新计算。

1994年劳动部《企业职工患病或非因工负伤医疗期规定》（劳部发〔1994〕479号）第4条规定："医疗期三个月的按六个月内累计病休时间计算；六个月的按十二个月内累计病休时间计算；九个月的按十五个月内累计病休时间计算；十二个月的按十八个月内累计病休时间计算；十八个月的按二十四个月内累计病休时间计算；二十四个月的按三十个月内累计病休时间计算。"

医疗期计算应从病休第一天开始，累计计算。比如，应享受三个月医疗期的职工，如果从1995年3月5日起第一次病休。那么，该职工的医疗期应在3月5日至9月5日确定，在此期间累计病休三个月即视为医疗期满。其他依此类推。

换言之，在此期间累计病休不满三个月的，9月5日以后医疗期重新累计计算。

表3-1 医疗期的长度及医疗期的计算周期（劳动部规定）

工作年限	本单位工作年限	医疗期	医疗期的计算周期
10年以下	5年以下	3个月	6个月
	5年以上	6个月	12个月
10年以上	5年以下	6个月	12个月
	5年以上10年以下	9个月	15个月
	10年以上15年以下	12个月	18个月
	15年以上20年以下	18个月	24个月
	20年以上	24个月	30个月

3. 少数地方关于医疗期长度的特殊规定

上海关于医疗期的长度并不适用1994年劳动部《企业职工患病或非因工负伤医疗期规定》，而是适用2015年上海市《关于本市劳动者在履行劳动合同期间

第三章　工作时间、工资管理、休息休假

患病或者非因工负伤的医疗期标准的规定》（沪府发〔2015〕40号）。

按照上海规定，医疗期按照劳动者在本用人单位的工作年限设置。劳动者在本单位工作第1年，医疗期为3个月；以后工作每满1年，医疗期增加1个月，但不超过24个月。

在上海，医疗期的长度只取决于劳动者在本单位的工作年限，不考虑劳动者的累计工作年限，并且也不存在计算周期的概念，医疗期不会重新计算。

表3-2　医疗期的长度（上海规定）

本单位工作年限	医疗期
第一年	3个月
每增加一年	增加一个月
……	……
——	24个月封顶

三、特殊疾病的医疗期问题

1. 劳动部关于特殊疾病医疗期的规定

根据1995年《劳动部关于贯彻〈企业职工患病或非因工负伤医疗期规定〉的通知》（劳部发〔1995〕236号）的规定，对某些患特殊疾病（如癌症、精神病、瘫痪等）的职工，在24个月内尚不能痊愈的，经企业和劳动主管部门批准，可以适当延长医疗期。

2. 特殊疾病医疗期是否考虑工作年限，各地司法裁判口径不一

（1）特殊疾病不考虑工作年限，应直接给予不少于24个月的医疗期，江苏省的规定以及上海[①]、北京[②]等地的判决持该观点。

《江苏省劳动仲裁疑难问题研讨会纪要》（苏劳仲委〔2007〕6号）中规定，根据原劳动部的规定，对某些患有特殊疾病（如癌症、精神病、瘫痪等）的职工，不论其工作年限长短，均给予不少于24个月的医疗期，医疗期满后能否延

[①] 参考案例：（2009）沪一中民一（民）终字1448号、（2015）浦民一（民）初字第22852号。
[②] 参考案例：（2015）海民初字第38433号。

长、延长多久，应由用人单位根据劳动者的具体情况自行确定。

2015年上海市《关于本市劳动者在履行劳动合同期间患病或者非因工负伤的医疗期标准的规定》第3条规定："劳动者经劳动能力鉴定委员会鉴定为完全丧失劳动能力但不符合退休、退职条件的，应当延长医疗期。延长的医疗期由用人单位与劳动者具体约定，但约定延长的医疗期与前条规定的医疗期合计不得低于24个月。"

结合上海审判实践，上海地方规定中的"鉴定"，并不是指特殊疾病需要"鉴定"才给予不低于24个月，而是在劳动部规定的特殊疾病以外又增设了"鉴定"这个给予条件。

（2）特殊疾病医疗期长度依然需要根据工作年限进行确定，特殊疾病并不直接享有24个月的医疗期。山东、广东、四川、重庆等地的规定以及河南、深圳等地的判决持该观点。

《山东省高级人民法院、山东省人力资源和社会保障厅关于审理劳动人事争议案件若干问题会议纪要》第17条规定："……《劳动部关于贯彻〈企业职工患病或非因工负伤医疗期规定〉的通知》（劳部发〔1995〕236号）规定：'对某些患特殊疾病（如癌症、精神病、瘫痪等）的职工，在24个月内尚不能痊愈的，经企业和劳动主管部门批准，可以适当延长医疗期。'该规定指根据企业职工实际参加工作年限和在本单位工作年限确定享受24个月医疗期的，该医疗期满后尚不能痊愈的情况下，职工可以申请延长，并不意味着患有上述特殊疾病职工的医疗期当然为24个月。"

四、劳动合同未到期，但医疗期已届满的处理

1. 劳动者医疗期届满后，用人单位履行了法定步骤，即使劳动合同未到期，依然可以解除劳动合同。

根据《劳动合同法》第40条的规定，劳动者患病或者非因工负伤，在规定的医疗期满后不能从事原工作，也不能从事由用人单位另行安排的工作的，用人单位提前三十日以书面形式通知劳动者本人或者额外支付劳动者一个月工资后，可以解除劳动合同。

第三章　工作时间、工资管理、休息休假

从条文可以看出，医疗期届满后，用人单位解除劳动合同需要满足以下步骤：

（1）医疗期届满后，劳动者不能从事原工作（如劳动者继续提病假单）；

（2）用人单位帮劳动者另行安排了其他工作；

（3）劳动者不能从事用人单位另行安排的工作。

需要注意的是，上海地方规定，医疗期届满后，劳动者继续提交病假单的，用人单位可以直接与其解除劳动合同，而无须另行安排工作。

2015年上海市《关于本市劳动者在履行劳动合同期间患病或者非因工负伤的医疗期标准的规定》（沪府发〔2015〕40号）第5条规定："劳动者在本单位工作期间累计病休时间超过按照规定享受的医疗期，用人单位可以依法与其解除劳动合同。"

但是，从法律层级角度来看，沪府发〔2015〕40号文作为上海地方政府规章效力等级低于《劳动合同法》，从劳动法律的社会法属性来看，劳动法律应倾向于保护劳动者的利益。所以，虽然上海地方规定未要求"另行安排工作"，但实践中，依然建议上海地区用人单位在解除劳动合同前要履行"另行安排工作"的前置义务，以减少风险。

2. 用人单位依据《劳动合同法》第40条解除劳动者后，还需要再向劳动者支付：

（1）按劳动者工作年限计算的经济补偿金；

（2）不低于六个月工资的医疗补助费。

1995年《劳动部关于贯彻执行〈中华人民共和国劳动法〉若干问题的意见》（劳部发〔1995〕309号）第35条规定："请长病假的职工在医疗期满后，能从事原工作的，可以继续履行劳动合同；医疗期满后仍不能从事原工作也不能从事由单位另行安排的工作的，由劳动鉴定委员会参照工伤与职业病致残程度鉴定标准进行劳动能力鉴定。被鉴定为一至四级的，应当退出劳动岗位，解除劳动关系，办理因病或非因工负伤退休退职手续，享受相应的退休退职待遇；被鉴定为五至十级的，用人单位可以解除劳动合同，并按规定支付经济补偿金和医疗补助费。"

需要注意的是，针对医疗期满解除劳动合同，上海地方规定并未将进行劳动能力鉴定作为用人单位支付医疗补助费的前提条件，劳动者无须进行劳动能力鉴

定就能获得医疗补助费。(但在上海,针对劳动合同顺延至医疗期满劳动合同终止的,劳动者要进行劳动能力鉴定并达到等级后才能获得医疗补助费)

2002年《上海市劳动合同条例》第44条规定,劳动者医疗期期满,不能从事原工作也不能从事另行安排的工作,因此用人单位解除的,用人单位除按规定给予经济补偿外,还应当给予不低于劳动者本人六个月工资收入的医疗补助费。

五、劳动合同期满,但医疗期未届满的处理

1. 医疗期未届满,劳动合同应续延。如劳动合同已经到期,但是劳动者依然处于医疗期内的,劳动合同应当续延至劳动者医疗期届满时终止。

2. 劳动合同续延至劳动者医疗期届满时,劳动合同终止。用人单位无意向续签(明确不续签或降低约定条件变相不续签)的,按照劳动者在该单位的工作年限,向该劳动者支付经济补偿金。

3. 依劳动鉴定委员会鉴定结果,确定是否需要支付不低于六个月工资的医疗补助费。对患重病或绝症的,还应适当增加医疗补助费。[①]

(1) 劳动者被劳动鉴定委员会鉴定为5—10级的,用人单位应当支付不低于六个月的医疗补助费。

(2) 劳动者被劳动鉴定委员会鉴定为1—4级的,应当办理退休、退职手续,享受退休、退职待遇。用人单位无须支付医疗补助费。

(3) 劳动者未去劳动鉴定委员会鉴定,或鉴定结果为无等级的,用人单位无须支付医疗补助费。

需要注意的是,上海劳动能力鉴定等级分为"完全丧失""大部分丧失""部分丧失"。劳动者被鉴定为"大部分丧失"及"部分丧失"时,用人单位应当支付医疗补助费。

---

① 1996年《劳动部关于实行劳动合同制度若干问题的通知》(劳部发〔1996〕354号)、1997年《劳动部办公厅关于对劳部发〔1996〕354号文件有关问题解释的通知》(劳办发〔1997〕18号)。

第三章　工作时间、工资管理、休息休假

第四节　病假工资

一、病假工资全国性规定

1995 年《劳动部关于贯彻执行〈中华人民共和国劳动法〉若干问题的意见》（劳部发〔1995〕309 号）第 59 条规定："职工患病或非因工负伤治疗期间，在规定的医疗期间内由企业按有关规定支付其病假工资或疾病救济费，病假工资或疾病救济费可以低于当地最低工资标准支付，但不能低于最低工资标准的 80%。"

二、病假工资地方性规定

1. 部分地方规定，在没有进行约定或规定的情况下，用人单位向劳动者支付的病假工资、疾病救济费应不低于当地最低工资标准的百分之八十。

《北京市工资支付规定》第 21 条规定："劳动者患病或者非因工负伤的，在病休期间，用人单位应当根据劳动合同或集体合同的约定支付病假工资。用人单位支付病假工资不得低于本市最低工资标准的 80%。"

《江苏省工资支付条例》第 27 条规定："劳动者患病或者非因工负伤停止劳动，且在国家规定医疗期内的，用人单位应当按照工资分配制度的规定以及劳动合同、集体合同的约定或者国家有关规定，向劳动者支付病假工资或者疾病救济费。病假工资、疾病救济费不得低于当地最低工资标准的百分之八十。国家另有规定的，从其规定。"

《广东省工资支付条例》第 24 条规定："劳动者因病或者非因工负伤停止工作进行治疗，在国家规定医疗期内，用人单位应当依照劳动合同、集体合同的约定或者国家有关规定支付病伤假期工资。用人单位支付的病伤假期工资不得低于当地最低工资标准的百分之八十。法律、法规另有规定的，从其规定。"

2. 深圳、广州、陕西、浙江、重庆、上海等地更制定了各具特点的规定，限于篇幅原因，仅进行部分列举。

(1) 深圳

《深圳市员工工资支付条例》第23条规定："员工患病或者非因工负伤停止工作进行医疗，在国家规定的医疗期内的，用人单位应当按照不低于本人正常工作时间工资的百分之六十支付员工病伤假期工资，但是不得低于最低工资的百分之八十。"

(2) 陕西

根据《陕西省劳动厅转发劳动部〈企业职工患病或非因工负伤医疗期规定〉的通知》的规定，陕西省病假工资的计算系数见下表：

表3-3 病假工资的计算系数（陕西地方规定）

	实际工作年限10年以下		实际工作年限10年以上					
本单位工作年限	5年以下	5年以上	5年以下	5年以上10年以下	10年以上15年以下	15年以上20年以下	20年以上30年以下	30年以上
本人工资	70%	75%	75%	80%	85%	90%	95%	100%

注：a.《陕西省劳动厅转发劳动部〈企业职工患病或非因工负伤医疗期规定〉的通知》《陕西省劳动厅转发〈劳动部关于贯彻《企业职工患病或非因工负伤医疗期规定》的通知〉的通知》原则上有效，与《陕西省企业工资支付条例》不一致的，以《陕西省企业工资支付条例》为准。

b.《陕西省企业工资支付条例》第20条规定："劳动者患病或者非因工负伤治疗期间，在规定的医疗期内，用人单位应当按照不低于劳动合同约定的工资标准的70%支付病假工资，但病假工资不得低于当地最低工资标准的80%。"

(3) 浙江

根据《浙江省劳动厅关于转发劳动部〈企业职工患病或非因工负伤医疗期规定〉的通知》的规定，浙江省病假工资的计算系数见下表：

表3-4 病假工资的计算系数（浙江地方规定）

	病假工资（病假6个月以内）				疾病救济费（连续病假6个月以上）			
连续工龄	不满10年	满10年不满20年	满20年不满30年	满30年及其以上	不满10年	满10年不满20年	满20年不满30年	满30年及其以上
本人工资	50%	60%	70%	80%	40%	50%	60%	70%

第三章 工作时间、工资管理、休息休假

注：a. 该表格中的本人工资（计算基数）不包括加班加点工资、奖金、津贴、物价生活补贴。

b.《浙江省企业工资支付管理办法》第17条规定："劳动者因患病或者非因工负伤，未付出劳动的，企业应当支付国家规定的医疗期内的病伤假工资。病伤假工资不得低于当地人民政府确定的最低工资标准的80%。"

按照该表格计算得出的病伤假工资不得低于当地人民政府确定的最低工资标准的80%。

（4）上海

A. 上海关于病假工资的计算系数

根据《上海市劳动局关于加强企业职工疾病休假管理保障职工疾病休假期间生活的通知》（沪劳保发〔1995〕83号）、《上海市劳动和社会保障局关于本市企业职工疾病休假工资或疾病救济费最低标准的通知》（沪劳保保发〔2000〕14号）、《上海市劳动和社会保障局关于病假工资计算的公告》的规定，病假工资的计算系数见下表：

表3-5 病假工资的计算系数（上海地方规定）

连续工龄	疾病休假工资（病假6个月以内）					疾病救济费（连续病假6个月以上）		
	不满2年	满2年不满4年	满4年不满6年	满6年不满8年	满8年及其以上	不满1年	满1年不满3年	满3年及其以上
本人工资	60%	70%	80%	90%	100%	40%	50%	60%

注：a. 根据上海规定，职工疾病或非因工负伤休假日数应按实际休假日数计算，连续休假期内含有休息日、节假日的应予剔除。（需要注意与劳动部规定的差别：劳部发〔1995〕236号文规定，病休期间，公休、假日和法定节日包括在内）

上海实践也倾向于扣除，然后将病假天数除以20.83天折算成月，进而确定医疗期是否届满。

b. 职工疾病或非因工负伤待遇高于本市上年度月平均工资的，可按本市上年度月平均工资计发。（企业内部规定高于该标准，按企业内部规定）

c. 职工疾病或非因工负伤休假待遇低于本企业月平均工资40%的，应补足到本企业月平均工资的40%，但不得高于本人原工资水平、不得高于本市上年度职工月平均工资。

d. 企业支付职工疾病休假期间的病假工资或疾病救济费不得低于当年本市企业职工最低工

资标准的 80%。

e. 企业职工疾病休假工资或疾病救济费最低标准不包括应由职工缴纳的养老、医疗、失业保险费和住房公积金。

B. 上海关于病假工资的计算基数

上海关于病假工资的计算基数，存在两种观点。在司法实践中，采用两种观点的判决皆有。

第一种观点认为，劳动合同或集体合同约定月工资的，病假工资的计算基数为约定的月工资。如未约定月工资，病假工资的计算基数为劳动者所有工资性收入的70%。采用该观点的案例为（2018）沪01民终13616号案件，该观点所依据的规定为《上海市企业工资支付办法》（沪人社综发〔2016〕29号）。

根据《上海市企业工资支付办法》（沪人社综发〔2016〕29号）第9条的规定，病假工资的计算基数为劳动者所在岗位相对应的正常出勤月工资，不包括年终奖，上下班交通补贴、工作餐补贴、住房补贴，中夜班津贴、夏季高温津贴、加班工资等特殊情况下支付的工资。病假工资的计算基数按以下原则确定：

（一）劳动合同对劳动者月工资有明确约定的，按劳动合同约定的劳动者所在岗位相对应的月工资确定；实际履行与劳动合同约定不一致的，按实际履行的劳动者所在岗位相对应的月工资确定。

（二）劳动合同对劳动者月工资未明确约定，集体合同（工资专项集体合同）对岗位相对应的月工资有约定的，按集体合同（工资专项集体合同）约定的与劳动者岗位相对应的月工资确定。

（三）劳动合同、集体合同（工资专项集体合同）对劳动者月工资均无约定的，按劳动者正常出勤月依照劳动者月工资（包括计时工资、计件工资、奖金、津贴、补贴，不包括加班工资）的70%确定。

病假工资的计算基数不得低于本市规定的最低工资标准。法律、法规另有规定的，从其规定。

第二种观点认为，无论劳动合同或集体合同是否约定月工资，在双方未约定病假工资计算基数的情况下，病假工资的计算基数为劳动者正常出勤月工资的70%（俗称病假工资基数直接打7折）。采用该观点的案例为（2018）沪01民终

第三章　工作时间、工资管理、休息休假

2094号案件、(2018)沪02民终883号案件，该观点所依据的通知、纪要为《上海市劳动局关于加强企业职工疾病休假管理保障职工疾病休假期间生活的通知》(沪劳保发〔1995〕83号)、上海高院民一庭调研与参考〔2015〕11号。

根据《上海市劳动局关于加强企业职工疾病休假管理保障职工疾病休假期间生活的通知》(沪劳保发〔1995〕83号)第4条第3款的规定，本人工资按职工正常情况下实得工资的70%计算。

第五节　双倍工资

一、支付双倍工资的法定情形

《劳动合同法》第82条规定："用人单位自用工之日起超过一个月不满一年未与劳动者订立书面劳动合同的，应当向劳动者每月支付二倍的工资。用人单位违反本法规定不与劳动者订立无固定期限劳动合同的，自应当订立无固定期限劳动合同之日起向劳动者每月支付二倍的工资。"

二、未依法签订书面劳动合同需支付双倍工资

1. 支付双倍工资的起止时间

用人单位自用工之日起超过一个月不满一年未与劳动者订立书面劳动合同的，自用工之日满一个月的次日起计算二倍工资，截止点为双方订立书面劳动合同的前一日，最长不超过十一个月。

2. 续签情形下支付双倍工资的起止时间

续签情形下支付双倍工资的起止时间存在地域差异，根据用人单位是否依然享有一个月的签约宽限期，主要表现为以下两种不同的观点：

(1) 第一种观点认为，劳动合同期满后，劳动者仍在用人单位工作，用人单位不再享有一个月的签约宽限期。用人单位未与劳动者订立书面劳动合同的，计算二倍工资的起算点为自劳动合同期满的次日，截止点为双方补订书面劳动合

同的前一日，最长不超过十二个月。北京等少数地区持该观点。

《北京市高级人民法院、北京市劳动争议仲裁委员会关于劳动争议案件法律适用问题研讨会会议纪要（二）》（京高法发〔2014〕220号）第27条规定："……劳动合同期满后未订立劳动合同，劳动者仍在原用人单位继续工作，应适用《劳动合同法》第十条、第十四条第三款、第八十二条，《中华人民共和国劳动合同法实施条例》第六条、第七条的规定进行处理。在此情况下，因为用人单位对原劳动合同期满和继续用工的法律后果均有预期，因此不需要再给予一个月的宽限期，原劳动合同期满次日，即是用人单位应当订立劳动合同之日和承担未订立劳动合同的法律后果之日。"

第28条第3项规定，如果劳动合同期满后，劳动者仍在用人单位工作，用人单位未与劳动者订立书面劳动合同的，计算二倍工资的起算点为自劳动合同期满的次日，截止点为双方补订书面劳动合同的前一日，最长不超过十二个月。

（2）第二种观点认为，劳动合同期满后，劳动者仍在用人单位工作，用人单位依然享有一个月的签约宽限期。用人单位未与劳动者订立书面劳动合同的，计算二倍工资的起算点为劳动合同到期后满一个月的次日，截止点为双方补订书面劳动合同的前一日，最长不超过十一个月。上海、江苏、浙江、广东等多地持该观点。

三、特殊情况下未签订劳动合同的处理

对于一些非用人单位主观原因导致未签订书面劳动合同的情形，全国多地规定用人单位无须支付双倍工资，这些情形一般包括（具体以地方规定和司法裁判口径为准）：

1. 用人单位管理人员隐匿已签订的劳动合同；
2. 用人单位管理人员故意不与自己签订劳动合同；
3. 劳动者找他人代签；
4. 其他非用人单位原因导致未签订劳动合同。

部分地方规定如下（限于篇幅原因，无法全部列举）：

《北京市高级人民法院、北京市劳动争议仲裁委员会关于劳动争议案件法律

第三章 工作时间、工资管理、休息休假

适用问题研讨会会议纪要（二）》（京高法发〔2014〕220号）第31条规定："用人单位法定代表人、高管人员、人事管理部门负责人或主管人员未与用人单位订立书面劳动合同并依据《劳动合同法》第八十二条规定向用人单位主张二倍工资的，应否支持？

用人单位法定代表人依据《劳动合同法》第八十二条规定向用人单位主张二倍工资的，一般不予支持。

用人单位高管人员依据《劳动合同法》第八十二条规定向用人单位主张二倍工资的，可予支持，但用人单位能够证明该高管人员职责范围包括管理订立劳动合同内容的除外。对有证据证明高管人员向用人单位提出签订劳动合同而被拒绝的，仍可支持高管人员的二倍工资请求。

用人单位的人事管理部门负责人或主管人员依据《劳动合同法》第八十二条规定向用人单位主张二倍工资的，如用人单位能够证明订立劳动合同属于该人事管理部门负责人的工作职责，可不予支持。有证据证明人事管理部门负责人或主管人员向用人单位提出签订劳动合同，而用人单位予以拒绝的除外。"

《江苏省高级人民法院、江苏省劳动人事争议仲裁委员会关于审理劳动人事争议案件的指导意见（二）》第6条第1款规定："用人单位未与其高级管理人员签订书面劳动合同，但用人单位能够提供聘任决定或聘任书，证明双方存在劳动权利义务且已实际履行的，高级管理人员以未签订书面劳动合同为由请求用人单位每月支付二倍工资的，不予支持。"

《浙江省劳动仲裁院关于劳动争议案件处理若干问题的解答》（浙劳仲院〔2012〕3号）第1条规定，订立书面劳动合同系用人单位的法定义务，但确系不可归责于用人单位的原因而导致未订立书面劳动合同，劳动者因此主张二倍工资的，可不予支持。下列情形一般可认定为"不可归责于用人单位的原因"：

用人单位有充分证据证明劳动者拒绝签订或者利用主管人事等职权故意不签订劳动合同的；工伤职工在停工留薪期内的，女职工在产假期内、哺乳假期内的，职工患病或非因工负伤在病假期内的，以及因其他客观原因导致用人单位无法及时与劳动者订立劳动合同的。

《上海市高级人民法院关于审理劳动争议案件若干问题的解答》（民一庭调

· 127 ·

研指导〔2010〕34号）第1条（关于双倍工资的几个问题）第4项对于劳动者采取不当手段恶意请求支付双倍工资差额，如何处理的问题的规定：

"如确有证据证明，劳动者以获取不当利益为目的，通过找替身代签等手段，致用人单位未与其本人签订真实的书面劳动合同，上述行为既违反了《劳动合同法》第3条关于诚实信用的原则，也不符合《劳动合同法》第82条第1款关于支付双倍工资请求权成立的构成要件之一——须用人单位主观上未与劳动者签订书面劳动合同，故对其请求用人单位支付双倍工资差额的诉请应不予支持。"

该条第5项对于企业人力资源高管利用自身的工作或职务便利，故意造成未签订书面合同假象，如何处理的问题的规定：

"对于一些企业经理、人事主管等负责企业人力资源管理的高管，通过隐匿书面劳动合同等不良手段，使用人单位无法提供已签订过的书面劳动合同，企业高管以此为由主张双倍工资差额的，我们认为，用人单位虽无法提供书面劳动合同的原件，但有其他证据证明双方已签订了书面劳动合同的，不属于《劳动合同法》第82条第1款关于用人单位未与劳动者订立书面劳动合同的情形，对其提出要求用人单位支付双倍工资差额的诉请不予支持。"

《长三角区域"三省一市"劳动人事争议疑难问题审理意见研讨会纪要》第3条规定："因不可归责于用人单位的原因，用人单位超过一个月未与劳动者订立书面劳动合同，劳动者主张用人单位支付二倍工资的处理。订立劳动合同系用人单位和劳动者的法定义务，对于用人单位有证据证明其已主动履行订立劳动合同义务，但劳动者拒绝订立劳动合同或者劳动者利用主管人事等职权故意不订立劳动合同，以及因其他客观原因导致用人单位无法及时与劳动者订立劳动合同的，劳动者因此主张用人单位支付二倍工资的，不予支持。"

四、"书面劳动合同"不应字面机械理解

用人单位自用工之日起超过一个月不满一年未与劳动者订立书面劳动合同的，应当向劳动者每月支付二倍的工资。

法律规定未签劳动合同对用人单位进行二倍工资惩罚，该惩罚制度的目的在于提高劳动合同的签订率，通过书面方式将用人单位和劳动者双方的权利义务进

行固定，保护劳动者的合法权益。法条中的"书面劳动合同"不应机械理解成只要未签订"劳动合同"，就应该支付二倍工资。实务中，如果用人单位和劳动者虽未签订名为"劳动合同"的文件，但签订了"协议""录用表"等书面文件，并且该书面文件基本涵盖了劳动合同应具备的内容，裁判机构有可能认可书面文件具有劳动合同的性质，进而驳回劳动者要求二倍工资的主张。

五、缺乏必备条款的劳动合同效力

虽然《劳动合同法》第17条规定了劳动合同的必备条款。

但是《劳动合同法》第81条规定："用人单位提供的劳动合同文本未载明本法规定的劳动合同必备条款或者用人单位未将劳动合同文本交付劳动者的，由劳动行政部门责令改正；给劳动者造成损害的，应当承担赔偿责任。"该条文明确了劳动合同缺乏必备条款的处理方式（法律责任）。

并且《劳动合同法》第18条规定："劳动合同对劳动报酬和劳动条件等标准约定不明确，引发争议的，用人单位与劳动者可以重新协商；协商不成的，适用集体合同规定；没有集体合同或者集体合同未规定劳动报酬的，实行同工同酬；没有集体合同或者集体合同未规定劳动条件等标准的，适用国家有关规定。"该条文明确了劳动合同条款约定不明的解决方式。

所以，缺乏必备条款的劳动合同并不等同于无效劳动合同，也不能等同于未签订劳动合同。

实践中，劳动合同缺乏大部分必备条款，极可能被认定为未签订劳动合同。但是劳动合同能够明确合同双方主体身份，只是缺乏部分必备条款，劳动合同成立，劳动者主张二倍工资的，一般不予支持。对该问题部分地方更是作出了明确的规定，如浙江：

《浙江省高级人民法院民事审判第一庭、浙江省劳动人事争议仲裁院关于审理劳动争议案件若干问题的解答（四）》（浙高法民一〔2016〕3号）第1条："劳动合同缺少《劳动合同法》第十七条第一款规定的劳动合同期限、工作内容、劳动报酬、劳动保护、劳动条件等部分内容的，该劳动合同是否成立，用人单位要否支付未签订书面劳动合同的二倍工资？

答：劳动合同能够确定合同双方当事人主体身份且能够认定该合同系双方的真实意思表示，一般可认定合同成立。对合同欠缺的劳动合同期限、工作内容、劳动报酬、劳动保护、劳动条件等部分内容，可依照《劳动合同法》第十八条及相关规定确定。劳动者主张二倍工资的，不予支持。"

六、双倍工资的时效

《劳动争议调解仲裁法》第27条规定："劳动争议申请仲裁的时效期间为一年。仲裁时效期间从当事人知道或者应当知道其权利被侵害之日起计算。

前款规定的仲裁时效，因当事人一方向对方当事人主张权利，或者向有关部门请求权利救济，或者对方当事人同意履行义务而中断。从中断时起，仲裁时效期间重新计算。

因不可抗力或者有其他正当理由，当事人不能在本条第一款规定的仲裁时效期间申请仲裁的，仲裁时效中止。从中止时效的原因消除之日起，仲裁时效期间继续计算。

劳动关系存续期间因拖欠劳动报酬发生争议的，劳动者申请仲裁不受本条第一款规定的仲裁时效期间的限制；但是，劳动关系终止的，应当自劳动关系终止之日起一年内提出。"

从以上条文可以看出，劳动仲裁的时效分为特殊时效和一般时效。因拖欠劳动报酬发生争议的，为特殊时效，适用该条第4款的规定。劳动报酬以外的争议，为一般时效，适用该条第一款的规定。特殊时效较一般时效更长，更利于保护仲裁申请方。

各地规定或司法裁判口径，基本上都认为二倍工资中增加一倍的工资为惩罚性（赔偿性、差额）部分，不属于劳动报酬，适用一般时效。但是各地在适用一般时效计算时，仍然存在计算方式的差异，主要体现为以下方式：

1. 北京，二倍工资仲裁时效按天计算，不再按整段起算，时效可从劳动者主张权利之日起向前计算一年。

《北京市高级人民法院、北京市劳动争议仲裁委员会关于劳动争议案件法律适用问题研讨会会议纪要（二）》（京高法发〔2014〕220号）第28条第1款

第三章 工作时间、工资管理、休息休假

第 5 项和第 2 款规定,二倍工资中属于劳动者正常工作时间劳动报酬的部分,适用《调解仲裁法》第 27 条第 4 款的规定;增加一倍的工资属于惩罚性赔偿的部分,不属于劳动报酬,适用《调解仲裁法》第 27 条第 1 款的规定,即一年的仲裁时效。

二倍工资适用时效的计算方法为:在劳动者主张二倍工资时,因未签劳动合同行为处于持续状态,故时效可从其主张权利之日起向前计算一年,据此实际给付的二倍工资不超过十二个月,二倍工资按未订立劳动合同所对应时间用人单位应当正常支付的工资为标准计算。

《北京市高级人民法院关于印发〈2014 年部分劳动争议法律适用疑难问题研讨会会议纪要〉的通知》第 3 条列举了三个案例说明双倍工资的计算方式。

2. 上海,从未签订书面劳动合同的第二个月起按月分别计算仲裁时效。

《上海市高级人民法院关于审理劳动争议案件若干问题的解答》(民一庭调研指导〔2010〕34 号)第 1 条(关于双倍工资的几个问题)第 2 项关于双倍工资的时效问题的规定:"我们认为,鉴于双倍工资的上述性质,双倍工资中属于双方约定的劳动报酬的部分,劳动者申请仲裁的时效应适用《劳动争议调解仲裁法》第 27 条第 2 至第 4 款的规定,而对双方约定的劳动报酬以外属于法定责任的部分,劳动者申请仲裁的时效应适应《劳动争议调解仲裁法》第 27 条第 1 款至第 3 款的规定,即从未签订书面劳动合同的第二个月起按月分别计算仲裁时效。"

3. 江苏省,双倍工资仲裁时效从用人单位不签订书面劳动合同的违法行为结束之次日开始计算一年,劳动者工作满一年的,从一年届满之次日起计算一年。从江苏省规定还可以看出,最后一个月的二倍工资请求未超过仲裁时效的,将得到全额支持。

《江苏省高级人民法院、江苏省劳动人事争议仲裁委员会关于审理劳动人事争议案件的指导意见(二)》第 1 条规定:"劳动者因用人单位未与其签订书面劳动合同而主张用人单位每月支付二倍工资的争议,劳动人事争议仲裁委员会及人民法院应依法受理。对二倍工资中属于用人单位法定赔偿金的部分,劳动者申请仲裁的时效适用《调解仲裁法》第二十七条第一款的规定,即从用人单位不签订书面劳动合同的违法行为结束之次日开始计算一年;如劳动者在用人单位工

作已经满一年的，劳动者申请仲裁的时效从一年届满之次日起计算一年。"

4. 浙江省，二倍工资仲裁时效应从用人单位与其补订劳动合同之日或者视为双方已订立无固定期限劳动合同之日起计算，最后一个月的二倍工资请求未超过仲裁时效的，应予全额支持。浙江省计算方式和江苏省一致。

《浙江省劳动仲裁院关于劳动争议案件处理若干问题的解答》（浙劳仲院〔2012〕3号）第4条规定，《劳动合同法》第82条所称的"二倍工资"中加付的一倍工资并不属于劳动报酬，劳动者申请仲裁的时效为一年。用人单位自用工之日起超过一个月未与劳动者订立书面劳动合同，劳动者要求用人单位支付二倍工资的，仲裁时效应从用人单位与其补订劳动合同之日或者视为双方已订立无固定期限劳动合同之日起计算。

《浙江省高级人民法院民事审判第一庭、浙江省劳动人事争议仲裁院关于审理劳动争议案件若干问题的解答（二）》（浙高法民一〔2014〕7号）第6条规定："……依据《劳动合同法》第十四条第三款和《劳动合同法实施条例》第七条的规定，用人单位自用工之日起满一年未与劳动者订立书面劳动合同的，视为双方已订立无固定期限劳动合同。因此，未订立书面劳动合同情形下二倍工资的最长支付期限为11个月。劳动者依据《劳动合同法》第十四条的规定提出订立无固定期限劳动合同，用人单位违反规定未与劳动者订立无固定期限劳动合同的，二倍工资的最长支付期限为11个月。劳动者有关支付最长11个月二倍工资的诉请符合相关法律规定，且最后一个月的二倍工资请求未超过仲裁时效的，应予全额支持。"

5. 广东省，用人单位应支付的二倍工资差额，从劳动者主张权利之日起往前倒推一年，按月计算，对超过一年的二倍工资差额不予支持。

《广东省高级人民法院、广东省劳动人事争议仲裁委员会关于审理劳动人事争议案件若干问题的座谈会纪要》（粤高法〔2012〕284号）第15条规定："劳动者请求用人单位支付未订立书面劳动合同二倍工资差额的仲裁时效，依照《劳动争议调解仲裁法》第二十七条第一款、第二款和第三款的规定确定。用人单位应支付的二倍工资差额，从劳动者主张权利之日起往前倒推一年，按月计算，对超过一年的二倍工资差额不予支持。"

第三章　工作时间、工资管理、休息休假

七、倒签劳动合同问题

倒签劳动合同，是指用人单位与劳动者签订劳动合同时将签订日期前移。用人单位倒签劳动合同的目的一般在于避免支付双倍工资。但是倒签能否避免用人单位支付双倍工资，各地规定和司法裁判口径呈现出不同的观点。

观点一：倒签可以避免用人单位支付倒签覆盖期的双倍工资，北京等地的规定持该观点。

《北京市高级人民法院、北京市劳动争议仲裁委员会关于劳动争议案件法律适用问题研讨会会议纪要（二）》（京高法发〔2014〕220号）第29条规定："……用人单位与劳动者建立劳动关系后，未依法自用工之日一个月内订立书面劳动合同，在劳动关系存续一定时间后，用人单位与劳动者在签订劳动合同时将日期补签到实际用工之日，视为用人单位与劳动者达成合意，劳动者主张二倍工资可不予支持，但劳动者有证据证明补签劳动合同并非其真实意思表示的除外。

用人单位与劳动者虽然补签劳动合同，但未补签到实际用工之日的，对实际用工之日与补签之日间相差的时间，依法扣除一个月订立书面劳动合同的宽限期，劳动者主张未订立劳动合同二倍工资的可以支持……"

观点二：倒签无法避免用人单位支付倒签覆盖期的双倍工资，上海的判决实践（但上海劳动仲裁实践持第一种观点）、浙江等地的规定持该观点。

《浙江省劳动仲裁院关于劳动争议案件处理若干问题的解答》（浙劳仲院〔2012〕3号）第2条规定，用人单位超过一个月未与劳动者订立书面劳动合同，后在一年内又与劳动者补订了劳动合同，用人单位应向劳动者支付用工之日起满一个月的次日至补订劳动合同的前一日期间的二倍工资。实际补订日期，应根据补订的劳动合同落款日期及其他情形综合认定。

八、双倍工资计算基数

二倍工资的计算基数应以相对应的月份的应得工资为准，各地针对二倍工资的计算基数作出了不尽相同的规定。

1. 北京，固定发放的作为二倍工资的计算基数，不固定发放的不作为二倍

劳动关系全流程法律实务解析

工资的计算基数。

《北京市高级人民法院、北京市劳动人事争议仲裁委员会关于审理劳动争议案件法律适用问题的解答》（京高法发〔2017〕142号）第21条第3项规定："计算'二倍工资'的工资标准时，因基本工资、岗位工资、职务工资、工龄工资、级别工资等按月支付的工资组成项目具有连续性、稳定性特征，金额相对固定，属于劳动者正常劳动的应得工资，应作为未订立劳动合同二倍工资差额的计算基数，不固定发放的提成工资、奖金等一般不作为未订立劳动合同二倍工资差额的计算基数。"

2. 上海，双倍工资的计算基数按下列递进顺序进行确定：

（1）对月工资有约定的，按约定的月工资确定；

（2）对月工资没有约定或约定不明的，按《劳动合同法》第18条确定月工资；

（3）按《劳动合同法》第18条无法确定工资数额的，按实际获得的月收入扣除加班工资、非常规性奖金、福利性、风险性等项目后的正常工作时间月工资确定；

（4）如月工资未明确各构成项目，由用人单位对工资构成项目进行举证，用人单位不能举证或证据不足的，双倍工资的计算基数按照劳动者实际获得的月收入确定。

最终确定的双倍工资基数不能低于最低工资标准。

《上海市高级人民法院关于审理劳动争议案件若干问题的解答》（民一庭调研指导〔2010〕34号）第1条（关于双倍工资的几个问题）第3项关于双倍工资的计算基数的确定规定："经研究认为，劳动关系双方对月工资有约定的，双倍工资的计算基数应按照双方约定的正常工作时间月工资来确定。双方对月工资没有约定或约定不明的，应按《劳动合同法》第18条规定来确定正常工作时间的月工资，并以确定的工资数额作为双倍工资的计算基数。

如按《劳动合同法》第18条规定仍无法确定正常工作时间工资数额的，可按劳动者实际获得的月收入扣除加班工资、非常规性奖金、福利性、风险性等项目后的正常工作时间月工资确定。

第三章　工作时间、工资管理、休息休假

如月工资未明确各构成项目的，由用人单位对工资构成项目进行举证，用人单位不能举证或证据不足的，双倍工资的计算基数按照劳动者实际获得的月收入确定。

按上述原则确定的双倍工资基数均不得低于本市月最低工资标准。"

3. 浙江，劳动合同有约定按约定，无约定按岗位工资和技能工资之和，难以确定岗位、技能工资的按正常工作的工资并减去绩效、奖金和物价补贴（难以区分的，以实得工资70%为基数），基数低于最低工资的以最低工资为基数。

《浙江省劳动争议仲裁委员会关于劳动争议案件处理若干问题的指导意见（试行）》（浙仲〔2009〕2号）第38条规定："加班工资和依据《劳动合同法》第八十二条规定加付的一倍工资的计算以职工所在的岗位（职位）相对应的标准工资为基数。

前款标准工资难以确定的，按以下方式确定计算基数：

（1）劳动合同有约定的，按劳动合同约定的工资为基数；

（2）劳动合同没有约定的，实行岗位技能工资制的单位，以职工本人的岗位工资与技能工资之和为基数；

（3）岗位、技能工资难以确定的，以上月职工正常工作情况下的工资为基数，同时应扣除绩效、奖金和物价补贴；难以区分工资、奖金、物贴等项目的，以职工上月实得工资的70%为基数。

上述计发基数低于当地最低工资标准的，按当地最低工资标准为计发基数。"

4. 广东省，二倍工资基数不包括支付周期超过一个月的劳动报酬和未确定支付周期的劳动报酬。

《广东省高级人民法院、广东省劳动人事争议仲裁委员会关于审理劳动人事争议案件若干问题的座谈会纪要》（粤高法〔2012〕284号）第14条规定，二倍工资差额的计算基数为劳动者当月应得工资，但不包括以下两项：

（1）支付周期超过一个月的劳动报酬，如季度奖、半年奖、年终奖、年底双薪以及按照季度、半年、年结算的业务提成等；

（2）未确定支付周期的劳动报酬，如一次性的奖金，特殊情况下支付的津贴、补贴等。

5. 江苏省，二倍工资基数按当月应得工资，包括计时或计件工资及加班加点工资、奖金、津贴和补贴等货币性收入，也包括按分摊后该月实际应得的季度奖、半年奖、年终奖。江苏省的地方规定最大程度保护了劳动者的权益。

《江苏省高级人民法院、江苏省劳动人事争议仲裁委员会关于审理劳动人事争议案件的指导意见（二）》第2条规定："用人单位因未与劳动者签订书面劳动合同而应每月支付的二倍工资，按照劳动者当月的应得工资予以确定，包括计时工资或者计件工资以及加班加点工资、奖金、津贴和补贴等货币性收入。劳动者当月工资包含季度奖、半年奖、年终奖的，应按分摊后该月实际应得奖金数予以确定。"

九、应当订立却未订立无固定期限劳动合同需支付双倍工资

1. 订立无固定期限劳动合同的情形

《劳动合同法》第14条规定："无固定期限劳动合同，是指用人单位与劳动者约定无确定终止时间的劳动合同。

用人单位与劳动者协商一致，可以订立无固定期限劳动合同。有下列情形之一，劳动者提出或者同意续订、订立劳动合同的，除劳动者提出订立固定期限劳动合同外，应当订立无固定期限劳动合同：

（一）劳动者在该用人单位连续工作满十年的；

（二）用人单位初次实行劳动合同制度或者国有企业改制重新订立劳动合同时，劳动者在该用人单位连续工作满十年且距法定退休年龄不足十年的；

（三）连续订立二次固定期限劳动合同，且劳动者没有本法第三十九条和第四十条第一项、第二项规定的情形，续订劳动合同的。

用人单位自用工之日起满一年不与劳动者订立书面劳动合同的，视为用人单位与劳动者已订立无固定期限劳动合同。"

2. 订立无固定期限劳动合同的三种情形

从《劳动合同法》第14条可以看出，订立无固定期限劳动合同的情形有三种，分别是协商订立、应当订立、视为订立。

第三章　工作时间、工资管理、休息休假

3. 应当订立无固定期限劳动合同的情形

在三种情形里，只有应当订立无固定期限劳动合同而用人单位未订立的，用人单位才需向劳动者支付双倍工资。

应当订立而未订立无固定期限劳动合同，用人单位支付双倍工资的起止时间存在地域差异，存在以下观点：

（1）北京观点认为，二倍工资自应订立无固定期限劳动合同之日起算

《北京市高级人民法院、北京市劳动争议仲裁委员会关于劳动争议案件法律适用问题研讨会会议纪要（二）》（京高法发〔2014〕220号）第28条第4项规定，用人单位违反《劳动合同法》第14条第2款、第82条第2款规定，不与劳动者订立无固定期限劳动合同的，二倍工资自应订立无固定期限劳动合同之日起算，截止点为双方实际订立无固定期限劳动合同的前一日。

（2）广东观点认为，二倍工资自应订立无固定期限劳动合同之日满一个月的次日起算

《广东省高级人民法院、广东省劳动人事争议仲裁委员会关于劳动人事争议仲裁与诉讼衔接若干意见》第9条规定："用人单位违反《劳动合同法》第十四条第二款的规定，未与劳动者订立无固定期限劳动合同的，用人单位应根据《劳动合同法》第八十二条第二款的规定，从依法应订立无固定期限劳动合同之日满一个月的次日起向劳动者每月支付二倍工资。"

4. 视为订立无固定期限劳动合同的情形

用人单位自用工之日起满一年不与劳动者订立书面劳动合同的，视为用人单位与劳动者已订立无固定期限劳动合同。劳动者因此要求用人单位支付双倍工资的，一般不会得到支持。

《北京市高级人民法院、北京市劳动争议仲裁委员会关于劳动争议案件法律适用问题研讨会会议纪要（二）》（京高法发〔2014〕220号）第28条第2项规定："用人单位因违反《劳动合同法》第十四条第三款规定，自用工之日满一年不与劳动者订立书面劳动合同，视为用人单位与劳动者已订立无固定期限劳动合同的情况下，劳动者可以向仲裁委、法院主张确认其与用人单位之间属于无固定期限劳动合同关系。在此情况下，劳动者同时主张用人单位支付用工之日满一

· 137 ·

年后的二倍工资的不予支持。"

《长三角区域"三省一市"劳动人事争议疑难问题审理意见研讨会纪要》第5条规定:"根据《中华人民共和国劳动合同法》第十四条规定,视为用人单位与劳动者已订立无固定期限劳动合同,但用人单位未与劳动者订立书面无固定期限劳动合同,劳动者提出用人单位支付二倍工资诉求的处理。视为订立无固定期限劳动合同的,可以认定用人单位与劳动者已经存在无固定期限劳动合同关系的法律后果。劳动者据此要求用人单位支付二倍工资的诉求,不予支持。"

《广东省高级人民法院、广东省劳动人事争议仲裁委员会关于审理劳动人事争议案件若干问题的座谈会纪要》(粤高法〔2012〕284号)第14条第3款规定,用人单位自用工之日起满一年不与劳动者订立书面劳动合同,视为已订立无固定期限劳动合同,用人单位无须再支付用工之日起满一年后未订立书面劳动合同的二倍工资。

第六节 代通金

一、代通金的由来

代通金,即代通知金,该概念来源于我国香港的《雇佣条例》。香港《雇佣条例》规定,雇主或雇员在终止雇佣合约时,须给予对方适当的通知期或代通知金(雇主在终止雇佣合约或当有固定期限的雇佣合约到期时,应支付解雇补偿)。

从以上规定可以看出,代通知金就是指代替通知的工资,支付了代通知金就无须再提前通知对方。

需要注意的是,香港《雇佣条例》还规定了"即时终止雇佣合约"和"终止雇佣合约的限制"。"即时终止雇佣合约"是指符合法定情况时,雇主可即时解雇雇员、雇员可以即时终止雇佣合约,而无须预先通知或给予代通知金。"终止雇佣合约的限制"是指在法定情况下,雇主不可解雇雇员。

2008年1月1日起施行的《劳动合同法》中引入了代通金的概念。

第三章　工作时间、工资管理、休息休假

二、代通金的规定

《劳动合同法》第 40 条规定:"有下列情形之一的,用人单位提前三十日以书面形式通知劳动者本人或者额外支付劳动者一个月工资后,可以解除劳动合同:

(一) 劳动者患病或者非因工负伤,在规定的医疗期满后不能从事原工作,也不能从事由用人单位另行安排的工作的;

(二) 劳动者不能胜任工作,经过培训或者调整工作岗位,仍不能胜任工作的;

(三) 劳动合同订立时所依据的客观情况发生重大变化,致使劳动合同无法履行,经用人单位与劳动者协商,未能就变更劳动合同内容达成协议的。"

三、代通金理解和运用

在我国现行的法律体系中,只有在出现《劳动合同法》第 40 条的三种情形时,用人单位未提前三十日书面通知才需要额外支付劳动者一个月工资(代通金),除此以外没有其他需要支付代通金的情形。

实务中,为正确理解和运用代通金,注意以下几点:

1. 并不是辞退劳动者,用人单位就需要支付代通金。只有出现《劳动合同法》第 40 条情形的辞退才会涉及代通金支付。

2. 用人单位违法解除或终止劳动合同,需继续履行或支付赔偿金,此时无须支付代通金。法律规定的赔偿金为 2N(N 为按工作年限所折算的经济补偿金),没有 2N+1(1 为一个月的代通金)的法律概念。

3. 《劳动合同法》第 41 条规定,用人单位提前三十日向工会或者全体职工说明情况,听取工会或者职工的意见后,裁减人员方案经向劳动行政部门报告,可以裁减人员。

《劳动合同法》第 41 条中的提前三十日与该法第 40 条中的提前三十日不是同一个概念。按照《劳动合同法》第 41 条进行裁员,如未提前三十日说明情况,将极有可能被认定为违法解除,无法用向劳动者支付代通金的方式进行替代。

4.《劳动合同法》第37条规定，劳动者提前三十日以书面形式通知用人单位，可以解除劳动合同。劳动者在试用期内提前三日通知用人单位，可以解除劳动合同。

在我国现行的法律体系中，只有用人单位支付代通金的概念，没有劳动者支付代通金的概念。劳动者违反《劳动合同法》第37条的规定，未提前三十日或提前三日（试用期内）单方解除劳动合同，造成用人单位损失的需进行赔偿，无法用向用人单位支付代通金的方式进行替代。

四、提前三十日通知与额外支付一个月工资（代通金）的方式选择

出现《劳动合同法》第40条中的三种情形，用人单位有权行使解除权。但是在行使解除权时，是选择提前三十日以书面形式通知劳动者还是额外支付劳动者一个月工资，用人单位存在一定疑问。

实务中，部分用人单位认为提前三十日与支付代通金同样都是支付一个月工资，应选择提前三十日的方式。因为提前三十日通知，劳动者仍会提供一个月的劳动，而支付代通金方式，劳动者不会再提供劳动。

但是实际上以上认识存在误区，因为：1. 提前三十日，用人单位不但要支付一个月的工资，还需要支付社会保险和公积金的单位负担部分。2. 劳动分为有效劳动、无效劳动、消极劳动。如果该劳动者以往工作表现差或辞退期间抱有对抗心理，那么提供的将是无效劳动甚至是消极劳动，不但无法提高用人单位的生产力，反而会影响其他在职劳动者的工作状态。3. 另外，最后三十天，劳动者依然存在工伤等各类风险。具体付出与回报比见下表：

表3-6 从经济付出角度和劳动回报角度进行比较

	经济付出角度	劳动回报角度
提前三十日	支付一个月报酬及社保、公积金单位部分	劳动分为：有效劳动、无效劳动、消极劳动
代通金	支付一个月报酬	无劳动回报

具体选择哪种方式，需考量解除理由、劳动者以往的工作表现、劳动者现在的工作状态、用人单位现在的情况等因素进行综合判断。

第三章 工作时间、工资管理、休息休假

五、代通金的基数

《劳动合同法实施条例》第 20 条规定:"用人单位依照劳动合同法第四十条的规定,选择额外支付劳动者一个月工资解除劳动合同的,其额外支付的工资应当按照该劳动者上一个月的工资标准确定。"

根据以上规定,可以看出代通金是按照劳动者上一个月的工资标准进行确定。

六、特殊情况下,代通金的基数确定

代通金按照劳动者上一个月的工资标准进行确定,但是如果劳动者上一个月的工资不能反映其真实工资水平,如工资过高或过低,则会造成对用人单位或劳动者不公平的现象发生。对此,部分地区(上海、江苏等地)针对该种特殊情况作出了特别的规定,如劳动者上一个月的工资不能反映其正常工资水平的,可按解除劳动合同之前劳动者十二个月的平均工资确认。

上海规定:

《上海市高级人民法院关于适用〈劳动合同法〉若干问题的意见》(沪高法〔2009〕73 号)第 5 条规定,《实施条例》规定"代通金"的支付标准,应当以上个月的工资标准确定,但只以单月的工资为准,可能过高或过低,既有可能对用人单位不利,也有可能对劳动者不利,从整体上看不利于促进和形成和谐稳定的劳动关系。所以,结合劳动法和劳动合同法的立法精神,上个月的"工资标准",应当是指劳动者的正常工资标准。如其上月工资不能反映正常工资水平的,可按解除劳动合同之前劳动者十二个月的平均工资确认。

江苏规定:

《江苏省劳动合同条例》第 32 条规定:"用人单位依法选择额外支付劳动者一个月工资解除劳动合同的,其额外支付的工资应当按照该劳动者上一个月的工资标准确定。上一个月工资不能反映正常工资水平的,按照劳动者在劳动合同解除前十二个月的月平均工资确定;不满十二个月的,按照实际月平均工资确定。月平均工资低于当地最低工资标准的,按照最低工资标准确定。"

需要注意的是，无特殊规定或司法裁判口径的地方，哪怕劳动者上一个月工资不能反映其正常水平，代通金也需要按照其上一个月的工资标准进行确定。

第七节 带薪年休假

一、享受带薪年休假的条件

劳动者连续工作满 12 个月以上的，享受带薪年休假。"劳动者连续工作满 12 个月以上"，既包括劳动者在同一用人单位连续工作满 12 个月以上的情形，也包括劳动者在不同用人单位连续工作满 12 个月以上的情形。

1. 连续工作满 12 个月细分情形的理解

按照规定，连续工作满 12 个月以上包括在同一单位连续工作满 12 个月以上，也包括在不同单位连续工作满 12 个月以上。在实践中可进一步分为：

（1）劳动者在现单位连续工作满 12 个月以上；

（2）劳动者在原单位和现单位连续不间断工作满 12 个月以上；

（3）劳动者只在原单位连续工作满 12 个月以上，离职后间隔一段时间后再入职现单位。

各地基本上都将第 1 种和第 2 种情形认定为连续工作满 12 个月以上。但是对于第 3 种情况是否属于连续工作满 12 个月以上各地认识不一，按照北京地方规定第 3 种情形属于连续工作满 12 个月以上，而上海裁判观点却倾向于不认可第 3 种情况属于连续工作满 12 个月以上。

2. 连续工作满 12 个月中"连续"的理解差异

连续工作满 12 个月中"连续"各地有不同认识，主要表现为：

（1）重庆地方规定，间断不超过一个月就认定为"连续"

《重庆市劳动和社会保障局关于贯彻〈企业职工带薪年休假实施办法〉有关问题的通知》（渝劳社办发〔2008〕268 号）第 2 条规定，《企业职工带薪年休假实施办法》第 3 条中"职工连续工作满 12 个月以上"可以是在同一单位或者

第三章　工作时间、工资管理、休息休假

不同单位连续工作的时间,但其中在同一单位或者不同单位间的工作时间不得间断超过一个月以上。超过的,其连续工作时间重新计算。在同一或者不同单位连续工作满12个月,职工才有资格享受年休假。享受年休假的天数,按累计工作时间确定。

(2) 上海裁判观点认为,"连续"应理解为不中断一个工作日,休息日和节假日除外

二、带薪年休假天数

1. 劳动者累计工作已满1年不满10年的,年休假为5天;
2. 已满10年不满20年的,年休假为10天;
3. 已满20年的,年休假为15天。

国家法定休假日、休息日不计入年休假的假期。

"累计工作时间",包括职工在机关、团体、企业、事业单位、民办非企业单位、有雇工的个体工商户等单位从事全日制工作期间,以及依法服兵役和其他按照国家法律、行政法规和国务院规定可以计算为工龄的期间(视同工作期间)。

劳动者的累计工作时间可以根据档案记载、单位缴纳社保费记录、劳动合同或者其他具有法律效力的证明材料进行确定。

三、年休假天数计算

1. 新入职劳动者当年可休年休假的计算方式:

劳动者新进用人单位且符合连续工作满12个月以上的,当年度年休假天数,按照在本单位剩余日历天数折算确定,折算后不足1整天的部分不享受年休假。

前款规定的折算方法为:(当年度在本单位剩余日历天数÷365天)×劳动者本人全年应当享受的年休假天数。

2. 用人单位与劳动者解除或者终止劳动关系时,当年度未休年休假的计算:

用人单位与劳动者解除或者终止劳动合同时,当年度未安排劳动者休满应休年休假的,应当按照劳动者当年已工作时间折算应休未休年休假天数并支付未休年休假工资报酬,但折算后不足1整天的部分不支付未休年休假工资报酬。

前款规定的折算方法为：（当年度在本单位已过日历天数÷365天）×劳动者本人全年应当享受的年休假天数-当年度已安排年休假天数。

用人单位当年已安排劳动者年休假的，多于折算应休年休假的天数不再扣回。

四、劳动者不享受年休假的情形

劳动者有下列情形之一的，不享受当年的年休假：

1. 劳动者依法享受寒暑假，其休假天数多于年休假天数的；
2. 劳动者请事假累计20天以上且单位按照规定不扣工资的；
3. 累计工作满1年不满10年的职工，请病假累计2个月以上的；
4. 累计工作满10年不满20年的职工，请病假累计3个月以上的；
5. 累计工作满20年以上的职工，请病假累计4个月以上的；
6. 被派遣职工在劳动合同期限内无工作期间由劳务派遣单位依法支付劳动报酬的天数多于其全年应当享受的年休假天数的，不享受当年的年休假。

劳动者已享受当年的年休假，年度内又出现第2—5项规定情形之一的，不享受下一年度的年休假。

五、未休年休假工资报酬

用人单位确因工作需要不能安排劳动者休年休假的，经劳动者本人同意，可以不安排劳动者休年休假。对劳动者应休未休的年休假天数，单位应当按照该劳动者日工资收入的300%支付年休假工资报酬。

《企业职工带薪年休假实施办法》第11条规定："计算未休年休假工资报酬的日工资收入按照职工本人的月工资除以月计薪天数（21.75天）进行折算。

前款所称月工资是指职工在用人单位支付其未休年休假工资报酬前12个月剔除加班工资后的月平均工资。在本用人单位工作时间不满12个月的，按实际月份计算月平均工资。

职工在年休假期间享受与正常工作期间相同的工资收入。实行计件工资、提成工资或者其他绩效工资制的职工，日工资收入的计发办法按照本条第一款、第二款的规定执行。"

《企业职工带薪年休假实施办法》第 10 条规定："用人单位经职工同意不安排年休假或者安排职工休假天数少于应休年休假天数，应当在本年度内对职工应休未休年休假天数，按照其日工资收入的 300% 支付未休年休假工资报酬，其中包含用人单位支付职工正常工作期间的工资收入。

用人单位安排职工休年休假，但是职工因本人原因且书面提出不休年休假的，用人单位可以只支付其正常工作期间的工资收入。"

换言之，按照规定，对于劳动者的未休年休假，用人单位只需按劳动者日工资收入的 200% 另行支付未休年休假工资报酬即可。但需要注意的是，实务中，依然有少部分裁判机构，按照 300% 的标准裁判用人单位另行向劳动者支付未休年休假的工资报酬。

六、未休年休假工资的性质、仲裁时效

劳动仲裁的时效分为特殊时效和一般时效，未休年休假工资仲裁时效采用何种时效，取决于未休年休假工资的性质。部分地方规定和司法裁判口径认为，未休年休假工资属于劳动报酬，应适用特殊时效。部分地方规定和司法裁判口径认为，未休年休假工资不属于劳动报酬，应适用一般时效。

1. 云南、内蒙古等地认为未休年休假工资属于劳动报酬，应适用特殊时效

《云南省高级人民法院、云南省人力资源和社会保障厅关于审理劳动人事争议案件若干问题的座谈会纪要》（云高法〔2015〕27 号）中规定："（二十）以下劳动争议属于《劳动争议调解仲裁法》第四十七条规定的终局裁决范围：1. 因工作时间、休息休假发生的争议主要针对执行劳动制度如工作时间安排、休息休假天数等不涉及具体金额时，作为因执行国家劳动标准在工作时间、休息休假方面发生的争议处理；如涉及加班工资、未休年休假工资报酬等具体金额给付的，作为追索劳动报酬争议处理；……"

《内蒙古自治区高级人民法院、内蒙古自治区劳动人事争议仲裁委员会关于劳动人事争议案件适用法律若干问题的指导意见》（内高法〔2015〕193 号）中规定："24. 以下劳动争议属于《调解仲裁法》第四十七条规定的终局裁决范围：

(1) 因工作时间、休息休假发生的争议主要针对执行劳动制度如工作时间安排、休息休假天数等不涉及具体金额时，作为因执行国家劳动标准在工作时间、休息休假方面发生的争议处理；如涉及加班工资、未休年休假工资报酬等具体金额给付的，作为追索劳动报酬争议处理；……"

2. 长三角区域、北京等地认为未休年休假工资不属于劳动报酬，应适用一般时效

长三角区域规定，从应休年休假年度次年的1月1日起计算，跨年度安排年休假的，时效顺延至下一年度的1月1日起计算。

《长三角区域"三省一市"劳动人事争议疑难问题审理意见研讨会纪要》第1条规定："……支付劳动者未休年休假工资报酬系用人单位应当履行的法定补偿义务。劳动者要求用人单位支付未休年休假工资的请求，符合《中华人民共和国劳动争议调解仲裁法》第二条规定的受案范围，劳动人事争议仲裁委员会应当予以受理。该请求权时效应按照《中华人民共和国劳动争议调解仲裁法》第二十七条第一款之规定，从应休年休假年度次年的1月1日起计算；确因生产、工作需要，经劳动者同意，用人单位跨年度安排劳动者休年休假的，请求权时效顺延至下一年度的1月1日起计算；劳动关系已经解除或者终止的，从劳动关系解除或者终止之日起计算。"

北京规定，劳动者每年未休带薪年休假应获得年休假工资报酬的时间从第二年的12月31日起算。

《北京市高级人民法院、北京市劳动人事争议仲裁委员会关于审理劳动争议案件法律适用问题的解答》（京高法发〔2017〕142号）第19条规定："……对劳动者应休未休的年休假天数，单位应当按照该职工日工资收入的300%支付年休假工资报酬。劳动者要求用人单位支付其未休带薪年休假工资中法定补偿（200%福利部分）诉请的仲裁时效期间应适用《劳动争议调解仲裁法》第二十七条第一款规定，即劳动争议申请仲裁的时效期间为一年。仲裁时效期间从当事人知道或者应当知道其权利被侵害之日起计算。考虑年休假可以集中、分段和跨年度安排的特点，故劳动者每年未休带薪年休假应获得年休假工资报酬的时间从第二年的12月31日起算。"

第三章 工作时间、工资管理、休息休假

七、用人单位未支付未休年休假工资（200%法定补偿部分），劳动者能否解除劳动合同要求经济补偿金

根据《劳动合同法》第38条第1款第2项的规定，用人单位未及时足额支付劳动报酬的，劳动者可以解除劳动合同并要求用人单位支付经济补偿金。

所以，认为未休年休假工资属于劳动报酬的地方，一般情况下认为用人单位未支付未休年休假工资，劳动者可以按照《劳动合同法》第38条第1款第2项的规定解除劳动合同并要求用人单位支付经济补偿金。

1. 云南、重庆等地认为未休年休假工资属于劳动报酬，用人单位未支付未休年休假工资，劳动者可以按照《劳动合同法》第38条第1款第2项的规定解除劳动合同并要求用人单位支付经济补偿金。

《云南省高级人民法院、云南省人力资源和社会保障厅关于审理劳动人事争议案件若干问题的座谈会纪要》（云高法〔2015〕27号）中规定，用人单位未按照法律规定或劳动合同约定及时足额向劳动者发放津贴、未休年休假工资报酬，劳动者以此为由解除劳动合同并向用人单位主张经济补偿的，应予支持。

2. 长三角区域、北京等地认为未休年休假工资不属于劳动报酬，用人单位未支付未休年休假工资，劳动者无法按照《劳动合同法》第38条第1款第2项的规定解除劳动合同并要求用人单位支付经济补偿金。

《北京市高级人民法院、北京市劳动人事争议仲裁委员会关于审理劳动争议案件法律适用问题的解答》（京高法发〔2017〕142号）第20条规定："……劳动者未休年休假，根据《职工带薪年休假条例》第5条规定，用人单位按职工日工资收入300%支付年休假工资报酬。支付未休年休假的工资报酬与正常劳动工资报酬、加班工资报酬的性质不同，其中包含用人单位支付职工正常工作期间的工资收入（100%部分）及法定补偿（200%部分）。《职工带薪年休假条例》在于维护劳动者休息休假权利，劳动者以用人单位未支付其未休带薪年休假工资中法定补偿（仅200%部分）而提出解除劳动合同时，不宜认定属于用人单位'未及时足额支付劳动报酬'的情形。"

八、福利性年休假

劳动合同、集体合同约定的或者用人单位规章制度规定的年休假天数、未休

年休假工资报酬高于法定标准的，用人单位应当按照有关约定或者规定执行。高于法定年休假天数的年休假一般被称为福利性年休假（或称约定年休假）。

1. 未休福利性年休假的工资补偿的问题

未休福利性年休假的工资补偿的问题，用人单位与劳动者有约定的按约定，无约定的各地规定或裁判观点不一。

深圳地方规定认为，在未约定或约定不明的情况下，劳动者要求按照法定标准支付未休福利年休假的工资补偿，应予支持。

《深圳市中级人民法院关于审理劳动争议案件的裁判指引》第110条规定："劳动合同、集体合同或规章制度约定了超过法定天数的年休假天数，并对超过法定年休假天数的未休年休假约定了是否予以补偿或具体的补偿标准的，该约定有效。劳动合同、集体合同或规章制度对超过法定年休假天数的未休年休假未约定补偿，或约定了补偿但未明确具体补偿标准的，劳动者要求按照法定标准支付超过法定年休假天数的未休年休假工资的，应予支持。"

上海判决观点认为，在没有规定或约定的情况下，劳动者要求用人单位支付未休福利年休假的工资补偿，不利于用人单位的经营自主权，也加重了企业的运营成本，故劳动者无权要求用人单位支付未休福利年休假工资补偿。

2. 福利性年休假与法定年休假的使用顺序问题

福利性年休假与法定年休假的使用顺序，用人单位与劳动者有约定的按约定。在无约定的情况下，上海判决观点认为，如果允许劳动者先使用福利性年休假，意味着劳动者可向用人单位主张应休未休法定年休假工资补偿，将导致用人单位成本过高，进而抑制单位继续设定福利年休假的积极性，反而最终将整体上损害劳动者的利益，所以应当视为法定年休假先使用。

九、劳动关系解除原因对劳动者在劳动合同解除当年度是否享受年休假的影响

劳动关系解除原因对劳动者在劳动合同解除当年度是否享受年休假的影响，实务中存在以下不同观点：

第一种观点认为，因为《企业职工带薪年休假实施办法》第12条第1款规

定："用人单位与职工解除或者终止劳动合同时，当年度未安排职工休满应休年休假的，应当按照职工当年已工作时间折算应休未休年休假天数并支付未休年休假工资报酬，但折算后不足 1 整天的部分不支付未休年休假工资报酬。"所以，只有在出于用人单位的原因提出与劳动者解除或者终止劳动合同时，劳动者才能在劳动合同解除当年享受年休假。

第二种观点认为，《企业职工带薪年休假实施办法》第 12 条第 1 款未区分劳动合同解除或终止的事由，无论劳动合同解除是何种原因，劳动者在劳动合同解除当年都可享受未休年休假。劳动者在符合法定条件下拥有单方解除权，即使用人单位在劳动合同解除当年还未来得及安排劳动者休年休假，也应支付相应的未休年休假工资。北京地区倾向于该观点，北京地区认为员工主动离职，甚至因违纪被解除劳动关系均不应影响其享受年休假待遇。

第三种观点认为，应分情况进行判断，下列情形用人单位应当支付未休年休假工资：(1) 用人单位的原因提出与劳动者解除或者终止劳动合同；(2) 劳动者依据《劳动合同法》第 37 条提前通知解除，用人单位未安排劳动者休年假的；(3) 劳动者依据《劳动合同法》第 38 条行使单方解除权的。下列情形用人单位不应支付未休年休假工资：(1) 劳动者未依据《劳动合同法》第 37 条提前通知解除（直接不辞而别）；(2) 劳动者依据《劳动合同法》第 38 条行使单方解除权但理由不成立的。

第八节　年终奖

一、用人单位是否有义务发放年终奖

现行法律法规并没有强制规定年终奖应如何发放，用人单位可以根据本单位的经营状况、员工的业绩表现等，与劳动者约定奖金发放与否、发放条件及发放标准，然而用人单位制定的发放规则仍应遵循公平合理原则。用人单位是否必须发放年终奖应分情况进行判定：

1. 以下情况，裁判机构判定用人单位支付年终奖的可能性小

（1）用人单位在劳动合同、规章制度等文件中明确约定了年终奖，并且附发放条件，但发放条件未成就的；

（2）用人单位在劳动合同、规章制度等文件中未明确约定年终奖，但之前有发放惯例且口头约定发放条件，但发放条件未成就的。

2. 以下情况，裁判机构判定用人单位支付年终奖的可能性大

（1）用人单位在劳动合同、规章制度等文件中明确约定了年终奖，并且附发放条件，发放条件已成就的；

（2）用人单位在劳动合同、规章制度等文件中明确约定了年终奖，但未附发放条件的；

（3）用人单位在劳动合同、规章制度等文件中未明确约定年终奖，但之前有发放惯例且口头约定发放条件，发放条件已成就的；

（4）用人单位在劳动合同、规章制度等文件中未明确约定年终奖，虽之前有发放惯例却无口头约定发放条件的；

（5）用人单位将劳动者每月的部分工资计入年终奖，则该部分"年终奖"必须发放。

3. 对于在年终奖发放之前已经离职的劳动者可否获得年终奖，应当结合劳动者离职的原因、时间、工作表现和对单位的贡献程度、劳动合同和规章制度的约定等多方面因素进行综合考量。

二、年终奖计算个人所得税问题

1. 全年一次性奖金的税法概念界定

《国家税务总局关于调整个人取得全年一次性奖金等计算征收个人所得税方法问题的通知》（国税发〔2005〕9号）第1条规定："全年一次性奖金是指行政机关、企事业单位等扣缴义务人根据其全年经济效益和对雇员全年工作业绩的综合考核情况，向雇员发放的一次性奖金。上述一次性奖金也包括年终加薪、实行年薪制和绩效工资办法的单位根据考核情况兑现的年薪和绩效工资。"

第三章　工作时间、工资管理、休息休假

2. 全年一次性奖金如何计算个人所得税

《财政部、国家税务总局关于个人所得税法修改后有关优惠政策衔接问题的通知》（财税〔2018〕164号）第1条第1项规定："居民个人取得全年一次性奖金，符合《国家税务总局关于调整个人取得全年一次性奖金等计算征收个人所得税方法问题的通知》（国税发〔2005〕9号）规定的，在2021年12月31日前，不并入当年综合所得，以全年一次性奖金收入除以12个月得到的数额，按照本通知所附按月换算后的综合所得税率表（以下简称月度税率表），确定适用税率和速算扣除数，单独计算纳税。计算公式为：

应纳税额＝全年一次性奖金收入×适用税率－速算扣除数

居民个人取得全年一次性奖金，也可以选择并入当年综合所得计算纳税。

自2022年1月1日起，居民个人取得全年一次性奖金，应并入当年综合所得计算缴纳个人所得税。"

【例1】

小婷每月工资16000元，专项扣除2500元，专项附加扣除4000元，无其他扣除，全年一次性奖金为99600元。

单独计算：

（1）综合所得

应纳税所得额＝16000×12－2500×12－4000×12－60000（费用）＝54000元；

税率10%，速算扣除数2520（年度税率表）；

综合所得应纳税额＝54000×10%－2520＝2880元。

（2）全年一次性奖金

99600÷12＝8300元，税率10%，速算扣除数210（月度税率表见表3-7）；

全年一次性奖金应纳税额＝99600×10%－210＝9750元；

应纳税额合计＝综合所得应纳税额＋全年一次性奖金应纳税额＝2880＋9750＝12630元；

合并计算：

应纳税所得额＝54000＋99600＝153600元；

税率20%，速算扣除数16920（年度税率表见表3-8）；

劳动关系全流程法律实务解析

应纳税额=153600×20%-16920=13800元。

表3-7 月度税率表（综合所得适用）

级数	全月应纳税所得额	税率（%）	速算扣除数（元）
1	不超过3000元的	3	0
2	超过3000元至12000元的部分	10	210
3	超过12000元至25000元的部分	20	1410
4	超过25000元至35000元的部分	25	2660
5	超过35000元至55000元的部分	30	4410
6	超过55000元至80000元的部分	35	7160
7	超过80000元的部分	45	15160

表3-8 年度税率表（综合所得适用）

级数	全年应纳税所得额	税率（%）	速算扣除数（元）
1	不超过36000元的	3	0
2	超过36000元至144000元的部分	10	2520
3	超过144000元至300000元的部分	20	16920
4	超过300000元至420000元的部分	25	31920
5	超过420000元至660000元的部分	30	52590
6	超过660000元至960000元的部分	35	85920
7	超过960000元的部分	45	181920

第三章　工作时间、工资管理、休息休假

3. 单独计算和合并计算的优劣比较

表 3-9　单独计算和合并计算比较

按年度结算，且无其他扣除。单元：元

序号	综合所得收入额	扣除费用	专项扣除	专项附加扣除	综合所得应纳税所得额	全年一次性奖金	单独计算 综合所得应纳税额	单独计算 全年一次性奖金应纳税额	单独计算 应纳税额合计	合并计算 应纳税额
1	96000	60000	16200	36000	-16200	20000	0	600	600	114
2	140000	60000	26000	54000	0	20000	0	600	600	600
3	140000	60000	26000	48000	6000	30000	180	900	1080	1080
4	200000	60000	30000	48000	62000	100000	3680	9790	13470	15480
5	150000	60000	30000	48000	12000	150000	360	28590	28950	15480

按照规定，全年一次性奖金在 2021 年 12 月 31 日前可以选择单独计算或者合并计算，但是从 2022 年 1 月 1 日起必须合并计算。

那么单独计算是否一定比合并计算更优呢（税额低）？

答案是否定的。

从表 3-9 中序号 1 的例子可以看出综合所得应纳税额所得额<0 元时，合并计算优于单独计算（114 元<600 元）；

从表 3-9 中序号 2、3 的例子可以看出综合所得应纳税额所得额≥0 元且综合所得应纳税额+全年一次性奖金≤36000 元时，合并计算=单独计算（600 元=600 元、1080 元=1080 元）；

从表 3-9 中序号 4、5 的例子可以看出综合所得应纳税额所得额≥0 元且综合所得应纳税额+全年一次性奖金>36000 元时，合并计算与单独计算两者皆可能为优（13470 元<15480 元、28950 元>15480 元）。

4. 全年一次性奖金单独计算时的临界点

新政策（财税〔2018〕164 号）下，全年一次性奖金单独计算时依然存在 1 元临界点，也就是通常所称的 1 元陷阱问题。比如，全年一次性奖金为 36000 元，则应纳税额为 1080 元；但当全年一次性奖金增加 1 元为 36001 元，则应纳

劳动关系全流程法律实务解析

税额为3390.1元；多发1元，多缴税2310.1元。

见表3-10可以看出，全年一次性奖金单独结算时的临界点分别为：36000元、144000元、300000元、420000元、660000元、960000元。

表3-10 全年一次性奖金单独计算临界点

单位：元

金额	税率	速算扣除数	应纳税额
36000	3%	0	1080
36001	10%	210	3390.1
144000	10%	210	14190
144001	20%	1410	27390.2
300000	20%	1410	58590
300001	25%	2660	72340.25
420000	25%	2660	102340
420001	30%	4410	121590.3
660000	30%	4410	193590
660001	35%	7160	223840.35
960000	35%	7160	328840
960001	45%	15160	416840.45

第四章 涉女职工问题

第一节 女职工权益保护

一、女职工禁忌从事的劳动范围

女职工的身体结构、生理机能不同于男职工，并且担负更多抚育子女的义务。所以，对于女职工需在劳动权益和劳动保护方面给予更多的保障。根据《女职工劳动保护特别规定》附录，女职工禁忌从事的劳动范围分为：

一、女职工禁忌从事的劳动范围：

（一）矿山井下作业；

（二）体力劳动强度分级标准中规定的第四级体力劳动强度的作业；

（三）每小时负重6次以上、每次负重超过20公斤的作业，或者间断负重、每次负重超过25公斤的作业。

二、女职工在经期禁忌从事的劳动范围：

（一）冷水作业分级标准中规定的第二级、第三级、第四级冷水作业；

（二）低温作业分级标准中规定的第二级、第三级、第四级低温作业；

（三）体力劳动强度分级标准中规定的第三级、第四级体力劳动强度的作业；

（四）高处作业分级标准中规定的第三级、第四级高处作业。

三、女职工在孕期禁忌从事的劳动范围：

（一）作业场所空气中铅及其化合物、汞及其化合物、苯、镉、铍、砷、氰化物、氮氧化物、一氧化碳、二硫化碳、氯、己内酰胺、氯丁二烯、氯乙烯、环氧乙烷、苯胺、甲醛等有毒物质浓度超过国家职业卫生标准的作业；

（二）从事抗癌药物、己烯雌酚生产，接触麻醉剂气体等的作业；

（三）非密封源放射性物质的操作，核事故与放射事故的应急处置；

（四）高处作业分级标准中规定的高处作业；

（五）冷水作业分级标准中规定的冷水作业；

（六）低温作业分级标准中规定的低温作业；

（七）高温作业分级标准中规定的第三级、第四级的作业；

（八）噪声作业分级标准中规定的第三级、第四级的作业；

（九）体力劳动强度分级标准中规定的第三级、第四级体力劳动强度的作业；

（十）在密闭空间、高压室作业或者潜水作业，伴有强烈振动的作业，或者需要频繁弯腰、攀高、下蹲的作业。

四、女职工在哺乳期禁忌从事的劳动范围：

（一）孕期禁忌从事的劳动范围的第一项、第三项、第九项；

（二）作业场所空气中锰、氟、溴、甲醇、有机磷化合物、有机氯化合物等有毒物质浓度超过国家职业卫生标准的作业。

《女职工劳动保护特别规定》第13条第2款规定："用人单位违反本规定附录第一条、第二条规定的，由县级以上人民政府安全生产监督管理部门责令限期改正，按照受侵害女职工每人1000元以上5000元以下的标准计算，处以罚款。用人单位违反本规定附录第三条、第四条规定的，由县级以上人民政府安全生产监督管理部门责令限期治理，处5万元以上30万元以下的罚款；情节严重的，责令停止有关作业，或者提请有关人民政府按照国务院规定的权限责令关闭。"

二、女职工特殊保护

根据《女职工劳动保护特别规定》的规定，用人单位应对女职工进行特殊的保护。

1. 用人单位应当加强女职工劳动保护，采取措施改善女职工劳动安全卫生条件，对女职工进行劳动安全卫生知识培训。

2. 用人单位应当遵守女职工禁忌从事的劳动范围的规定。用人单位应当将本单位属于女职工禁忌从事的劳动范围的岗位书面告知女职工。

3. 在劳动场所，用人单位应当预防和制止对女职工的性骚扰。

三、性骚扰问题的法律规定和单位责任

实际生活中，性骚扰情况时有发生，而职场上更是性骚扰的高发地。在职场上，一部分被骚扰女职工，鉴于社会舆论压力往往不愿意揭露，还有一部分被骚扰女职工迫于骚扰者的级别或地位优势不敢进行揭露，所以暴露在现实中的性骚扰远低于实际存在的。发生性骚扰，女职工应勇敢地揭露骚扰者，用人单位也应预防和制止对女职工的性骚扰，如此才能有效地降低性骚扰的发生。

1. 禁止性骚扰的立法沿革

2005年全国人民代表大会常务委员会修正《妇女权益保障法》时增加了禁止性骚扰的规定，作为该法第40条："禁止对妇女实施性骚扰。受害妇女有权向单位和有关机关投诉。"虽然2005年修改的《妇女权益保障法》增加了禁止性骚扰规定，但是当时该法并未对性骚扰的表现方式进行规定。

2012年施行的《女职工劳动保护特别规定》第11条规定："在劳动场所，用人单位应当预防和制止对女职工的性骚扰。"

2018年12月12日《最高人民法院关于增加民事案件案由的通知》第2条规定，在第九部分"侵权责任纠纷"的"348、教育机构责任纠纷"之后增加一个第三级案由"348之一、性骚扰损害责任纠纷"。

《民法典》第1010条规定："违背他人意愿，以言语、文字、图像、肢体行为等方式对他人实施性骚扰的，受害人有权依法请求行为人承担民事责任。机关、企业、学校等单位应当采取合理的预防、受理投诉、调查处置等措施，防止和制止利用职权、从属关系等实施性骚扰。"

正式通过的《民法典》较草案增加列举了"文字""图像"这两种实施性骚

扰的表现方式，贴合了现代社会中大部分性骚扰者通过手机等电子产品向被性骚扰者发送文字、图像实施性骚扰的实际情况。另外，《民法典》并未将被性骚扰者限定为女性。

2022年全国人民代表大会常务委员会修订《妇女权益保障法》，本次修订的《妇女权益保障法》第23条规定："禁止违背妇女意愿，以言语、文字、图像、肢体行为等方式对其实施性骚扰。

受害妇女可以向有关单位和国家机关投诉。接到投诉的有关单位和国家机关应当及时处理，并书面告知处理结果。

受害妇女可以向公安机关报案，也可以向人民法院提起民事诉讼，依法请求行为人承担民事责任。"

2022年修订的《妇女权益保障法》第23条对原《妇女权益保障法》第40条中性骚扰的表现方式进行了列举规定，与《民法典》第1010条第1款规定呼应一致。

《民法典》《妇女权益保障法》关于性骚扰的规定体现了国家对人格权的尊重和保护，对性骚扰的表现方式也进行了列举，但是《民法典》《妇女权益保障法》对列举的性骚扰表现方式都未进行详细的界定。期许接下来的法律法规能对性骚扰的表现方式进行详细的界定，达到有效辨明并遏制性骚扰发生的目的。

国际劳工组织北京局网站①中企业歧视与平等问题对可能构成性骚扰的行为进行了如下列举：

·对于一个人的穿着、体型、年龄、家庭状况等进行任何侮辱或不适当的言辞、玩笑、讽刺或评价；

·有损尊严的，带有性暗示的居高临下或家长式的态度；

·任何不受欢迎的邀请或要求，无论直接或暗示，无论是否带有威胁性质；

·任何猥亵的眼神或其他与性有关的肢体动作；

·任何不必要的肢体接触，如触摸、抚摸、捏或攻击。

---

① 国际劳工组织北京局网站中关于企业歧视与平等问题内容的网址：https://www.ilo.org/beijing/areas-of-work/international-labour-standards/WCMS_681340/lang--zh/index.htm#Q13，最后访问日期2022年11月4日。

第四章 涉女职工问题

国际劳工组织认为性骚扰是一种特别恶劣的歧视形式,应该实施零容忍的态度。

2.《民法典》第1010条第2款的理解和适用

《民法典》第1010条第1款列明了性骚扰的表现方式以及受害者有权要求行为人承担民事责任,第2款规定了单位有责任防止和制止利用职权、从属关系等实施性骚扰。该条第2款如何理解和适用,部分地方司法机关、研究机构进行了研讨,详见如下:

(1)《民法典》第1010条第2款规定的单位"应当采取合理的预防、受理投诉、调查处置等措施"的性质如何理解?①

研讨活动中,有观点认为,《民法典》第1010条第2款的规定属于倡导性规则,不是民法上的义务。首先,单位无法通过事先的预防措施避免性骚扰的发生,即单位不履行防治义务不一定对损害后果产生确定的原因力;其次,该条规定的单位责任属于管理责任,并非平等主体之间的义务;最后,单位义务的范围在实践中难以统一。因此,单位对于性骚扰防治的不作为不应承担民事责任,但可以通过劳动法等其他法律途径解决。

多数意见认为,《民法典》第1010条第2款中的单位义务属于法定义务,且该义务类似于安全保障义务。单位基于对雇员的管理、对环境的掌控,拥有在性骚扰发生后获取证据、及时采取补救措施的便利地位。因此,单位应当建立预防性骚扰的相关机制,并在发生问题时及时救助,否则可参照安全保障义务承担相应的补充责任。

(2)性骚扰行为发生后,单位的责任承担,是否要考虑单位的预防措施与侵权行为之间的因果关系?②

研讨活动中,一致意见认为,应当考虑因果关系。性骚扰行为发生后,单位

---

① 摘自《〈民法典〉司法实务论坛研讨活动要点摘编(七)》之问题三,上海市高级人民法院研究室、民事审判庭会同第二中级人民法院就研讨问题及会议讨论的观点意见进行梳理汇总形成,来源:上海市高级人民法院研究室"中国上海司法智库"公众号,2021年4月24日发布。

② 摘自《〈民法典〉司法实务论坛研讨活动要点摘编(七)》之问题四,上海市高级人民法院研究室、民事审判庭会同第二中级人民法院就研讨问题及会议讨论的观点意见进行梳理汇总形成,来源:上海市高级人民法院研究室"中国上海司法智库"公众号,2021年4月24日发布。

承担责任的依据是构成不作为侵权，而因果关系是侵权责任的核心构成要件，在法律没有特殊规定的情况下，应当对因果关系进行审查，若不考虑因果关系，对于单位而言，责任过于严苛。

3. 用人单位应采取合理措施防止、制止性骚扰

在《民法典》施行前，部分地方（如江苏省）已经对用人单位预防和制止性骚扰应当采取的措施进行了列举。

《江苏省女职工劳动保护特别规定》（2018年7月1日起施行）第19条规定："用人单位应当采取下列措施预防和制止对女职工的性骚扰：

（一）制定禁止劳动场所性骚扰的规章制度；

（二）开展预防和制止性骚扰的教育培训活动；

（三）提供免受性骚扰的工作环境；

（四）畅通投诉渠道，及时处理并保护当事人隐私；

（五）预防和制止对女职工性骚扰的其他措施。"

根据《民法典》第1010条第2款的规定，用人单位应采取合理措施防止、制止性骚扰。如果用人单位未采取合理措施，将对性骚扰造成的损害结果向受害者承担补偿责任。分解该条该款可以看出，用人单位应采取的合理措施应包括但不限于有合理的性骚扰预防措施、受理投诉措施、调查处置措施。

2022年修订的《妇女权益保障法》对《民法典》1010条第2款用人单位应采取的措施进行了细化。2022年修订的《妇女权益保障法》第25条规定："用人单位应当采取下列措施预防和制止对妇女的性骚扰：

（一）制定禁止性骚扰的规章制度；

（二）明确负责机构或者人员；

（三）开展预防和制止性骚扰的教育培训活动；

（四）采取必要的安全保卫措施；

（五）设置投诉电话、信箱等，畅通投诉渠道；

（六）建立和完善调查处置程序，及时处置纠纷并保护当事人隐私和个人信息；

（七）支持、协助受害妇女依法维权，必要时为受害妇女提供心理疏导；

第四章 涉女职工问题

（八）其他合理的预防和制止性骚扰措施。"

四、"三期"女职工特殊保护

1. "三期"的概念

"三期"女职工是指处在孕期、产期、哺乳期的女职工。

孕期是指怀孕至产前 15 天。

产期是指产前 15 天到国家规定的产假与各地增加的天数相加后的到期日。

哺乳期是指产假到期日至小孩年满一周岁期间。

2. "三期"女职工的特殊保护

（1）用人单位不能解除"三期"女职工劳动合同、不得降低其工资

《女职工劳动保护特别规定》第 5 条规定："用人单位不得因女职工怀孕、生育、哺乳降低其工资、予以辞退、与其解除劳动或者聘用合同。"

2022 年修订的《妇女权益保障法》第 48 条规定："用人单位不得因结婚、怀孕、产假、哺乳等情形，降低女职工的工资和福利待遇，限制女职工晋职、晋级、评聘专业技术职称和职务，辞退女职工，单方解除劳动（聘用）合同或者服务协议。女职工在怀孕以及依法享受产假期间，劳动（聘用）合同或者服务协议期满的，劳动（聘用）合同或者服务协议期限自动延续至产假结束。但是，用人单位依法解除、终止劳动（聘用）合同、服务协议，或者女职工依法要求解除、终止劳动（聘用）合同、服务协议的除外。用人单位在执行国家退休制度时，不得以性别为由歧视妇女。"

《劳动合同法》第 42 条规定，女职工在孕期、产期、哺乳期的，用人单位不得依据本法第 40 条、第 41 条的规定解除劳动合同（但女职工具有过错符合《劳动合同法》第 39 条情形的可以解除劳动合同）。

（2）用人单位应将孕期女职工产检时间计入劳动时间，不得安排怀孕 7 个月以上女职工加班或夜班

《女职工劳动保护特别规定》第 6 条规定："女职工在孕期不能适应原劳动的，用人单位应当根据医疗机构的证明，予以减轻劳动量或者安排其他能够适应的劳动。对怀孕 7 个月以上的女职工，用人单位不得延长劳动时间或者安排夜班

劳动,并应当在劳动时间内安排一定的休息时间。怀孕女职工在劳动时间内进行产前检查,所需时间计入劳动时间。"

(3) 女职工依法享有产假

《女职工劳动保护特别规定》第 7 条规定:"女职工生育享受 98 天产假,其中产前可以休假 15 天;难产的,增加产假 15 天;生育多胞胎的,每多生育 1 个婴儿,增加产假 15 天。女职工怀孕未满 4 个月流产的,享受 15 天产假;怀孕满 4 个月流产的,享受 42 天产假。"

(4) 用人单位应保障哺乳期女职工的哺乳时间,不得安排哺乳期女职工加班或夜班

《女职工劳动保护特别规定》第 9 条规定:"对哺乳未满 1 周岁婴儿的女职工,用人单位不得延长劳动时间或者安排夜班劳动。用人单位应当在每天的劳动时间内为哺乳期女职工安排 1 小时哺乳时间;女职工生育多胞胎的,每多哺乳 1 个婴儿每天增加 1 小时哺乳时间。"

3. 违反"三期"女职工特殊保护的罚则

《女职工劳动保护特别规定》第 13 条第 1 款规定:"用人单位违反本规定第六条第二款、第七条、第九条第一款规定的,由县级以上人民政府人力资源社会保障行政部门责令限期改正,按照受侵害女职工每人 1000 元以上 5000 元以下的标准计算,处以罚款。"

2022 年修订的《妇女权益保障法》第 83 条规定:"用人单位违反本法第四十三条和第四十八条规定的,由人力资源和社会保障部门责令改正;拒不改正或者情节严重的,处一万元以上五万元以下罚款。"

第二节 女职工"三期"假期

一、产假、陪产假

	假期类别		时间及享受条件
全国	产前检查		怀孕女职工在劳动时间内进行产前检查，所需时间计入劳动时间。
	工间休息		妊娠7个月以上（按28周计算），应给予每天工间休息时间。
	产假	顺产	享受98天产假，其中产前可以休假15天。
		难产	增加产假15天。
		多胞胎	每多生育1个婴儿，可增加产假15天。
		流产	怀孕未满4个月流产的，享受15天产假；怀孕满4个月流产的，享受42天产假。
	哺乳时间		对哺乳未满1周岁婴儿的女职工，用人单位应当在每天的劳动时间内为哺乳期女职工安排1小时哺乳时间；女职工生育多胞胎的，每多哺乳1个婴儿每天增加1小时哺乳时间。
地方增加	北京		按规定生育的，可再享受生育奖励假30天，其配偶享受陪产假15天；经单位同意，可再增加假期1—3个月。
	上海		符合法律法规规定生育的，女方还可以再享受生育假30天，男方享受陪产假10天。
	山东		符合法律、法规规定生育子女的夫妻，依法增加女职工产假60天、给予男方护理假7天。
全国各地对增加产假的天数各有规定，部分地方对流产假有更优化规定。			

二、保胎假、产前假、哺乳假

1. 保胎假

关于保胎假，原国家劳动总局保险福利司相关复函有所提及，现部分地方也进行了规定。各地规定不一，部分地方将保胎假按病假处理。

（1）国家层面

《国家劳动总局保险福利司关于女职工保胎休息和病假超过六个月后生育时的待遇问题给上海市劳动局的复函》第1条规定："女职工按计划生育怀孕，经过医师开据证明，需要保胎休息的，其保胎休息的时间，按照本单位实行的疾病待遇的规定办理。"

（2）湖南

《湖南省女职工劳动保护特别规定》第7条第5项规定，对经二级以上医疗机构诊断确需保胎休息的，保胎休息时间按照病假处理。

（3）江西

《江西省女职工劳动保护特别规定》第11条规定："女职工有先兆流产症状或者有习惯性流产史，本人提出保胎休息的，用人单位应当根据医疗机构证明和单位实际情况适当安排。女职工有先兆流产症状，根据医疗机构证明，需保胎休息三个月以上的，其休息期间的工资可以按工资的百分之七十至百分之百发给；有习惯性流产史的，经医疗机构证明，其保胎休息期间的工资按工资的百分之百计发。"

2. 产前假

部分地方规定了产前假，产前假并不是指《女职工劳动保护特别规定》产前可以休的15天，而是指需女职工提出申请并经单位批准的假。

需要注意的是，2019年通过的《山东省女职工劳动保护办法》及《湖南省女职工劳动保护特别规定》中已经没有了之前产前假的规定。

（1）上海

《上海市女职工劳动保护办法》第12条规定："女职工妊娠七个月以上（按二十八周计算），应给予每天工间休息一小时，不得安排夜班劳动。如工作许可，经本人申请，单位批准，可请产前假两个半月。"

第18条规定："女职工在产假期间的工资照发。按本规定享受的产前假和哺乳假的工资按本人原工资的百分之八十发给。单位增加工资时，女职工按规定享受的产前假、产假、哺乳假，应作出勤对待。"

《上海市实施〈中华人民共和国妇女权益保障法〉办法》第23条第3款规

定：“经二级以上医疗保健机构证明有习惯性流产史、严重的妊娠综合征、妊娠合并症等可能影响正常生育的，本人提出申请，用人单位应当批准其产前假。”

第 5 款规定：“女职工按有关规定享受的产前假、哺乳假期间的工资不得低于其原工资性收入的百分之八十；调整工资时，产前假、产假、哺乳假视作正常出勤。"

《上海市妇女权益保障条例》第 45 条未对以上内容进行实质性修改。

（2）福建

《福建省企业女职工劳动保护条例》第 12 条第 3 款规定：“女职工怀孕七个月以上，经本人申请、用人单位批准，可以请产前假。"

第 16 条规定：“女职工休产前假、哺乳假期间，工资由用人单位按不低于生育津贴百分之六十的标准支付，并不得低于当地最低工资标准。”

3. 哺乳假

职工产假期满，经本人申请、用人单位批准，可以请哺乳假。

（1）上海

《上海市女职工劳动保护办法》第 16 条规定：“女职工生育后，若有困难且工作许可，由本人提出申请，经单位批准，可请哺乳假六个半月。”

第 18 条规定：“女职工在产假期间的工资照发。按本规定享受的产前假和哺乳假的工资按本人原工资的百分之八十发给。单位增加工资时，女职工按规定享受的产前假、产假、哺乳假，应作出勤对待。”

《上海市实施〈中华人民共和国妇女权益保障法〉办法》第 23 条第 4 款规定：“经二级以上医疗保健机构证明患有产后严重影响母婴身体健康疾病的，本人提出申请，用人单位应当批准其哺乳假。”

《上海市妇女权益保障条例》第 45 条未对以上内容进行实质性修改。

（2）福建

《福建省企业女职工劳动保护条例》第 12 条第 4 款规定：“女职工产假期满，经本人申请、用人单位批准，可以请哺乳假至婴儿满一周岁。"

第 16 条规定：“女职工休产前假、哺乳假期间，工资由用人单位按不低于生育津贴百分之六十的标准支付，并不得低于当地最低工资标准。”

(3) 江西

《江西省女职工劳动保护特别规定》第 14 条规定："女职工产假期满，经本人申请，用人单位批准，可以请假至婴儿满一周岁，请假期间的待遇由双方协商确定。产假期满上班的，用人单位应当给予一至二周的适应时间。"

(4) 湖南

《湖南省女职工劳动保护特别规定》第 11 条第 3 款规定："产假期满，经本人申请，用人单位批准，可以请假至婴儿 1 周岁，请假期间的待遇由双方协商确定。"

第三节 "三期"女职工合规管理

一、"三期"女职工的解除问题

实务中，部分用人单位或者"三期"女职工本人，在法律理解上有一个误区，认为用人单位无论什么情况都无法解除"三期"女职工的劳动关系，这种理解是错误的。虽然我国法律对"三期"女职工进行特殊的保护，不能适用《劳动合同法》第 40 条"预告解除条款"及第 41 条"裁员条款"对"三期"女职工进行解除，但是"三期"女职工如果出现《劳动合同法》第 39 条中的过错情形，用人单位依然可以行使即时解除权。

用人单位如果被认定违法解除劳动关系，劳动者可以要求用人单位支付赔偿金或要求继续履行合同。与赔偿金相比，用人单位更担心劳动合同被继续履行。"三期"女职工被违法解除后，如果其要求继续履行劳动合同，相较其他劳动者，被支持继续履行的可能性更大。所以，不管是从人性化管理角度还是从法律风险防范角度，针对"三期"女职工的解除问题，用人单位应格外谨慎。

二、产前检查问题

虽然《女职工劳动保护特别规定》第 6 条第 3 款规定："怀孕女职工在劳动

第四章　涉女职工问题

时间内进行产前检查，所需时间计入劳动时间。"但是产前检查的次数，该规定却未进行明确。部分地方对产前检查的次数、每次检查的时长进行了规定。没有地方规定的地区，对于产前检查的次数，可以参考《孕产期保健工作管理办法》和《孕产期保健工作规范》中的规定。

《孕产期保健工作管理办法》第11条第2款规定："在整个妊娠期间至少提供5次产前检查，发现异常者应当酌情增加检查次数。根据不同妊娠时期确定各期保健重点。"

《孕产期保健工作规范》中第二部分孕产期保健服务中规定，孕期应当至少检查5次。其中孕早期至少进行1次，孕中期至少2次（建议分别在孕16—20周、孕21—24周各进行1次），孕晚期至少2次（其中至少在孕36周后进行1次），发现异常者应当酌情增加检查次数。

三、女职工入职时隐瞒怀孕情况的处理

女职工入职时并未告知用人单位怀孕，入职后用人单位才发现，应分情况处理：

1. 一般情况下，用人单位以女职工隐瞒怀孕存在欺诈为由，请求确认劳动合同无效的，得到裁判机构支持的可能性较小。

2. 用人单位如能够证明以下情形之一的，其确认劳动合同无效的请求，有得到裁判机构支持的可能：（1）女职工是否怀孕与其应聘工作岗位和职责存在直接和实质关联性，是决定用人单位是否与之签订劳动合同的关键因素；（2）用人单位有规章制度规定，或者录用通知等书面文件上载明了虚假陈述的后果；（3）女职工否认入职时知晓怀孕，但用人单位能证明女职工入职时已知晓怀孕。

四、怀孕的开始时间

确定怀孕开始的时间十分重要，确定怀孕后女职工即进入"三期"，该期间劳动关系不得解除、终止。怀孕开始的时间并不是医院检查报告确定怀孕的时间，怀孕开始的时间早于检查报告确定怀孕的时间。怀孕开始时间又称为受孕

日，如何确定受孕日，法律并未进行明确的规定。

在（2014）杨民一（民）初字第7748号案件中，原告孕期起算点是该案的焦点之一。在该案判决书中，法院认为："对此，本院认为，受孕日的确定受孕妇月经周期、身体状况、情绪波动、环境因素等影响，无法一言以蔽之，医学上的孕期将末次月经开始的第一天作为孕期开始的第一天，有其医学理论依据，亦符合科学，并且被普遍采用与践行。现根据原告于2015年3月25日足月（40周）分娩可推算原告孕期自2014年6月19日前后开始，故本院确定原告于劳动合同期限内已处于孕期。被告关于孕期自受孕日开始的主张，系其单方推论，本院不予采纳。"

该案中，法院"以末次月经开始的第一天作为孕期开始的第一天"的判决观点，可以作为实务中确定受孕日的参考。

末次月经英文简称为LMP（全称为：Last Menstrual Period），一般情况下医院的检查报告（记录）会显示产检女职工的末次月经时间（LMP）。

五、劳动合同终止后才知道怀孕的撤销问题

劳动合同期满用人单位不再续签并与女职工签订终止协议后，女职工发现自己怀孕的，该协议是否可以撤销，法律并没有明确的规定。针对该问题，各地裁判观点不一。有地方规定的地区可以参考地方规定。没有地方规定的地区，如上海，在同一地区针对该情形出现了不同的判决结果。

支持撤销的判决：

在（2014）杨民一（民）初字第7748号案件中，原、被告所签终止劳动合同协议的效力是该案的焦点之二，在该案判决书中，法院认为："从受孕到被确诊怀孕需借助一定的医疗手段，普通人一般无法自行及时判断，尤其是怀孕初期，因原告孕期开始至合同到期相隔较短，故原告在怀孕初期确存在不知道怀孕的可能，依据病史记录，原告首次就诊确认怀孕系在2014年8月1日，故原告现以存在重大误解为由要求撤销双方签订的终止劳动合同协议，恢复与被告的劳动关系，符合法律规定，本院予以支持。"

不支持撤销的判决：

第四章 涉女职工问题

在（2016）沪0115民初54342号案件中（二审维持，再审调解结案），判决书中写道："虞某某虽主张其在签署协议书时并不知晓已怀孕，对协议书存在重大误解，但虞某某主张的上述所谓重大误解并不属于法定的重大误解之情形。"

六、劳动合同到期前协商一致解除劳动合同，后女职工发现怀孕的撤销问题

劳动合同到期前用人单位和女职工协商一致解除劳动合同，后女职工发现自己怀孕的，该协议是否可以撤销，法律并没有明确的规定。针对该问题，部分地区出台了具体的规定，比如北京，根据《北京市高级人民法院、北京市劳动争议仲裁委员会关于劳动争议案件法律适用问题研讨会会议纪要（二）》（京高法发〔2014〕220号）第45条的规定，女职工在未知自己怀孕的情况下与用人单位协商解除劳动合同后，又要求撤销解除协议或者要求继续履行原合同的，如何处理？

女职工与用人单位协商解除劳动合同后，发现自己怀孕后又要求撤销协议或者要求继续履行原合同的，一般不予支持。

没有地方规定的地区，比如上海，在同一地区针对该情形出现了不同的判决结果。

支持撤销的判决：

如（2010）浦民一（民）初字第27916号案件，在该案判决书中写道："根据原告提供的检验报告单、超声报告单，虽然原告在签订协商解除劳动关系及过渡期合同（2010年5月12日）时已经处于怀孕周期内，但原告在签订该协议时不可能、也无法预见到自己怀孕的事实，故对原告主张其在不知晓自己已经怀孕的情况下与被告签订协商解除劳动关系及过渡期合同的情形属于重大误解，该协议应予以撤销的意见，本院予以采纳。"

不支持撤销的判决：

如（2014）闸民四（民）初字第53号案件，在该案判决书中写道："本院认为，劳动合同法规定用人单位与劳动者协商一致可以解除劳动合同。本案原告与被告经协商一致解除了劳动合同，并订立了《解除劳动合同协议书》，该协议

内容于法不悖，具有法律效力。原告称其在订立协议时不知道自己已怀孕，属重大误解。本院认为行为人因对行为的性质、对方当事人、标的物的品种、质量、规格和数量等的错误认识，使行为的后果与自己的意思相悖，并造成较大损失的，可以认定为重大误解。而原告在与被告订立解除协议时，对协议约定解除劳动合同的内容并不存在错误认识，对其签字所产生的法律后果也是明知的，因此同意解除劳动合同是原告当时的真实意思表示。原告作为已婚妇女，对于解除劳动合同这一关系到其切身利益的重大事项，本应在充分考虑各种可能性后才慎重决定，原告称订立协议时不知道自己已怀孕，是原告对自身生理状况的认识错误，并非对《解除劳动合同协议书》的内容、性质以及行为的后果存有误解。原告以重大误解为由要求撤销《解除劳动合同协议书》的主张不能成立，本院对原告要求被告从 2013 年 9 月 3 日起恢复双方的劳动关系、继续履行劳动合同的诉讼请求不予支持。"

七、关于撤销权的规定

1. 法律、司法解释关于撤销权的规定

(1)《民法总则》① 关于撤销权和时效的规定：

第 147 条规定："基于重大误解实施的民事法律行为，行为人有权请求人民法院或者仲裁机构予以撤销。"

第 152 条规定："有下列情形之一的，撤销权消灭：

（一）当事人自知道或者应当知道撤销事由之日起一年内、重大误解的当事人自知道或者应当知道撤销事由之日起三个月内没有行使撤销权；

（二）当事人受胁迫，自胁迫行为终止之日起一年内没有行使撤销权；

（三）当事人知道撤销事由后明确表示或者以自己的行为表明放弃撤销权。

当事人自民事法律行为发生之日起五年内没有行使撤销权的，撤销权消灭。"

(2)《合同法》② 关于撤销权和时效的规定：

第 54 条规定："下列合同，当事人一方有权请求人民法院或者仲裁机构变更

---

① 《民法典》自 2021 年 1 月 1 日起施行，《民法总则》同时废止。
② 《民法典》自 2021 年 1 月 1 日起施行，《合同法》同时废止。

第四章 涉女职工问题

或者撤销：

（一）因重大误解订立的；

（二）在订立合同时显失公平的。

一方以欺诈、胁迫的手段或者乘人之危，使对方在违背真实意思的情况下订立的合同，受损害方有权请求人民法院或者仲裁机构变更或者撤销。

当事人请求变更的，人民法院或者仲裁机构不得撤销。"

第55条规定："有下列情形之一的，撤销权消灭：

（一）具有撤销权的当事人自知道或者应当知道撤销事由之日起一年内没有行使撤销权；

（二）具有撤销权的当事人知道撤销事由后明确表示或者以自己的行为放弃撤销权。"

（3）《民法典》关于撤销权和时效的规定：

第147条规定："基于重大误解实施的民事法律行为，行为人有权请求人民法院或者仲裁机构予以撤销。"

第148条规定："一方以欺诈手段，使对方在违背真实意思的情况下实施的民事法律行为，受欺诈方有权请求人民法院或者仲裁机构予以撤销。"

第149条规定："第三人实施欺诈行为，使一方在违背真实意思的情况下实施的民事法律行为，对方知道或者应当知道该欺诈行为的，受欺诈方有权请求人民法院或者仲裁机构予以撤销。"

第150条规定："一方或者第三人以胁迫手段，使对方在违背真实意思的情况下实施的民事法律行为，受胁迫方有权请求人民法院或者仲裁机构予以撤销。"

第151条规定："一方利用对方处于危困状态、缺乏判断能力等情形，致使民事法律行为成立时显失公平的，受损害方有权请求人民法院或者仲裁机构予以撤销。"

第152条规定："有下列情形之一的，撤销权消灭：

（一）当事人自知道或者应当知道撤销事由之日起一年内、重大误解的当事人自知道或者应当知道撤销事由之日起九十日内没有行使撤销权；

（二）当事人受胁迫，自胁迫行为终止之日起一年内没有行使撤销权；

(三) 当事人知道撤销事由后明确表示或者以自己的行为表明放弃撤销权。

当事人自民事法律行为发生之日起五年内没有行使撤销权的，撤销权消灭。"

(4)《最高人民法院关于审理劳动争议案件适用法律问题的解释（一）》关于撤销权的规定：

《最高人民法院关于审理劳动争议案件适用法律问题的解释（一）》第35条规定："劳动者与用人单位就解除或者终止劳动合同办理相关手续、支付工资报酬、加班费、经济补偿或者赔偿金等达成的协议，不违反法律、行政法规的强制性规定，且不存在欺诈、胁迫或者乘人之危情形的，应当认定有效。前款协议存在重大误解或者显失公平情形，当事人请求撤销的，人民法院应予支持。"

2.《合同法》和《民法总则》关于因重大误解行使撤销权的期限的不同规定以及适用

(1) 因重大误解行使撤销权的期限的不同规定

《合同法》规定了包括因重大误解在内的事由行使撤销权需在一年内行使，而2017年新施行的《民法总则》规定了重大误解的当事人需在三个月之内行使撤销权。

(2) 因重大误解行使撤销权应按照《民法总则》规定在三个月之内行使

根据《全国法院民商事审判工作会议纪要》（法〔2019〕254号）（以下简称《九民纪要》）的规定："2.【民法总则与合同法的关系及其适用】根据民法典编撰工作'两步走'的安排，民法总则施行后，目前正在进行民法典的合同编、物权编等各分编的编撰工作。民法典施行后，合同法不再保留。在这之前，因民法总则施行前成立的合同发生的纠纷，原则上适用合同法的有关规定处理。因民法总则施行后成立的合同发生的纠纷，如果合同法'总则'对此的规定与民法总则的规定不一致的，根据新的规定优于旧的规定的法律适用规则，适用民法总则的规定……

民法总则施行后发生的纠纷，在民法典施行前，如果合同法'分则'对此的规定与民法总则不一致的，根据特别规定优于一般规定的法律适用规则，适用合同法'分则'的规定。例如，民法总则仅规定了显名代理，没有规定《合同法》第402条的隐名代理和第403条的间接代理。在民法典施行前，这两条规定应当继续适用。"

所以,在《民法总则》施行后、《民法典》施行前,《合同法》总则的规定与《民法总则》的规定不一致的,适用《民法总则》的规定,重大误解的当事人需要在三个月内行使撤销权。

《民法典》施行后,重大误解的当事人需要在三个月内行使撤销权。

第五章　劳动合同解除和终止

随着我国劳动法律制度的日趋完备、国家司法及执法力度的加大、劳动者维权意识的增强，对企业的用工合规提出了更高的要求。如用人单位不能准确地理解和运用劳动法，将面临巨大的法律风险。

从前期招聘、签订劳动合同、劳动合同的履行、劳动合同的变更、直到劳动合同的解除和终止，企业用工的各个环节都存在不同程度的风险。但在诸多风险当中，矛盾最激烈、处理难度最大、最易爆发的环节就是劳动合同的解除和终止环节。

劳动合同的解除和终止环节，矛盾最激烈、处理难度最大、最易爆发，究其原因是：

1. 解除和终止是身份关系的终结

解除和终止代表着用人单位和劳动者身份关系的结束，身份关系的结束时常带来剧烈的震动，婚姻关系的解除也是如此，好聚好散的相对较少。

2. 解除和终止时，诉求将统一爆发

在劳动关系解除和终止环节，一方由于之前存在身份关系对另一方未表达的诉求和不满，随着身份关系的结束，将一并在这个环节爆发。

3. 解除和终止时，对立情绪严重

解除和终止时，大部分是一方提出，并未与对方进行充分协商，所以容易产生情绪上的对立。在裁员情形下，该情况表现得尤为突出，如果处理不妥，极易产生群体性事件。

4. 解除和终止时，双方对规定理解不准确

要处理好解除和终止，不但要充分理解解除和终止的规定，还需要理解在解除和终止时一并爆发的其他劳动关系矛盾的处理规定。但是用人单位和劳动者往往对劳动法规定理解不充分或者进行选择性理解，从而导致产生错误的预判，使得双方差距巨大，和平分手的可能性也大大降低。

第一节　劳动合同解除的种类

劳动合同的解除分为两大类，第一类是协商一致解除，第二类是单方解除。单方解除分为劳动者单方解除和用人单位单方解除。劳动者单方解除可分为劳动者预告解除和劳动者即时解除。用人单位单方解除分为用人单位即时解除、用人单位预告解除、裁员。

第二节　协商一致解除

协商一致解除又可称为双方合意解除，《劳动合同法》第36条规定："用人单位与劳动者协商一致，可以解除劳动合同。"

协商一致解除分为两种情况：

1. 劳动者提出解除劳动合同并与用人单位协商一致；
2. 用人单位提出解除劳动合同并与劳动者协商一致。

一、劳动者提出解除劳动合同并与用人单位协商一致

1. 劳动者提出解除劳动合同并与用人单位协商一致的，用人单位无须支付经济补偿金；

2. 在劳动者提出解除的情形下，建议用人单位让劳动者书写离职申请并留档，以免发生争议时被认定为用人单位提出解除，导致支付经济补偿金的结果发生。

二、用人单位提出解除劳动合同并与劳动者协商一致

1. 用人单位提出解除劳动合同并与劳动者协商一致的，按照《劳动合同法》第 46 条第 2 项的规定，应当向劳动者支付经济补偿。

2. 当用人单位对劳动者出现不满，希望尽快解除劳动合同，但该劳动者又不符合被即时解除、预告解除、裁员的法定情形时，用人单位可以通过协商一致的方式解除劳动合同，避免因鲁莽解除而被认定为违法的结果发生。

三、协商一致协议的效力

1. 除法定情形外，协商一致协议一般都认定为有效

用人单位与劳动者解除或终止劳动合同时双方自愿签订了协议，只要不具备法定情形，一方当事人反悔，主张双方约定无效或者主张撤销的，一般难以得到裁判机构的支持。

所以，不论用人单位还是劳动者，需认真斟酌后再签订协议，以免利益受损。

2. 司法解释中关于协商一致协议的效力规定

《最高人民法院关于审理劳动争议案件适用法律问题的解释（一）》第 35 条规定："劳动者与用人单位就解除或者终止劳动合同办理相关手续、支付工资报酬、加班费、经济补偿或者赔偿金等达成的协议，不违反法律、行政法规的强制性规定，且不存在欺诈、胁迫或者乘人之危情形的，应当认定有效。前款协议存在重大误解或者显失公平情形，当事人请求撤销的，人民法院应予支持。"

3. 《九民纪要》中关于强制性规定识别的规定

根据《九民纪要》的规定："30.【强制性规定的识别】合同法施行后，针对一些人民法院动辄以违反法律、行政法规的强制性规定为由认定合同无效，不当扩大无效合同范围的情形，合同法司法解释（二）第 14 条将《合同法》第 52

第五章　劳动合同解除和终止

条第 5 项规定的'强制性规定'明确限于'效力性强制性规定'。此后,《最高人民法院关于当前形势下审理民商事合同纠纷案件若干问题的指导意见》进一步提出了'管理性强制性规定'的概念,指出违反管理性强制性规定的,人民法院应当根据具体情形认定合同效力。随着这一概念的提出,审判实践中又出现了另一种倾向,有的人民法院认为凡是行政管理性质的强制性规定都属于'管理性强制性规定',不影响合同效力。这种望文生义的认定方法,应予纠正。

人民法院在审理合同纠纷案件时,要依据《民法总则》第 153 条第 1 款和合同法司法解释(二)第 14 条的规定慎重判断'强制性规定'的性质,特别是要在考量强制性规定所保护的法益类型、违法行为的法律后果以及交易安全保护等因素的基础上认定其性质,并在裁判文书中充分说明理由。下列强制性规定,应当认定为'效力性强制性规定':强制性规定涉及金融安全、市场秩序、国家宏观政策等公序良俗的;交易标的禁止买卖的,如禁止人体器官、毒品、枪支等买卖;违反特许经营规定的,如场外配资合同;交易方式严重违法的,如违反招投标等竞争性缔约方式订立的合同;交易场所违法的,如在批准的交易场所之外进行期货交易。关于经营范围、交易时间、交易数量等行政管理性质的强制性规定,一般应当认定为'管理性强制性规定'。"

四、协商解除协议范本

范本:

协商解除协议

甲方:＿＿＿＿＿＿公司

乙方:＿＿＿＿＿＿(先生/女士)　　身份证号码:＿＿＿＿＿＿＿

甲乙双方经友好协商,根据中华人民共和国法律法规,就解除甲乙双方劳动关系一事达成如下协议:

1. 经甲乙双方协商同意,＿＿＿＿年＿＿月＿＿日双方解除劳动合同,双方劳动关系结束。

2. 甲方根据法律规定支付乙方工资至_____年___月___日。甲方无须向乙方支付任何经济补偿金。乙方的社会保险将缴纳至_____年___月___日，公积金将缴纳至_____年___月___日。甲方履行完上述事宜后，甲乙双方在劳动关系存续期间的所有劳动报酬、补偿、款项均已结清，包括但不限于工资报酬、奖金、津贴、销售提成、加班工资、应休未休年休假工资报酬、福利待遇、经济补偿、社会保险等各项支付义务。

3. 乙方应于本协议签署之日将其占有使用的甲方财物、与甲方有关的所有资料移交给甲方_____（先生/女士），并与甲方_____（先生/女士）办理工作移交手续。甲方有权在乙方完成交接工作后向乙方发放上述所有费用。

4. 乙方承诺保守在甲方获得的各种信息，包括但不限于客户资料、业务信息、各类文档数据等，不泄漏上述信息或将上述信息用于甲方以外的第三方，包括不用于乙方个人用途。

5. 本协议签署后，乙方承诺：

（1）不会以甲方及甲方的关联公司为对象进行投诉举报、申请劳动仲裁、申请劳动监察、提起诉讼以及其他追究法律责任的司法和行政请求；

（2）不以任何形式和理由向甲方及甲方关联公司追究经济补偿金、赔偿金以及其他费用；

（3）不以任何形式和理由做出对甲方及甲方关联公司、在职或离职员工有或者可能有负面影响的言论及行为；

（4）乙方违反上述任何一项承诺的，甲方免除支付义务，已经支付的费用，乙方应当返还。

6. 本协议一式两份，甲乙双方各持一份。经甲乙双方签字或盖章后生效。除非法律规定或者司法行政机关的要求，任何一方不得向第三方透露该协议内容。

甲方：_____公司　　　乙方：_____（先生/女士）
日期：　　　　　　　　　　　日期：

注：使用范本者可根据自身情况对范本进行修改后使用。鉴于使用主体情况

各异、各地司法裁判口径不一等多方面原因,此范本仅作参考,范本提供者无法保证范本效力。

第三节　劳动者预告解除

一、劳动者预告解除需提前通知用人单位

劳动者不需要任何理由就可以解除劳动合同,但是劳动者必须提前通知用人单位。根据《劳动合同法》第37条的规定,劳动者预告解除分为:

1. 劳动者提前三十日以书面形式通知用人单位,可以解除劳动合同(注意需书面形式);

2. 劳动者在试用期内提前三日通知用人单位,可以解除劳动合同。

二、劳动者预告解除未提前通知用人单位的责任

在我国现行的法律体系中,只有用人单位支付代通金的概念,并没有劳动者支付代通金的概念。若劳动者违反《劳动合同法》第37条规定,未提前三十日或试用期内提前三日单方解除劳动合同,造成用人单位损失的,劳动者应按照《劳动合同法》第90条的规定向用人单位进行赔偿,无法用向用人单位支付代通金的方式进行替代。对于造成的经济损失,用人单位负有举证责任。

三、事先约定劳动者未提前通知赔偿金额或计算方式的效力

劳动者未提前通知用人单位解除劳动合同,未给用人单位造成损失的,用人单位以事先关于赔偿金金额或计算方式的约定要求劳动者赔偿,一般情况不会得到裁判机构的支持。

如(2015)沪一中民三(民)终字第859号案件,法院认为:"劳动者未提前一个月通知解除劳动合同,给用人单位造成了实际损失,是劳动者承担赔偿责任的前提,该损失的举证责任由用人单位承担。至于双方是否可以事先约定损失

· 179 ·

的金额或计算方式。鉴于赔偿损失的属性是补偿，弥补非违约人所遭受的损失，该属性决定了赔偿损失的适用前提是违约行为造成财产等损失的后果，如果违约行为未给非违约人造成损失，则不能用赔偿损失的方法来追究违约人的责任。因此，本案中双方事先约定损失的金额不符合赔偿损失的属性，该约定的实质属于事先约定违约金。又由于劳动法律关系的公法特征决定了劳动合同关系不同于一般民事合同关系完全遵从双方意思自治的特殊性，劳动合同法对于在何种情形下，劳动合同双方可以约定违约金亦作出了一定的限制，即《劳动合同法》第25条规定，只有在劳动者违反服务期的约定或竞业限制约定的情形下，用人单位才能与劳动者约定由劳动者承担违约金，而约定服务期的前提条件是用人单位为劳动者提供专项培训费用，对劳动者进行专业技术培训。本案中，不存在T公司为林某提供专业技术培训并约定服务期的情形，也就不存在适用违约金的前提。"

第四节　劳动者即时解除

《劳动合同法》第38条规定："用人单位有下列情形之一的，劳动者可以解除劳动合同：

（一）未按照劳动合同约定提供劳动保护或者劳动条件的；

（二）未及时足额支付劳动报酬的；

（三）未依法为劳动者缴纳社会保险费的；

（四）用人单位的规章制度违反法律、法规的规定，损害劳动者权益的；

（五）因本法第二十六条第一款规定的情形致使劳动合同无效的；

（六）法律、行政法规规定劳动者可以解除劳动合同的其他情形。

用人单位以暴力、威胁或者非法限制人身自由的手段强迫劳动者劳动的，或者用人单位违章指挥、强令冒险作业危及劳动者人身安全的，劳动者可以立即解除劳动合同，不需事先告知用人单位。"

劳动者依照《劳动合同法》第38条解除劳动合同的，用人单位应当按照

第五章　劳动合同解除和终止

《劳动合同法》第46条第1项的规定，向劳动者支付经济补偿。

一、未按照劳动合同约定提供劳动保护或者劳动条件的

1. 实务理解

劳动保护和劳动条件，是指劳动合同中约定的用人单位对劳动者所从事的劳动必须提供的生产、工作条件和劳动安全卫生保护措施，即用人单位保证劳动者完成劳动任务和劳动过程中安全健康保护的基本要求。

2. 实际案例

【案例5-1】关闭系统导致劳动者无法正常工作，且对劳动者收入造成影响的，视为未提供劳动条件，判决用人单位支付经济补偿金

(2019) 沪02民终1872号案件中，法院认为："劳动合同法规定，用人单位未按照劳动合同约定提供劳动保护或者劳动条件的，劳动者可以解除劳动合同。首先，从A公司的客户管理系统内容来看，该系统不仅仅用于记录、管理客户的相关信息，还存有产品信息用于向客户介绍、发送产品的功能，王某作为销售人员虽不排除通过电话、微信等其他手段联系客户的情形，但其主要工作仍需依赖于该系统，A公司关闭客户管理系统势必会对王某的销售工作造成影响。A公司主张关闭客户管理系统不影响王某的工作，本院不予采纳。其次，A公司可以对王某的客户系统进行调查，但应当适度进行。A公司在2018年2月12日至4月28日，两次关闭王某的客户管理系统，时间近六十余天，但并无具体的实质调查结果，故其频繁且长时间关闭客户管理系统导致王某无法正常工作缺乏合理性。再次，本案中，王某的收入由基本工资及提成组成，而提成占了王某收入来源的大部分。经查实，王某2018年1月至4月的收入除了基本工资及四份合同关闭客户管理系统之前的提成之外并无其他提成收入，由此可见，A公司关闭了客户管理系统确对王某的收入造成了影响。A公司主张关闭系统与王某的业绩无因果关系，造成王某收入减少的原因系王某无心工作，但无充分证据佐证，本院不予采纳。综上，A公司关闭了客户管理系统，导致王某无法正常工作，并且也影响了王某的正常收入，所以应视为A公司没有提供正常的工作条件。王某据此解除劳动合同，并要求A公司支付经济补偿金，并无不可。"

【案例 5-2】出租车报废后，出租车公司未再向劳动者提供出租车，视为未提供劳动条件，判决用人单位支付经济补偿金

（2016）京 03 民终 1493 号案件中，法院认为："用人单位未按照劳动合同约定提供劳动保护或者劳动条件的，劳动者可以解除劳动合同。本案中，G 出租车公司将王某驾驶的出租车收回并报废后，未向王某提供基本的劳动条件，王某有权解除劳动合同。结合王某提出劳动仲裁申请的事实，原审法院认定双方劳动关系于 2015 年 3 月 30 日解除，本院予以确认。G 出租车公司依法应当向王某支付经济补偿金。"

二、未及时足额支付劳动报酬的

1. 实务理解

未及时足额支付劳动报酬，该项规定不能从字面上机械理解。实务中，用人单位不具有主观过错或者主观恶意的不及时不足额支付，一般无法成为劳动者解除劳动合同要求经济补偿金的理由。部分地方对该项规定的具体运用进行了规定。

2. 地方规定

浙江规定：

《浙江省劳动仲裁院关于劳动争议案件处理若干问题的解答》（浙劳仲院〔2012〕3 号）第 13 条规定，用人单位因过错未及时、足额支付劳动报酬或未依法缴纳社会保险费的，可以作为劳动者解除劳动合同的理由。但用人单位有证据证明确因客观原因导致计算标准不清楚、有争议，或确因经营困难、具有合理理由或经劳动者认可，或欠缴、缓缴社会保险费已经征缴部门审批，劳动者以用人单位未及时、足额支付劳动报酬或未依法缴纳社会保险费为由解除劳动合同，要求用人单位支付经济补偿的，不予支持。

《浙江省高级人民法院民事审判第一庭、浙江省劳动人事争议仲裁院关于审理劳动争议案件若干问题的解答（三）》（浙高法民一（2015）9 号）第 6 条规定，在劳动者提出解除劳动合同前，用人单位已经对未及时足额支付劳动报酬或者未依法为劳动者缴纳社会保险费情形予以补正，劳动者主张解除劳动合同经济补偿的,不予支持。

上海规定:

《上海市高级人民法院关于适用〈劳动合同法〉若干问题的意见》(沪高法〔2009〕73号)第9条规定:"劳动者以用人单位未'及时、足额'支付劳动报酬及'未缴纳'社保金为由解除合同的,'及时、足额'支付及'未缴纳'情形的把握。

用人单位依法向劳动者支付劳动报酬和缴纳社保金,是用人单位的基本义务。但是,劳动报酬和社保金的计算标准,在实际操作中往往比较复杂。而法律规定的目的就是要促使劳动合同当事人双方都诚信履行,无论用人单位还是劳动者,其行使权利、履行义务都不能违背诚实信用的原则。如果用人单位存在有悖诚信的情况,从而拖延支付或拒绝支付的,才属于立法所要规制的对象。因此,用人单位因主观恶意而未'及时、足额'支付劳动报酬或'未缴纳'社保金的,可以作为劳动者解除合同的理由。但对确因客观原因导致计算标准不清楚、有争议,导致用人单位未能'及时、足额'支付劳动报酬或未缴纳社保金的,不能作为劳动者解除合同的依据。

劳动者以存在《劳动合同法》第三十八条规定的其他情形为由主张解除劳动合同的,应当遵循合法、合理、公平的原则,参照前款精神处理。"

三、未依法为劳动者缴纳社会保险费的

1. 实务理解

未依法为劳动者缴纳社会保险费,该项规定也不能从字面上机械理解。实务中,非因用人单位主观恶意、过错未为劳动者建立社保账户,或者仅是社会保险缴费年限不足或者缴费基数低等问题,较难成为劳动者解除劳动合同要求经济补偿金的理由。部分地方对该项规定的具体运用进行了规定。

2. 地方规定

北京规定:

《北京市高级人民法院、北京市劳动人事争议仲裁委员会关于审理劳动争议案件法律适用问题的解答》(京高法发〔2017〕142号)第24条规定,劳动者提

出解除劳动合同前一年内，存在因用人单位过错未为劳动者建立社保账户或虽建立了社保账户但缴纳险种不全情形的，劳动者依据《劳动合同法》第38条的规定以用人单位未依法为其缴纳社会保险为由提出解除劳动合同并主张经济补偿的，一般应予支持。

用人单位已为劳动者建立社保账户且险种齐全，但存在缴纳年限不足、缴费基数低等问题的，劳动者的社保权益可通过用人单位补缴或社保管理部门强制征缴的方式实现，在此情形下，劳动者以此为由主张解除劳动合同经济补偿的，一般不予支持。

江苏规定：

《江苏省劳动人事争议疑难问题研讨会纪要》（苏劳人仲委〔2017〕1号）第6项规定："……用人单位依法为劳动者缴纳社会保险费用，是用人单位的法定义务。但是社会保险费的申报、审核和征缴在实际操作中往往比较复杂。《劳动合同法》第三十八条规定的目的是要促使用人单位诚信履行其基本义务，对于用人单位存在有悖诚信，并由此导致劳动者被迫辞职的行为，才属于立法所要规制的对象。因此，用人单位因主观恶意未为劳动者建立社保账户，未履行缴纳社会保险费义务的，劳动者依据《劳动合同法》第三十八条第一款第三项的规定以用人单位未依法缴纳社会保险费为由提出解除劳动合同并主张经济补偿的，应予支持。

其他非用人单位单方原因导致社会保险缴费年限不足，或者未足额缴纳，或者未参加单项险种等，劳动者可以向社保经办机构或劳动行政部门投诉举报维护社保权益。在此情形下劳动者以此为由解除劳动合同并主张支付经济补偿的，一般不予支持。"

3. 双方协议不缴社保，后劳动者又以未缴社保为由解除劳动合同要求经济补偿金的问题

部分地方的规定和审判实践体现，即使双方协议不缴社保，劳动者依然可以以未缴社保为由解除劳动合同要求支付经济补偿金。

北京规定：

《北京市高级人民法院、北京市劳动人事争议仲裁委员会关于审理劳动争议

案件法律适用问题的解答》（京高法发〔2017〕142号）第25条规定："……依法缴纳社会保险是《劳动法》规定的用人单位与劳动者的法定义务，即便是因劳动者要求用人单位不为其缴纳社会保险，劳动者按照《劳动合同法》第三十八条的规定主张经济补偿的，仍应予支持。"

上海审判实践：

通过检索近年来上海地区的裁判文书，可以发现在上海的审判实践中，针对该问题将区分两种情况进行处理。

第一种情况，如双方协议不缴社保（或劳动者一方申请不缴），并且劳动者未得到任何相关"补贴"，将认定用人单位具有主观恶意，劳动者可以解除劳动合同并要求经济补偿金。

比如，（2019）沪02民终6088号案件，法院认为："纵观《申请书》内容，双方仅约定上诉人不为被上诉人缴纳社保，该约定使上诉人的法定义务被免除而从中受益，但对被上诉人的受损权益并未约定如何补偿，而上诉人在仲裁庭审中则明确表示'没有社保补贴'。因此，双方就放弃缴纳社保的约定系属一方受益，另一方受损的情形，凭此难以得出上诉人未缴纳社保不具有主观恶意的结论。鉴于此，一审法院对被上诉人以上诉人未依法缴纳社保的解除理由予以支持，并判令上诉人支付解除劳动合同经济补偿金，有事实和法律依据，该项判决亦应维持。"

第二种情况，如双方协议不缴社保（或劳动者一方申请不缴），而劳动者由此获得了相关"补贴"，将有可能认定用人单位不具有主观恶意，劳动者不能据此要求经济补偿金。

比如，（2018）沪01民终12563号案件（二审改判），法院认为："S公司虽未为孙某缴纳社会保险费，但孙某向S公司出具其手写的《申请》和《请求书》，要求公司停缴社会保险，表示因个人原因不愿缴纳上海市社会保险费，愿承担相应后果及经济与法律责任，并提出另行补贴社保费用，因劳动者与用人单位双方协商约定不缴纳社保，该行为虽有违法律强制性规定，但此时未缴纳社保不可完全归责于用人单位。孙某提出《申请》和《请求书》是在S公司胁迫下所签，但未提供充分有效证据证明该主张。在孙某明确表示不要求S公司缴纳社会保险费等费用的情况下，现又以该公司未交社保为由主张经济补偿金，违反了诚实信用原则。本院难以认定 S 公司系出于主观恶意而不为孙某缴纳社保费，故此亦不能成为劳动者主张经济补偿金的理由。据此，本院对孙某主张解除劳动合同经济补偿金之请求，难以支持。"

4. 委托第三方代缴纳社保问题

实务中用人单位委托第三方代为缴纳社保的问题较为普遍，该情况出现的原因主要有以下几种：

第一，出于降低社保成本的原因。我国各地社保政策不一，社保基数、社保费率、社平工资各地存在较大差异，部分用人单位为节省社保成本委托社保低基数、低费率地区的第三方公司代为劳动者缴纳社保。

第二，出于异地用工的原因。部分用人单位在实际用工地无分支机构，但是实际用工地劳动者又因购房、购车、落户、子女就学等原因必须在当地缴纳社保，于是用人单位只能委托实际用工地的第三方公司代为劳动者缴纳社保。

第三，出于减少人事工作的原因。部分用人单位因规模、控制成本等原因，会将社保缴纳等人事工作委托第三方公司完成。

第四，出于规避劳动关系的原因。部分用人单位为了规避与劳动者之间被认定为劳动关系，会委托第三方公司为劳动者缴纳社保、并通过第三方公司或个人向劳动者支付劳动报酬，从而来制造其与劳动者之间无劳动关系的假象。

5. 委托第三方缴纳社保，劳动者是否可以依据《劳动合同法》第 38 条第 1 款第 3 项解除劳动合同，并要求用人单位支付经济补偿金的问题

部分地方案例显示，用人单位委托第三方缴纳社保，劳动者可以依据《劳动合同法》第 38 条第 1 款第 3 项解除劳动合同，并要求用人单位支付经济补偿金。

北京案例：

(2021) 京 03 民终 219 号案件中，二审法院认为："用人单位应当依法为劳动者缴纳社会保险。首先，陈某某自 2010 年已入职，但根据 Y 公司提交的证据可以明确其自 2018 年 12 月起才委托案外公司深圳市 J 公司在深圳给陈某某缴纳社保，但陈某某系在北京朝阳区为 Y 公司提供劳动，陈某某社会保险缴纳情况与陈某某的实际劳动关系情况不符，Y 公司委托第三人为陈某某缴纳社会保险不符

合相关法律的规定。其次，Y公司亦认可其委托深圳J公司在深圳给陈某某缴纳社保未经过陈某某同意，仅通知过陈某某，陈某某对此不予认可，Y公司就此并未举证证明。本案Y公司存在未依法为陈某某缴纳社会保险费的情况，造成陈某某相关社保权益受损，考虑本案的实际情况，陈某某以此为由提出解除劳动合同并要求Y公司支付解除劳动关系经济补偿金，本院对此予以支持。一审法院对此认定有误，本院予以纠正。本院经过核算，Y公司应支付陈某某解除劳动关系经济补偿51201元。"

四、用人单位的规章制度违反法律、法规的规定，损害劳动者权益的

该项规定并不是指只要用人单位的规章制度违反法律、法规的规定，劳动者就可以行使解除权并要求经济补偿金。一般情况下，规章制度违反法律、法规规定需要达到一定的严重程度，劳动者才能行使解除权并要求经济补偿金。

五、因《劳动合同法》第26条第1款规定的情形致使劳动合同无效的

该项规定具体体现为：

1. 用人单位以欺诈、胁迫的手段或者乘人之危，使劳动者在违背真实意思的情况下订立或者变更劳动合同的；
2. 用人单位在劳动合同中免除自己的法定责任、排除劳动者权利的；
3. 用人单位违反法律、行政法规强制性规定的。

六、法律、行政法规规定劳动者可以解除劳动合同的其他情形

七、用人单位以暴力、威胁或者非法限制人身自由的手段强迫劳动者劳动的，或者用人单位违章指挥、强令冒险作业危及劳动者人身安全的

用人单位出现该情形的，劳动者可以立即解除劳动合同，无须事先告知用人单位。而其他情形，劳动者解除劳动合同需事先告知用人单位。

第五节　用人单位即时解除

符合法定情形时，用人单位可以即时解除劳动合同，并且不用支付经济补偿金。《劳动合同法》第 39 条规定："劳动者有下列情形之一的，用人单位可以解除劳动合同：

（一）在试用期间被证明不符合录用条件的；

（二）严重违反用人单位的规章制度的；

（三）严重失职，营私舞弊，给用人单位造成重大损害的；

（四）劳动者同时与其他用人单位建立劳动关系，对完成本单位的工作任务造成严重影响，或者经用人单位提出，拒不改正的；

（五）因本法第二十六条第一款第一项规定的情形致使劳动合同无效的；

（六）被依法追究刑事责任的。"

一、在试用期间被证明不符合录用条件的

用人单位运用该情形解除与劳动者的劳动关系，在实践中需要满足：

1. 用人单位有录用条件的规定，书面约定录用条件并由劳动者签名更佳；
2. 用人单位的录用条件明确具体，具有可操作性；
3. 用人单位依据录用条件定期考核，进行记录；
4. 用人单位能证明劳动者不符合录用条件；
5. 劳动者不符合录用条件，需在试用期内解除；
6. 用人单位应该将解除理由向劳动者说明；
7. 用人单位在解除前应当将理由通知工会。

关于试用期详见本书第二章第二节。

二、严重违反用人单位规章制度的

以"严重违反用人单位规章制度"为由解除与劳动者的劳动关系，是用人

单位运用较多的情形。用人单位运用该情形解除,在实践中需要满足:

1. 用人单位的规章制度是有效的

(1) 用人单位规章制度的制定需要经过民主程序;

(2) 用人单位制定的规章制度需要向劳动者公示或告知;

(3) 用人单位制定的规章制度需合法、合理。

2. 用人单位有证据证明劳动者严重违反了规章制度

关于规章制度详见本书第二章第十节。

三、严重失职,营私舞弊,给用人单位造成重大损害的

1. 用人单位运用该情形解除与劳动者的劳动关系,在实践中需要满足:

(1) 劳动者存在未尽职责的严重过失行为或者利用职务谋取私利;

(2) 给用人单位造成了重大的损害。

2. 重大损害的问题

根据《关于〈中华人民共和国劳动法〉若干条文的说明》(劳办发〔1994〕289号)的规定,《劳动法》第25条第3项中的"重大损害"由企业内部规章来规定。因为企业类型各有不同,对重大损害的界定也千差万别,故不便对重大损害作统一解释。若由此发生劳动争议,可以通过劳动争议仲裁委员会对其规章规定的重大损害进行认定。

现行法律中并未对"重大损害"的情形或者金额进行规定,建议用人单位在规章制度中对"重大损害"的情形或者金额进行规定,并尽可能合法、合理,减少被裁判机构认定为无效的可能性。

3. 劳动者行为达到刑事立案标准的问题

如果劳动者的严重失职、营私舞弊行为已经达到刑事立案的标准,用人单位可以依据《劳动合同法》第39条第6项解除劳动合同。

四、劳动者同时与其他用人单位建立劳动关系,对完成本单位的工作任务造成严重影响,或者经用人单位提出,拒不改正的

根据该项规定,符合以下两种情形中的一种,用人单位既可以解除劳动

合同：

1. 劳动者同时与其他用人单位建立劳动关系，对完成本单位的工作任务造成了严重的影响；

2. 劳动者同时与其他用人单位建立劳动关系，经用人单位提出，拒不改正的。

五、劳动者以欺诈、胁迫的手段或者乘人之危，使用人单位在违背真实意思的情况下订立或者变更劳动合同的

民事活动应当遵循诚实信用原则，出现欺诈、胁迫的手段或者乘人之危，导致的客观结果就是意思表示不真实，受到欺诈或胁迫的一方有权请求裁判机构予以撤销。

劳动者有义务如实表述、如实告知用人单位其工作经历、工作经验等能够影响用人单位作出是否与之签订劳动合同等决定的重要信息。劳动者欺诈等行为足以致使用人单位违背真实意思表示与其签订劳动合同的，用人单位有权依法解除劳动合同。但劳动者已付出劳动的，用人单位应当向劳动者支付劳动报酬。

用人单位运用该项规定即时解除劳动合同，至少需要证明以下第1项和第2项情形，如还能证明第3项情形，被裁判机构认可的可能性会更大：

1. 劳动者存在欺诈、胁迫的手段或者乘人之危的行为。

2. 劳动者以欺诈、胁迫的手段或者乘人之危的行为使用人单位产生错误的判断，该错误判断直接影响了劳动合同的订立和变更。

比如，用人单位在招聘广告中明确写明应聘者需具有本科以上学历，应聘者伪造本科学历并入职。

3. 基于劳动者以欺诈、胁迫的手段或者乘人之危的行为所产生的后果正在影响劳动合同的履行。

比如，用人单位在招聘广告中明确写明应聘者需具有本科以上学历，应聘劳动者伪造本科学历，入职后劳动者由于不具备相应的学历文化水平，导致完成工作产生困难。

六、被依法追究刑事责任的

劳动者被依法追究刑事责任的，用人单位可以即时解除劳动合同。"被依法追究刑事责任"不仅指劳动者被人民法院判处刑罚，也包括《刑法》第37条所规定的犯罪情节轻微不需要判处刑罚的，可以免予刑事处罚的情形，因为《刑法》规定的免予刑事处罚的，同样属于"被依法追究刑事责任"。

1. 劳动者被追究刑事责任之前，用人单位依据该项规定解除劳动合同具有风险

完整的刑事案件流程需要经过公安机关侦查阶段、检查机关审查起诉阶段、人民法院审判阶段。如果劳动者涉嫌刑事犯罪，正处于公安机关侦查阶段，特别是检查机关批准逮捕前（最长期限为拘留之日起37天内）、或处于审查起诉阶段，用人单位就贸然解除劳动合同将面临较大的法律风险，因为未经人民法院审判，劳动者依然有不被定罪的可能。

2. 劳动者被追究刑事责任之前，用人单位的处理方式

如前所述，未经人民法院审判，劳动者依然有不被定罪的可能，但是从侦查阶段、检查阶段再到法院判决需要经过漫长的过程，该过程短则数月、长则数年，鉴于此，该期间用人单位可以根据地方规定中止劳动合同，关于劳动合同的中止，原劳动部及部分地方作出了规定：

（1）原劳动部的规定

原劳动部《关于贯彻执行〈中华人民共和国劳动法〉若干问题的意见》（劳部发〔1995〕309号）第28条规定："劳动者涉嫌违法犯罪被有关机关收容审查、拘留或逮捕的，用人单位在劳动者被限制人身自由时期间，可与其暂时停止劳动合同的履行。暂时停止履行劳动合同期间，用人单位不承担劳动合同规定的相应义务。劳动者经证明被错误限制人身自由的，暂时停止履行劳动合同期间劳动者的损失，可由其依据《国家赔偿法》要求有关部门赔偿。"

（2）上海规定

《上海市劳动合同条例》第26条规定："劳动合同期限内，有下列情形之一的，劳动合同中止履行：

（一）劳动者应征入伍或者履行国家规定的其他法定义务的；

（二）劳动者暂时无法履行劳动合同的义务，但仍有继续履行条件和可能的；

（三）法律、法规规定的或者劳动合同约定的其他情形。

劳动合同中止情形消失的，劳动合同继续履行，但法律、法规另有规定的除外。"

《上海市企业工资支付办法》（沪人社综发〔2016〕29号）第18条规定："劳动者因涉嫌违法犯罪被拘押或者其他客观原因，使劳动合同无法履行的，企业不支付劳动者工资，但法律、法规另有规定或者双方另有约定的除外。"

（3）江苏规定

《江苏省劳动合同条例》第30条规定："有下列情形之一的，劳动合同可以中止：（一）经双方当事人协商一致的；（二）劳动者因涉嫌违法犯罪被限制人身自由的；（三）劳动合同因不可抗力暂时不能履行的；（四）法律、法规规定的其他情形。劳动合同中止期间，劳动关系保留，劳动合同暂停履行，用人单位可以不支付劳动报酬并停止缴纳社会保险费。劳动合同中止期间不计算为劳动者在用人单位的工作年限。劳动合同中止情形消失，除已经无法履行的外，应当恢复履行。"

（4）天津规定

《天津市贯彻落实劳动合同法若干问题的规定》（津人社局发〔2013〕24号）第12条规定："劳动者有下列情形之一的，用人单位可以暂时停止履行劳动合同：（一）劳动者涉嫌违法犯罪被有关机关收容审查、拘留或逮捕在其限制人身自由期间的；（二）被强制戒毒期间的；（三）法律法规规定的其他情形。"

第13条规定："劳动合同暂时停止履行期间，用人单位和劳动者双方暂停履行劳动合同的有关权利、义务，不计算劳动者在用人单位的工作年限，法律法规另有规定的除外。"

第14条规定："劳动合同暂时停止履行情形消失，劳动合同应当恢复履行。劳动合同订立时所依据的客观情况发生重大变化，致使无法恢复履行的，经用人单位与劳动者协商，未能就变更劳动合同内容达成协议，用人单位可以解除劳动合同，并依照《劳动合同法》四十七条规定向劳动者支付经济补偿。"

第六节　用人单位预告解除

用人单位预告解除又称为无过失性辞退。不同于劳动者预告解除，用人单位不能无理由预告解除劳动合同。《劳动合同法》第 40 条规定："有下列情形之一的，用人单位提前三十日以书面形式通知劳动者本人或者额外支付劳动者一个月工资后，可以解除劳动合同：

（一）劳动者患病或者非因工负伤，在规定的医疗期满后不能从事原工作，也不能从事由用人单位另行安排的工作的；

（二）劳动者不能胜任工作，经过培训或者调整工作岗位，仍不能胜任工作的；

（三）劳动合同订立时所依据的客观情况发生重大变化，致使劳动合同无法履行，经用人单位与劳动者协商，未能就变更劳动合同内容达成协议的。"

用人单位预告解除的，应当按照《劳动合同法》第 46 条第 3 项的规定，向劳动者支付经济补偿。

一、劳动者患病或者非因工负伤，在规定的医疗期满后不能从事原工作，也不能从事由用人单位另行安排的工作的

1. 医疗期的概念、医疗期的长度及医疗期的计算周期、特殊疾病的医疗期问题

关于医疗期的概念、医疗期的长度及医疗期的计算周期、特殊疾病的医疗期问题在本书第三章第三节已有详细描述，此处不再赘述。

2. 劳动合同未到期，但医疗期已届满的处理

劳动者医疗期届满后，即使劳动合同未到期，用人单位履行了以下法定步骤，依然可以解除劳动合同：

（1）医疗期届满后，劳动者不能从事原工作（如劳动者继续提病假单）；

（2）用人单位帮劳动者另行安排其他工作；

（3）劳动者不能从事用人单位另行安排的工作。

医疗补助费及地区差异问题详见本书第三章第三节。

3. 劳动合同期满，但医疗期未届满的处理

劳动合同已经到期，劳动者依然处于医疗期内的，劳动合同应当续延到劳动者医疗期届满时终止。用人单位无意向续签（明确不续签或降低约定条件变相不续签）的，按照劳动者在该单位的工作年限，向该劳动者支付经济补偿金。

医疗补助费问题详见本书第三章第三节。

二、劳动者不能胜任工作，经过培训或者调整工作岗位，仍不能胜任工作的

依照法律规定，用人单位依据该情形解除需按照以下步骤进行：

（1）用人单位能够证明劳动者不能胜任工作；

（2）用人单位需对不能胜任工作的劳动者进行培训或调整其工作岗位；

（3）经过培训或调岗后，用人单位能够证明劳动者仍然不能胜任工作。

需要注意的是，实务中用人单位运用该情形解除劳动合同被认定为合法的概率非常小。

三、劳动合同订立时所依据的客观情况发生重大变化，致使劳动合同无法履行，经用人单位与劳动者协商，未能就变更劳动合同内容达成协议的

1. 用人单位依据该情形解除需满足以下条件：

（1）劳动合同订立时所依据的客观情况发生重大变化，并且致使劳动合同无法履行；

（2）用人单位与劳动者充分协商，未能就变更劳动合同内容达成协议。

2. "客观情形发生重大变化"的理解

什么样的情形属于"客观情形发生重大变化"，法律并未进行规定。"客观情形发生重大变化"一般是指非主观的、重大的导致劳动合同履行产生困难的情形出现。关于"客观情形发生重大变化"，原劳动部办公厅及部分地方进行了细

化规定。

原劳动部规定：

根据《关于〈中华人民共和国劳动法〉若干条文的说明》（劳办发〔1994〕289号）的规定，《劳动法》第26条第3款中的"客观情况"是指：发生不可抗力或出现致使劳动合同全部或部分条款无法履行的其他情况，如企业迁移、被兼并、企业资产转移等，并且排除《劳动法》第27条所列的客观情况。

北京规定：

《北京市高级人民法院、北京市劳动人事争议仲裁委员会关于审理劳动争议案件法律适用问题的解答》（京高法发〔2017〕142号）第12条规定，"劳动合同订立时所依据的客观情况发生重大变化"是指劳动合同订立后发生了用人单位和劳动者订立合同时无法预见的变化，致使双方订立的劳动合同全部或者主要条款无法履行，或者若继续履行将出现成本过高等显失公平的状况，致使劳动合同目的难以实现。

下列情形一般属于"劳动合同订立时所依据的客观情况发生重大变化"：（1）地震、火灾、水灾等自然灾害形成的不可抗力；（2）受法律、法规、政策变化导致用人单位迁移、资产转移或者停产、转产、转（改）制等重大变化的；（3）特许经营性质的用人单位经营范围等发生变化的。

3. 用人单位需与劳动者协商

当客观情形发生重大变化致使劳动合同无法继续履行时，用人单位需与劳动者协商。协商是用人单位法定的程序义务，只有在协商后仍然无法达成一致的，用人单位才能预告解除劳动合同。

协商应该是真实的、充分的，不应该只停留在形式上。用人单位可以采用书面发送协商通知的方式进行协商，以便于发生争议后的举证。部分具有规模的用人单位会以让劳动者提供简历在单位内部求职的方式进行协商，此种方式最终是否会被裁判机构认可，取决于劳动者在该方式下是否真的有可能找到岗位，建议具有规模的用人单位在此基础上向劳动者提供其他合适岗位进行选择，提高被裁判机构认可的可能性。

四、未提前三十日通知或者未额外支付一个月工资的问题

用人单位解除劳动合同符合《劳动合同法》第 40 条规定情形，但未提前三十日通知劳动者，也未额外支付劳动者一个月工资的，一般不认定为违法解除，针对此问题，部分地方作出了规定。

《浙江省高级人民法院民事审判第一庭、浙江省劳动人事争议仲裁院关于审理劳动争议案件若干问题的解答（三）》（浙高法民一〔2015〕9 号）第 9 条规定："……用人单位解除劳动合同符合《劳动合同法》第四十条规定情形，但未提前三十日通知劳动者，也未额外支付劳动者一个月工资的，属于程序瑕疵，不构成违法解除。劳动者要求用人单位支付违法解除劳动合同赔偿金的，不予支持。但劳动者要求用人单位额外支付一个月工资的，可予支持。"

《江苏省高级人民法院、江苏省劳动争议仲裁委员会印发〈关于审理劳动争议案件的指导意见〉的通知》（苏高法审委〔2009〕47 号）第 17 条第 2 款规定："用人单位解除劳动合同本身符合法律规定，仅存在未提前三十日书面通知劳动者的程序性瑕疵，劳动者以用人单位违法解除劳动合同为由请求用人单位继续履行劳动合同或支付赔偿金的，不予支持。"

第七节　用人单位单方解除劳动合同的程序要件

用人单位即时解除或者预告解除劳动合同的，除符合以上所述的实质要件外，还需要符合一定的程序要件。

一、程序要件规定和理解

1. 《劳动合同法》关于程序性要件的规定

《劳动合同法》第 43 条规定："用人单位单方解除劳动合同，应当事先将理由通知工会。用人单位违反法律、行政法规规定或者劳动合同约定的，工会有权要求用人单位纠正。用人单位应当研究工会的意见，并将处理结果书面通知

第五章 劳动合同解除和终止

工会。"

2. 规定的理解

《劳动合同法》第43条的规定并未要求用人单位单方解除需要经过工会同意,其只是要求用人单位单方解除劳动合同,需要事先将理由通知工会。如果工会认为用人单位违反法律、行政法规规定或者劳动合同约定,工会有权要求用人单位纠正。用人单位应该研究工会的意见,并将处理的结果通知工会。

3. 程序性规定的立法演变

(1) 1992年《工会法》规定全民所得制和集体所有制企业解除职工需事先通知工会

1992年《工会法》第19条规定:"企业辞退、处分职工,工会认为不适当的,有权提出意见。全民所有制和集体所有制企业在做出开除、除名职工的决定时,应当事先将理由通知工会,如果企业行政方面违反法律、法规和有关合同,工会有权要求重新研究处理。当事人对企业行政方面作出的辞退、开除、除名的处理不服的,可以要求依照国家有关处理劳动争议的规定办理。"

(2) 1994年《劳动法》规定工会可以提出意见,但未规定用人单位解除需事先通知工会

《劳动法》第30条规定:"用人单位解除劳动合同,工会认为不适当的,有权提出意见。如果用人单位违反法律、法规或者劳动合同,工会有权要求重新处理;劳动者申请仲裁或者提起诉讼的,工会应当依法给予支持和帮助。"

(3) 2001年《工会法》规定企业单方面解除职工劳动合同时,应当事先将理由通知工会,企业类型不再限于全民所得制和集体所有制企业

《工会法》第21条规定:"企业、事业单位处分职工,工会认为不适当的,有权提出意见。企业单方面解除职工劳动合同时,应当事先将理由通知工会,工会认为企业违反法律、法规和有关合同,要求重新研究处理时,企业应当研究工会的意见,并将处理结果书面通知工会。职工认为企业侵犯其劳动权益而申请劳动争议仲裁或者向人民法院提起诉讼的,工会应当给予支持和帮助。"

(4) 2008年《劳动合同法》规定用人单位解除劳动合同,应当事先将理由通知工会

(5) 2021 新修改的《工会法》将原第 21 条更改为第 22 条，在该条第 1 款中增加了"社会组织"这个主体，并将条文中的"企业"两字改为"用人单位"，用词更加严谨，该条其他内容未作出变化。2021 年新修订的《工会法》第 22 条规定："企业、事业单位、社会组织处分职工，工会认为不适当的，有权提出意见。用人单位单方面解除职工劳动合同时，应当事先将理由通知工会，工会认为用人单位违反法律、法规和有关合同，要求重新研究处理时，用人单位应当研究工会的意见，并将处理结果书面通知工会。职工认为用人单位侵犯其劳动权益而申请劳动争议仲裁或者向人民法院提起诉讼的，工会应当给予支持和帮助。"

二、程序要件的补正

用人单位单方解除劳动合同，应当事先将理由通知工会。但是部分用人单位由于不了解法律的规定，在符合解除实质要件的情形下却未事先将理由通知工会。针对用人单位符合实质要件但未履行程序要件的情况，是否允许用人单位对程序要件进行补正，补正的最后期限在何时，在法律层面并未进行规定的情况下，司法解释给出了明确的规定，司法解释规定用人单位在一审起诉前可以补正通知工会的程序要件。

1. 司法解释的规定

《最高人民法院关于审理劳动争议案件适用法律若干问题的解释（四）》（以下简称《劳动争议司法解释四》）第 12 条（现为《最高人民法院关于审理劳动争议案件适用法律问题的解释（一）》第 47 条）规定："建立了工会组织的用人单位解除劳动合同符合劳动合同法第三十九条、第四十条规定，但未按照劳动合同法第四十三条规定事先通知工会，劳动者以用人单位违法解除劳动合同为由请求用人单位支付赔偿金的，人民法院应予支持，但起诉前用人单位已经补正有关程序的除外。"

2. 起草司法解释中的不同意见[①]

在最高人民法院起草《劳动争议司法解释四》研讨过程中，关于通知工会

[①] 最高人民法院民事审判第一庭：《最高人民法院劳动争议司法解释（四）理解与适用》，人民法院出版社 2013 年版，第 230-232 页。

问题有两种意见，一种意见认为，用人单位单方解除事先通知工会向其征求意见是国际惯例，未事先通知工会便是违法解除。另一种意见认为，通知工会只是程序问题，未通知工会不代表就是违法解除，可要求单位在劳动争议处理程序中予以补正。最后最高人民法院采取了折中的方式，形成了《劳动争议司法解释四》第12条（现为第47条），允许用人单位可以在起诉前补正通知工会这个程序。

3. 用人单位没有工会时的处理方式

（1）最高人民法院观点[①]

最高人民法院认为，即使用人单位未建立基层工会，也应当通过告知并听取职工代表意见或者向当地总工会征求意见的变通方式来履行告知义务这一法定程序。否则，如果对于用人单位未成立工会就免除通知义务会助长单位抵制成立工会之风，对于已经成立工会的单位也不公平。

（2）实践中的问题

实践中，让未建立工会的用人单位向当地总工会征求意见存在一定问题。首先，当地总工会是否会接受单位的征询并提供意见，实践中就碰到单位向当地总工会发送征询快递但当地总工会拒收的情况。其次，在当地总工会接受单位征询的情况下，由于单位单方提供信息的片面性，当地总工会并不一定能够提供准确的意见。

通过变通方式来履行告知义务的出发点是正确的，但不论是司法解释还是司法观点，如涉及其他部门，应与其形成一致意见，以免导致实务中规定和观点无法落到实处的情况发生。

（3）地方法院的判决观点

虽然最高人民法院观点认为，未建立工会的单位需要通过变通方式履行法定程序。但是实践中，部分地方法院的判决却出现了与最高人民法院完全不一样的观点。

比如，（2017）沪01民终6024号案件，二审法院认为："在未有在案证据证明J公司建立有工会的情况下，崔某以J公司解除其劳动合同未依法履行通知工

[①] 最高人民法院民事审判第一庭：《最高人民法院新劳动争议司法解释（一）理解与适用》，人民法院出版社2021年版，第587-588页。

会义务、程序违法为由，要求该公司支付赔偿金，理由不能成立。"

又如，(2019) 沪 02 民终 3254 号案件，二审法院认为："工会是职工自愿结合的工人阶级群众组织。建立工会组织是企业职工的自愿行为，在 H 公司未建立工会组织的情况下，其无法完成通知工会的程序，至于是否必须向当地工会或职工代表征求意见，目前法律并无强制性规定。因此，陈某坚称 H 公司未事先通知工会系解除程序违法的理由不能成立。"

再如，(2019) 京 02 民终 11084 号案件，二审法院认为："鉴于《中华人民共和国劳动合同法》第四十三条并未就用人单位未建立工会的情况下，是否应履行通知街道工会作出明确规定，本院对高某关于 D 公司在解除劳动合同时未履行通知街道工会即构成违法的主张，不予采信。"

第八节 裁 员

《劳动合同法》第 41 条规定了用人单位裁员的法定情形、人数要求、步骤要求、优先留用人员。

用人单位裁员的，应当按照《劳动合同法》第 46 条第 4 项的规定，向劳动者支付经济补偿。

一、裁员的法定情形和人数要求

有下列情形之一，需要裁减人员二十人以上或者裁减不足二十人但占企业职工总数百分之十以上的，可以裁减人员：

1. 依照企业破产法规定进行重整的；
2. 生产经营发生严重困难的；
3. 企业转产、重大技术革新或者经营方式调整，经变更劳动合同后，仍需裁减人员的；
4. 其他因劳动合同订立时所依据的客观经济情况发生重大变化，致使劳动合同无法履行的。

第五章　劳动合同解除和终止

二、裁员的步骤要求

用人单位进行裁员，需按照下列步骤进行：

1. 提前三十日向工会或者全体职工说明情况；
2. 听取工会或者职工的意见；
3. 裁减人员方案经向劳动行政部门报告。

三、裁员时需优先留用的人员

用人单位裁减人员时，应当优先留用下列人员：

1. 与本单位订立较长期限的固定期限劳动合同的；
2. 与本单位订立无固定期限劳动合同的；
3. 家庭无其他就业人员，有需要扶养的老人或者未成年人的。

用人单位裁减人员，在六个月内重新招用人员的，应当通知被裁减的人员，并在同等条件下优先招用被裁减的人员。

需要注意的是，用人单位裁员后，在六个月内重新招用人员，如果未通知被裁减人员，用人单位该承担何种责任以及相应的罚则，法律法规并未作出明确的规定。在司法实践中，劳动者单独因用人单位重新招用人员未通知进而要求赔偿金的诉请被法院支持的可能性也较小。

四、"优先留用"的理解

部分法院认为，"优先留用"应理解为不同劳动者在"同等条件"下符合"优先留用"条件的才应被优先留用。

(2020) 沪01民终10923号案件中，法院认为："经济性裁员是《中华人民共和国劳动合同法》赋予用人单位改善生产经营的一种手段，以使其渡过暂时的难关，在市场竞争中继续生存。因此，为尽量减少劳动者失业的情况，应当允许符合条件的用人单位裁减部分人员，但应当优先留用法定人员。《中华人民共和国劳动合同法》第42条亦规定了不得裁减人员，故'优先留用'与'不得裁减'系不同概念。因此，《中华人民共和国劳动合同法》第41条中规定的'优先留用'宜解释为'在同等条件下优先留用'。D公司主张应当考虑工种、技能、效率等多方面因素，并不违反立法本意，且属合理，本院予以支持。本案柳某并非不得裁减人员，其虽与D公司签订了无固定期限劳动合同，但D公司留用的其他劳动者亦签订无固定期限劳动合同。柳某也无证据证明与其他劳动者相比，其在'同等条件'下应优先留用。故柳某要求优先留用无依据，本院对柳某提出的要求D支付违法解除劳动合同赔偿金的主张，不予支持。"

五、"优先留用"的举证问题

1. 部分法院认为，裁减人员时，用人单位是否优先留用了法定人员（用人单位是否违反优先留用的规定）应由劳动者进行举证，劳动者无法举证的应承担举证不利的后果。

（2020）京03民终4233号案件中，法院认为："对于牛某提出的L公司未按照《劳动合同法》的有关规定优先留用无固定期限员工；未就裁员人员选定标准进行有效举证一节，本院认为根据一审法院查明的事实，L公司已经提交了《被裁减职工花名册及平均工资》、协商解除人员名单及协议等证据用于证明L公司2017年12月至2018年3月，经济性裁员首先是通过协商方式与其中109人解除了劳动关系，对于其余23名协商不成的需裁减员工才列入《被裁减职工花名册》并向劳动行政部门报告，其中最终以经济性裁员为由单方面解除劳动合同的员工共计15人。从2018年4月L公司的职工名册可以看出，L公司裁员后留用的员工大部分仍为无固定期限劳动合同员工。牛某虽然不认可L公司提交的通过协商解除劳动合同协议书的真实性，但牛某所提交的证据亦不足以证明L公司违反了《劳动合同法》第四十一条关于优先留用人员的规定，故对于牛某的该项上诉主张，本院亦不予采信。"

（2020）苏民申6516号案件中，法院认为："F公司的财务报表及第三方出具的审计报告证明，F公司2016年、2017年分别亏损57697173.6元、24963091.34元。F公司符合裁员时处于'生产经营发生严重困难'的情形。因F公司产能过剩需要撤并一部分生产线，朱某所在的生产线已被撤并，且朱某所担任的管理岗职位已没有，符合因劳动合同订立时所依据的客观经济情况发生重大变化，致使劳动合同无法履行的情形。F公司符合法律规定的经济性裁员的实质要件。从F公司提供的工会会议记录、企业裁减人员报告书以及盐城市人力资源和社会保障局的受理通知，可以证实F公司提前三十日向工会说明了裁员情况，并听取了工会的意见，且向劳动行政部门进行了报告，F公司履行经济性裁员程序性规定符合法律规定，故朱某认为F公司裁员违反程序规定的再审申请理由，无事实依据。朱某所在的生产线已被撤并，已没有朱某所担任的管理岗职位可安排，朱某没有证据证明F公司留用了同属管理岗位固定期限的人员，朱某认为没有优先留用朱某违反法律强制性规定的再审申请理由，无证据证实。综上，原判决认定事实清楚，适用法律正确。"

2. 部分法院认为，裁减人员时，用人单位是否优先留用了法定人员应由用人单位进行举证，用人单位无法举证的应承担举证不利的后果。

(2019) 鄂01民终4904号案件中，法院认为："企业进行经济性裁员应当依法保护特定人群的合法权益，并以合法的方式决定裁减的人员。W学院以经济型裁员为由与吴某单方解除劳动合同，必须满足法定的条件。本案中，即使不考虑W学院是否满足裁员的实体条件及程序条件，但根据《中华人民共和国劳动合同法》第四十一条第二款的规定：'裁减人员时，应当优先留用下列人员：（一）与本单位订立较长期限的固定期限劳动合同的；（二）与本单位订立无固定期限劳动合同的；（三）家庭无其他就业人员，有需要扶养的老人或者未成年人的。'W学院在本案中并未举证证明裁减吴某符合上述法律规定，反而从其庭后向法院提交的留用人员情况说明来看，其并未遵守上述法律规定，因此，W学院解除与吴某的无固定期限劳动合同系违法解除。"

第九节　用人单位不得预告解除和裁员的情况

《劳动合同法》第42条规定："劳动者有下列情形之一的，用人单位不得依照本法第四十条、第四十一条的规定解除劳动合同：

（一）从事接触职业病危害作业的劳动者未进行离岗前职业健康检查，或者疑似职业病病人在诊断或者医学观察期间的；

（二）在本单位患职业病或者因工负伤并被确认丧失或者部分丧失劳动能力的；

（三）患病或者非因工负伤，在规定的医疗期内的；

（四）女职工在孕期、产期、哺乳期的；

（五）在本单位连续工作满十五年，且距法定退休年龄不足五年的；

（六）法律、行政法规规定的其他情形。"

第十节　劳动合同的终止

《劳动合同法》第44条规定："有下列情形之一的，劳动合同终止：

（一）劳动合同期满的；

（二）劳动者开始依法享受基本养老保险待遇的；

（三）劳动者死亡，或者被人民法院宣告死亡或者宣告失踪的；

（四）用人单位被依法宣告破产的；

（五）用人单位被吊销营业执照、责令关闭、撤销或者用人单位决定提前解散的；

（六）法律、行政法规规定的其他情形。"

一、劳动合同期满的

1. 劳动合同期满但需要续延的情形

《劳动合同法》第45条规定："劳动合同期满，有本法第四十二条规定情形之一的，劳动合同应当续延至相应的情形消失时终止。但是，本法第四十二条第二项规定丧失或者部分丧失劳动能力劳动者的劳动合同的终止，按照国家有关工伤保险的规定执行。"

《劳动合同法实施条例》第17条规定："劳动合同期满，但是用人单位与劳动者依照劳动合同法第二十二条的规定约定的服务期尚未到期的，劳动合同应当

第五章 劳动合同解除和终止

续延至服务期满；双方另有约定的，从其约定。"

2. 《工伤保险条例》关于丧失或者部分丧失劳动能力劳动者的劳动合同终止的规定

（1）劳动者因工致残被鉴定为一级至四级伤残的，保留劳动关系，退出工作岗位。从工伤保险基金按月支付伤残津贴。

换言之，该种情形下，用人单位在劳动者达到法定退休年龄办理退休手续，享受基本养老保险待遇之前，都不得终止劳动合同。

（2）劳动者因工致残被鉴定为五级、六级伤残的，保留与用人单位的劳动关系，由用人单位安排适当工作。难以安排工作的，由用人单位按月发给伤残津贴。经工伤劳动者本人提出，该劳动者可以与用人单位解除或者终止劳动关系。

换言之，该种情形下，除非劳动者本人提出，否则用人单位不得终止劳动合同。

（3）劳动者因工致残被鉴定为七级至十级伤残的，劳动合同未期满，劳动者本人可以提出解除劳动合同，劳动合同期满用人单位可终止劳动合同。

3. 劳动合同期满用人单位不续签终止的，应支付经济补偿金

（1）法律规定。《劳动合同法》第 46 条第 5 项规定，除用人单位维持或者提高劳动合同约定条件续订劳动合同，劳动者不同意续订的情形外，依照本法第 44 条第 1 项规定终止固定期限劳动合同的，用人单位应当向劳动者支付经济补偿。

换言之，用人单位无意向续签（明确不续签或降低约定条件变相不续签）终止劳动合同的，应向劳动者支付经济补偿。

（2）注意保留证据。在劳动者不同意续订的情况下，用人单位应保留好向劳动者提出续签以及劳动者不同意续签的证据。

（3）劳动合同约定条件的理解。何谓该项规定中的"劳动合同约定条件"，法律并未作出明确规定。在司法实践中，工作内容、工作地点、工作时间、休息休假、劳动报酬等劳动合同必备条款，一般可作为"劳动合同约定条件"由裁判机构进行考量适用。

4. 实际案例

【案例 5-3】 夏某诉上海 Y 进修学院劳动合同纠纷案[①]

基本案情：

2013 年 9 月 1 日，夏某和上海 Y 进修学院签订了最后一份《劳动合同书》，该合同期限自 2013 年 9 月 1 日起至 2016 年 8 月 30 日止，《劳动合同书》约定夏某基本工资为每月 3400 元、岗位工资为每月 300 元。

2016 年 8 月 31 日，夏某向上海 Y 进修学院提出续签要求。

2016 年 9 月 1 日，上海 Y 进修学院向夏某发送《劳动合同续订书》，内容为："本次续订劳动合同期限类型为无固定期限合同，续订合同生效日期为 2016 年 8 月 31 日，续订合同至法定条件出现时终止。"当天，夏某表示不认可《劳动合同续订书》，要求学院提供正式的劳动合同文本。

2016 年 9 月 2 日，上海 Y 进修学院向夏某发送《劳动合同书》，相关内容为："在甲方（指上海 Y 进修学院）工作起始时间 2008 年 9 月 1 日""第十一条……转正后基本工资为每月 1200 元；岗位工资为每月 2800 元（包括国家各项法定补贴）……""第三十二条甲乙双方约定本合同增加以下内容：因工作需要，乙方同意在工龄累计计算、工资待遇不变的情况下，自愿配合在集团范围内接受法人公司间调转，不因此调转与甲方产生争议，如有违反视同乙方（夏某）主动辞职。"

2016 年 9 月 4 日，夏某向上海 Y 进修学院表示劳动合同内容较以前的合同有较大的改变，不同意签订。

2016 年 9 月 5 日，上海 Y 进修学院向夏某发送电子邮件表示："根据刚刚在电话中的沟通，针对您提出的三点质疑做如下解答：1. 您指出新劳动合同在甲方（指 Y 进修学院）工作时间应该是 2007 年 9 月 1 日。根据现有花名册及您的个人档案中的合同显示，您于 2008 年 9 月 1 日至 2010 年 8 月 31 日在上海市 XX 学校任职（图 1）；2010 年 9 月 1 日至 2016 年 8 月 30 日在上海 Y 进修学院工作（图 2、图 3），此次需要与你签订无固定期限劳动合同的是上海 Y 进修学院，因此您本次劳动合同在甲方工作时间应为 2010 年 9 月 1 日。如果您认为入职日期是 2007 年 9 月 1 日，还请您提供对应劳动合同以证明。2. 关于薪资标准。……

[①] 案例基于作者代理案件并经过加工处理，仅为说明法律问题参考。

第五章　劳动合同解除和终止

同意继续使用上海 Y 进修学院合同中的薪资标准，即基本工资 4000 元/月。我已作相应调整，请见附件。3. 关于第三十二条中的内容已调整，请见附件。（删除了第三十二条）"

2016 年 9 月 5 日当天，夏某向上海 Y 进修学院发送电子邮件表示："您发给我的合同已经收到，大概内容已经看过了，有些东西我要去相关部门咨询好给您答复。谢谢！"

2016 年 9 月 7 日，上海 Y 进修学院向夏某发送电子邮件询问是否同意续签。

2016 年 9 月 7 日当天，夏某向上海市徐汇区劳动人事争议仲裁委员会申请仲裁，要求上海 Y 进修学院支付终止劳动合同的经济补偿 54000 元。

仲裁期间，2016 年 9 月 9 日，夏某向上海 Y 进修学院发送电子邮件表示："我咨询过教育局及相关部门了，上海 Y 进修学院的办学许可证过期了，已经没有办学资质了，我的教师岗位没法保证，后续会有许多事项得不到解决，是不可以签这份合同的！"

仲裁裁决结果：

仲裁委对夏某要求上海 Y 进修学院支付终止劳动合同经济补偿的请求不予支持。

一审裁判结果：

夏某不服仲裁，遂向法院提起诉讼，一审驳回夏某的诉讼请求。

一审法院认为：

上海 Y 进修学院提供的与夏某往来的完整电子邮件表明，上海 Y 进修学院在夏某提出续签劳动合同要求时，同意续签且提供了续签劳动合同文本，随后根据夏某的要求，对合同文本进行两次修改后，于 2016 年 9 月 5 日将最终拟定的续签劳动合同文本交予夏某签署。比照双方原劳动合同内容以及夏某在电子邮件中对续签劳动合同提出的要求，上海 Y 进修学院提交给夏某续签的劳动合同文本并未降低原劳动合同约定条件，属于用人单位维持或提高原劳动合同约定条件续订劳动合同的情形，夏某在电子邮件中明确拒绝续订，不符合终止劳动合同应得经济补偿的法定情形，其诉请终止劳动合同的经济补偿，于法无据，一审法院不予支持。

劳动关系全流程法律实务解析

夏某主张上海 Y 进修学院的办学许可证已被注销，自己的社会保险费、公积金均由其他公司缴纳，双方劳动合同目的无法实现，但这些情形在双方劳动合同到期前已然存在，夏某应对此明知而仍主动向上海 Y 进修学院提出续签劳动合同，且在双方协商续签劳动合同条款时从未提及，故对夏某的该项意见，一审法院不予采纳。

关于夏某主张的公证费，由于上海 Y 进修学院在仲裁阶段对夏某提供的电子邮件真实性存在异议，夏某为在诉讼中对这方面证据进行补强而申请公证，因此发生的公证费，属于本案处理范围。但夏某提供的公证书及附件仅截取双方部分电子邮件，并未完整反映双方电子邮件往来情况，特别是未提供上海 Y 进修学院最终拟定的续签劳动合同文本这一关键电子邮件，故夏某提供的公证书并非完整有效的证据，夏某要求上海 Y 进修学院承担相应的公证费，一审法院不予支持。

夏某要求上海 Y 进修学院支付工资差额的诉请，未经仲裁前置程序处理，一审法院不予处理。

二审裁判结果：

夏某不服一审提起上诉，请求撤销一审判决，依法改判。二审驳回夏某上诉，维持原判。

二审法院认为：

夏某与上海 Y 进修学院劳动合同到期前，双方就续订进行了磋商，上海 Y 进修学院亦提出劳动合同文本。在该劳动合同中，并未降低原劳动合同约定条件，属于用人单位维持或提高原劳动合同约定条件续订劳动合同的情形，夏某明确拒绝签订，不符合应当支付经济补偿金的情形。此外，夏某主张上海 Y 进修学院的办学许可证已被注销，但该情况并不符合劳动合同法中关于用人单位被吊销营业执照、责令关闭、撤销或者用人单位决定提前解散致使劳动合同终止的情形，故夏某要求上海 Y 进修学院支付其劳动合同终止的经济补偿金的上诉请求缺乏依据，本院不予支持。关于夏某要求上海 Y 进修学院支付其公证费 1000 元的上诉请求，一审法院认为夏某提供的公证书并非完整有效的证据，故不予支持，本院认同，不再赘述。关于夏某要求上海 Y 进修学院支付工资差额的诉请，未经仲裁前置程序处理，一审法院不予处理，本院亦不予处理。

第五章　劳动合同解除和终止

5. 用人单位不续签是否需要提前通知劳动者

法律并未要求用人单位不续签需要提前通知劳动者。但是少部分地区作出地方性规定，要求用人单位不续签需要提前通知劳动者，比如：

《北京市高级人民法院、北京市劳动争议仲裁委员会关于劳动争议案件法律适用问题研讨会会议纪要》（2009 年 8 月 17 日）第 29 条规定："用人单位未提前三十日通知劳动者劳动合同到期终止，劳动者要求用人单位按照《劳动合同法》第八十七条规定支付赔偿金的，不予支持；劳动者要求用人单位按照《北京市劳动合同规定》第四十七条规定，每延迟一日支付一日工资赔偿金的，应予支持。"

二、劳动者开始依法享受基本养老保险待遇的

对于符合《劳动合同法实施条例》第 21 条达到了法定退休年龄，并且符合《劳动合同法》第 44 条开始依法享受养老保险待遇的人员与用人单位之间的关系，各地规定和裁判方式并无争议。双方劳动合同终止，不作为劳动关系，应当按照劳务关系处理。

但对于仅符合《劳动合同法实施条例》第 21 条达到了法定退休年龄，但并不符合《劳动合同法》第 44 条开始依法享受养老保险待遇的人员与用人单位的关系，各地规定和裁判方式不一。关于该问题详见本书第一章第三节。

三、劳动者死亡，或者被人民法院宣告死亡或者宣告失踪的

1. 宣告失踪

《民法典》第 40 条规定："自然人下落不明满二年的，利害关系人可以向人民法院申请宣告该自然人为失踪人。"

2. 宣告死亡

《民法典》第 46 条规定："自然人有下列情形之一的，利害关系人可以向人民法院申请宣告该自然人死亡：

（一）下落不明满四年；

（二）因意外事件，下落不明满二年。

因意外事件下落不明，经有关机关证明该自然人不可能生存的，申请宣告死亡不受二年时间的限制。"

四、用人单位被依法宣告破产的

用人单位被依法宣告破产的，就进入了破产清算程序，其主体资格将消失，劳动合同归于终止。

用人单位被依法宣告破产的，应当按照《劳动合同法》第46条第6项的规定，向劳动者支付经济补偿。

根据《企业破产法》第113条的规定，破产财产在优先清偿破产费用和共益债务后，破产人所欠职工的工资和医疗、伤残补助、抚恤费用，所欠的应当划入职工个人账户的基本养老保险、基本医疗保险费用，以及法律、行政法规规定应当支付给职工的补偿金将作为第一顺序进行清偿。

五、用人单位被吊销营业执照、责令关闭、撤销或者用人单位决定提前解散的

用人单位被吊销营业执照、责令关闭、撤销或者用人单位决定提前解散的，其主体资格消失，劳动合同一方主体资格消失，也必然导致劳动合同归于终止。

用人单位被吊销营业执照、责令关闭、撤销或者用人单位决定提前解散的，应当按照《劳动合同法》第46条第6项的规定，向劳动者支付经济补偿。

六、法律、行政法规规定的其他情形

以上是劳动合同终止的六种情形，除这六种情况外，用人单位和劳动者不得约定其他终止情形。

《劳动合同法实施条例》第13条规定："用人单位与劳动者不得在劳动合同法第四十四条规定的劳动合同终止情形之外约定其他的劳动合同终止条件。"

第五章 劳动合同解除和终止

第十一节 解除、终止后劳动关系双方的法定义务

一、解除、终止后用人单位的法定义务

1. 用人单位需出具离职证明并且办理社保和档案转移

根据《劳动合同法》第50条第1款及《劳动合同法实施条例》第24条的规定，用人单位应当在解除或者终止劳动合同时出具解除或者终止劳动合同的证明，解除或者终止劳动合同的证明应当写明劳动合同期限、解除或者终止劳动合同的日期、工作岗位、在本单位的工作年限。并且用人单位应当在十五日内为劳动者办理档案和社会保险关系转移手续。

鉴于各地再就业及社保转出转入手续存在差异，所以"用人单位需出具证明并且办理社保和档案转移"不应做字面上的狭义理解，用人单位应当按照当地再就业及社保转出转入手续的规定进行规范操作，比如在上海，用人单位还需返还沪籍劳动者的劳动手册。

2. 用人单位不履行法定义务的责任

用人单位如果不依法向劳动者开具解除或者终止劳动合同的证明或者未为劳动者办理档案和社会保险关系转移手续，导致劳动者无法再就业的，用人单位应当向劳动者进行赔偿。

《劳动合同法》第89条规定："用人单位违反本法规定未向劳动者出具解除或者终止劳动合同的书面证明，由劳动行政部门责令改正；给劳动者造成损害的，应当承担赔偿责任。"

关于此问题，部分地方作出了细化的规定，比如北京，《北京市高级人民法院、北京市劳动争议仲裁委员会关于劳动争议案件法律适用问题研讨会会议纪要（二）》（京高法发〔2014〕220号）第41条规定："……劳动者能够证明因用人单位的过错造成其无法就业并发生实际经济损失的，应当予以支持。劳动者对用人单位过错与其无法就业有直接的因果关系以及因此所造成经济损失的具体数

额负有举证责任，不能证明有直接因果关系的不予支持，如确实造成经济损失，但无法确定经济损失具体数额的，可以按照劳动者在解除或终止劳动合同前十二个月平均工资确定。"

3. 解除或者终止的劳动合同的文本至少保存二年备查

《劳动合同法》第 50 条第 3 款规定："用人单位对已经解除或者终止的劳动合同的文本，至少保存二年备查。"

劳动法（广义）中关于两年期限的列举：

原劳动部《工资支付暂行规定》第 6 条第 3 款规定："用人单位必须书面记录支付劳动者工资的数额、时间、领取者的姓名以及签字，并保存两年以上备查。用人单位在支付工资时应向劳动者提供一份其个人的工资清单。"（这也是在加班费争议案件中，用人单位有义务提供两年支付工资情况的法条依据）

《劳动保障监察条例》第 20 条规定："违反劳动保障法律、法规或者规章的行为在 2 年内未被劳动保障行政部门发现，也未被举报、投诉的，劳动保障行政部门不再查处。前款规定的期限，自违反劳动保障法律、法规或者规章的行为发生之日起计算；违反劳动保障法律、法规或者规章的行为有连续或者继续状态的，自行为终了之日起计算。"

二、解除、终止后劳动者的法定义务

1. 劳动者应当办理工作交接

《劳动合同法》第 50 条第 2 款规定："劳动者应当按照双方约定，办理工作交接。用人单位依照本法有关规定应当向劳动者支付经济补偿的，在办结工作交接时支付。"

劳动合同解除或终止后，关于劳动者工资何时支付，部分地方作出了细化的规定。

上海，办妥手续后需一次性支付工资，特殊情形可另行约定。

《上海市企业工资支付办法》（沪人社综发〔2016〕29 号）第 7 条规定："企业与劳动者终止或依法解除劳动合同的，企业应当在与劳动者办妥手续时，一次性付清劳动者的工资。对特殊情况双方有约定且不违反法律、法规规定的，

第五章 劳动合同解除和终止

从其约定。"

特殊情况可另行约定的情形，如用人单位可以与劳动者约定提成类的收入在款项到账后支付。

江苏，解除或终止后两个工作日一次性支付，另有约定的除外。

《江苏省工资支付条例》第 19 条规定："用人单位与劳动者依法解除或者终止劳动关系的，应当在劳动关系解除或者终止之日起两个工作日内一次性付清劳动者工资。双方另有约定的除外。劳动者死亡的，用人单位应当按照满一个工资支付周期支付其工资。"

浙江，解除或终止后 5 日内一次性支付。

《浙江省企业工资支付管理办法》第 19 条规定："企业与劳动者依法解除、终止劳动合同的，应当自办理解除或者终止劳动合同手续之日起 5 日内一次性结清工资。"

2. 劳动者未办理工作交接的赔偿责任

部分地方规定劳动者未办理工作交接造成用人单位损失的应承担赔偿责任。

北京：

《北京市高级人民法院、北京市劳动争议仲裁委员会关于劳动争议案件法律适用问题研讨会会议纪要（二）》（京高法发〔2014〕220号）第 40 条规定："……劳动者未提前三十天（在试用期内提前三天）通知用人单位解除劳动合同，自行离职，或虽然履行通知义务，但有未履行的相关义务，如其应当履行的办理工作交接等义务，给用人单位造成直接经济损失的，应当承担相应的赔偿责任，对所造成的经济损失，用人单位负有举证责任。"

江苏：

《江苏省劳动合同条例》第 55 条规定："劳动者违反本条例规定，解除或者终止劳动合同时，未归还用人单位的财物、技术资料等，或者未根据用人单位规章制度、双方约定办理工作交接手续的，应当依法承担赔偿责任。"

第六章 经济补偿金、赔偿金、继续履行

第一节 经济补偿金制度

经济补偿金是在特定法定情形下解除或终止劳动合同，用人单位给予劳动者一定金额补偿的制度。支付经济补偿金的情形范围、经济补偿金的计算基数、经济补偿金的支付年限、经济补偿金的分段计算等问题都是准确计算经济补偿金的前提和基础。

《劳动合同法》第 46 条规定："有下列情形之一的，用人单位应当向劳动者支付经济补偿：

（一）劳动者依照本法第三十八条规定解除劳动合同的；

（二）用人单位依照本法第三十六条规定向劳动者提出解除劳动合同并与劳动者协商一致解除劳动合同的；

（三）用人单位依照本法第四十条规定解除劳动合同的；

（四）用人单位依照本法第四十一条第一款规定解除劳动合同的；

（五）除用人单位维持或者提高劳动合同约定条件续订劳动合同，劳动者不同意续订的情形外，依照本法第四十四条第一项规定终止固定期限劳动合同的；

（六）依照本法第四十四条第四项、第五项规定终止劳动合同的；

（七）法律、行政法规规定的其他情形。"

第六章　经济补偿金、赔偿金、继续履行

第二节　用人单位应当支付经济补偿金情形的立法沿革

从1995年施行的《劳动法》《违反和解除劳动合同的经济补偿办法》，到2001年施行的《最高人民法院关于审理劳动争议案件适用法律若干问题的解释》，再到2008年施行的《劳动合同法》，国家逐步加强对劳动者权益的保护力度，支付经济补偿金的情形不断进行增加。

还需要注意的是，在2008年《劳动合同法》施行之前，部分地方对支付经济补偿金的情况进行了扩充，如2002年施行的《上海市劳动合同条例》。

至今，用人单位应当支付经济补偿金的情形可细分为以下16种。

一、1995年1月1日起施行的《劳动法》及《违反和解除劳动合同的经济补偿办法》[①]

《劳动法》第28条规定了五种用人单位应当支付经济补偿金的情形（均由用人单位解除或提出解除），分别为：

1. 用人单位向劳动者提出解除劳动合同并与劳动者协商一致解除劳动合同（《劳动法》第24条）（现为《劳动合同法》第36条、第46条第2项）；

2. 劳动者患病或者非因工负伤，在规定的医疗期满后不能从事原工作，也不能从事由用人单位另行安排的工作，用人单位提前三十日以书面形式通知劳动者本人或者额外支付劳动者一个月工资后，解除劳动合同（《劳动法》第26条第1项）（现为《劳动合同法》第40条第1项、第46条第3项）；

3. 劳动者不能胜任工作，经过培训或者调整工作岗位，仍不能胜任工作，用人单位提前三十日以书面形式通知劳动者本人或者额外支付劳动者一个月工资

[①] 《违反和解除劳动合同的经济补偿办法》于2017年11月24日被废止，但鉴于《违反和解除劳动合同的经济补偿办法》只是对《劳动法》第28条规定的细化，《劳动法》第28条并未被废止，并且《劳动法》第28条所规定五种情形已被《劳动合同法》所涵盖，故《违反和解除劳动合同的经济补偿办法》的废止对支付经济补偿金的情形范围并无影响。

后，解除劳动合同（《劳动法》第 26 条第 2 项）（现为《劳动合同法》第 40 条第 2 项、第 46 条第 3 项）；

4. 劳动合同订立时所依据的客观情况发生重大变化，致使劳动合同无法履行，经用人单位与劳动者协商，未能就变更劳动合同内容达成协议，用人单位提前三十日以书面形式通知劳动者本人或者额外支付劳动者一个月工资后，解除劳动合同（《劳动法》第 26 条第 3 项）（现为《劳动合同法》第 40 条第 3 项、第 46 条第 3 项）；

5. 用人单位裁员①（《劳动法》第 27 条）（现为《劳动合同法》第 41 条、第 46 条第 4 项）。

二、2001 年 4 月 16 日起施行的《最高人民法院关于审理劳动争议案件适用法律若干问题的解释》②

《最高人民法院关于审理劳动争议案件适用法律若干问题的解释》第 15 条对用人单位应该支付经济补偿金的情形进行了扩充，增加了三种情形（均由劳动者解除），分别是：

6. 用人单位以暴力、威胁或者非法限制人身自由的手段强迫劳动者劳动，劳动者解除劳动合同（《最高人民法院关于审理劳动争议案件适用法律若干问题的解释》第 15 条第 1 项）（现为《劳动合同法》第 38 条第 2 款③、第 46 条第 1 项，《最高人民法院关于审理劳动争议案件适用法律问题的解释（一）》第 45 条第 1 项）；

---

① 《劳动合同法》第 41 条将《劳动法》第 27 条的两种裁员情形增加为四种情形，分别为：1. 依照企业破产法规定进行重整的；2. 生产经营发生严重困难的；3. 企业转产、重大技术革新或者经营方式调整，经变更劳动合同后，仍需裁减人员的；4. 其他因劳动合同订立时所依据的客观经济情况发生重大变化，致使劳动合同无法履行的。并且《劳动合同法》第 41 条列举了三类在裁员时应优先留用的人员，并增加了重新招用人员时，用人单位对裁减人员的通知义务及优先招用义务。

② 《最高人民法院关于审理劳动争议案件适用法律若干问题的解释》于 2021 年 1 月 1 日被废止，但《最高人民法院关于审理劳动争议案件适用法律若干问题的解释》规定的支付经济补偿金的情形范围已经被《劳动合同法》《最高人民法院关于审理劳动争议案件适用法律问题的解释（一）》所涵盖，故《最高人民法院关于审理劳动争议案件适用法律若干问题的解释》的废止对支付经济补偿金的情形范围并无影响。

③ 《劳动合同法》第 38 条第 2 款增加为："用人单位以暴力、威胁或者非法限制人身自由的手段强迫劳动者劳动的，或者用人单位违章指挥、强令冒险作业危及劳动者人身安全的，劳动者可以立即解除劳动合同，不需事先告知用人单位。"

第六章　经济补偿金、赔偿金、继续履行

7. 用人单位未及时足额支付劳动报酬，劳动者解除劳动合同①（《最高人民法院关于审理劳动争议案件适用法律若干问题的解释》第15条第2项、第3项、第4项、第5项）（现为《劳动合同法》第38条第1款第2项、第46条第1项，《最高人民法院关于审理劳动争议案件适用法律问题的解释（一）》第45条第2项、第3项、第4项、第5项）；

8. 用人单位未按照劳动合同约定提供劳动条件，劳动者解除劳动合同（《最高人民法院关于审理劳动争议案件适用法律若干问题的解释》第15条第2项）（现为《劳动合同法》第38条第1款第1项②、第46条第1项，《最高人民法院关于审理劳动争议案件适用法律问题的解释（一）》第45条第2项）。

三、2008年1月1日起施行的《劳动合同法》

《劳动合同法》对用人单位应该支付经济补偿金的情形进行了进一步扩充，增加了八种情形，分别是：

9. 用人单位未按照劳动合同约定提供劳动保护，劳动者解除劳动合同（《劳动合同法》第38条第1款第1项、第46条第1项）；

10. 用人单位未依法为劳动者缴纳社会保险费，劳动者解除劳动合同（《劳动合同法》第38条第1款第3项、第46条第1项）；

11. 用人单位的规章制度违反法律、法规的规定，损害劳动者权益，劳动者解除劳动合同（《劳动合同法》第38条第1款第4项、第46条第1项）；

12. 用人单位原因导致劳动合同无效，劳动者解除劳动合同，包括：（1）用人单位以欺诈、胁迫的手段或者乘人之危，使劳动者在违背真实意思的情况下订立或者变更劳动合同的；（2）用人单位免除自己的法定责任、排除劳动者权利的；（3）违反法律、行政法规强制性规定的（《劳动合同法》第26条第1款、第38条第1款第5项、第46条第1项）。

---

① 《最高人民法院关于审理劳动争议案件适用法律若干问题的解释》第15条第3项、第4项、第5项可归纳为"未及时足额支付劳动报酬"。

② 《劳动合同法》第38条第1款第1项增加为，"未按照劳动合同约定提供劳动保护或者劳动条件的"。

13. 用人单位违章指挥、强令冒险作业危及劳动者人身安全，劳动者解除劳动合同（《劳动合同法》第 38 条第 2 款、第 46 条第 1 项）；

14. 用人单位无意向续签（明确不续签或降低约定条件变相不续签）终止劳动合同的，应向劳动者支付经济补偿金（《劳动合同法》第 44 条第 1 项、第 46 条第 5 项）；

15. 用人单位被依法宣告破产导致劳动合同终止，应向劳动者支付经济补偿金（《劳动合同法》第 44 条第 4 项、第 46 条第 6 项）；

16. 用人单位被吊销营业执照、责令关闭、撤销或者用人单位决定提前解散导致劳动合同终止，应向劳动者支付经济补偿金（《劳动合同法》第 44 条第 5 项、第 46 条第 6 项）。

四、《劳动合同法》施行前的地方规定

在 2008 年 1 月 1 日《劳动合同法》施行之前，部分地方对支付经济补偿金的情形进行了扩充，如 2002 年 5 月 1 日起施行的《上海市劳动合同条例》，该地方扩充的情形后被《劳动合同法》所吸收。

《上海市劳动合同条例》在吸纳第 1—8 种支付情形外，还扩充规定了用人单位破产（第 15 种情形）、解散或者被撤销的（第 16 种情形中的一部分）用人单位应当向劳动者支付经济补偿金的情形。(《上海市劳动合同条例》第 37 条第 3 项、第 42 条第 6 项）（现为《劳动合同法》第 44 条第 4 项及第 5 项、第 46 条第 6 项）

第三节　经济补偿金的计算问题

一、经济补偿金的计算方式

劳动者在本单位的工作年限（折算成月或半个月）乘以劳动者在本单位的月工资（计算基数）可以计算得出经济补偿金的数额。工作年限和月工资（计

第六章 经济补偿金、赔偿金、继续履行

算基数）是计算经济补偿金的两大要素。

《劳动合同法》第 47 条规定："经济补偿按劳动者在本单位工作的年限，每满一年支付一个月工资的标准向劳动者支付。六个月以上不满一年的，按一年计算；不满六个月的，向劳动者支付半个月工资的经济补偿。劳动者月工资高于用人单位所在直辖市、设区的市级人民政府公布的本地区上年度职工月平均工资三倍的，向其支付经济补偿的标准按职工月平均工资三倍的数额支付，向其支付经济补偿的年限最高不超过十二年。本条所称月工资是指劳动者在劳动合同解除或者终止前十二个月的平均工资。"

二、计算要素之劳动者在本单位工作的年限

劳动者在本单位的工作年限是计算经济补偿金的要素之一。劳动者在本单位工作年限，是指劳动者与同一用人单位保持劳动关系的时间和应当合并计算的时间。

应当合并计算的法定情形如下：

1. 因用人单位的合并、兼并、合资、分立、单位改变性质、法人改变名称等原因而改变工作单位的，原用人单位工作年限应合并计算。（劳办发〔1996〕33 号文第 4 条第 1 款、《劳动合同法》第 34 条）

2. 劳动者非因本人原因从原用人单位被安排到新用人单位工作的，原用人单位工作年限应合并计算。

《劳动合同法实施条例》第 10 条规定："劳动者非因本人原因从原用人单位被安排到新用人单位工作的，劳动者在原用人单位的工作年限合并计算为新用人单位的工作年限。原用人单位已经向劳动者支付经济补偿的，新用人单位在依法解除、终止劳动合同计算支付经济补偿的工作年限时，不再计算劳动者在原用人单位的工作年限。"

2013 年最高人民法院《劳动争议司法解释四》第 5 条（现为《最高人民法院关于审理劳动争议案件适用法律问题的解释（一）》第 46 条）规定："劳动者非因本人原因从原用人单位被安排到新用人单位工作，原用人单位未支付经济补偿，劳动者依照劳动合同法第三十八条规定与新用人单位解除劳动合同，或者

新用人单位向劳动者提出解除、终止劳动合同，在计算支付经济补偿或赔偿金的工作年限时，劳动者请求把在原用人单位的工作年限合并计算为新用人单位工作年限的，人民法院应予支持。

用人单位符合下列情形之一的，应当认定属于'劳动者非因本人原因从原用人单位被安排到新用人单位工作'：

（一）劳动者仍在原工作场所、工作岗位工作，劳动合同主体由原用人单位变更为新用人单位；

（二）用人单位以组织委派或任命形式对劳动者进行工作调动；

（三）因用人单位合并、分立等原因导致劳动者工作调动；

（四）用人单位及其关联企业与劳动者轮流订立劳动合同；

（五）其他合理情形。"

三、计算要素之劳动者在本单位的月工资

劳动者在本单位的月工资是计算经济补偿金的另一要素。

劳动者在本单位的月工资按照以下方式进行确定：

1. 月工资，是指劳动者在劳动合同解除或者终止前12个月的平均工资；

2. 劳动者工作不满12个月的，按照实际工作的月数计算平均工资；

3. 劳动者月工资高于用人单位所在直辖市、设区的市级人民政府公布的本地区上年度职工月平均工资三倍的，向其支付经济补偿的标准按职工月平均工资三倍的数额支付，向其支付经济补偿的年限最高不超过十二年；

4. 劳动者在劳动合同解除或者终止前12个月的平均工资低于当地最低工资标准的，按照当地最低工资标准计算；

5. 月工资按照劳动者应得工资计算，包括计时工资或者计件工资以及奖金、津贴和补贴等货币性收入。

四、各地关于月工资（计算基数）的规定

1. 月工资（计算基数）是否包括加班工资，各地规定不一

（1）部分地方规定认为月工资（计算基数）包括加班工资，如北京、江苏

第六章 经济补偿金、赔偿金、继续履行

等地。

《北京市高级人民法院、北京市劳动人事争议仲裁委员会关于审理劳动争议案件法律适用问题的解答》（京高法发〔2017〕142号）第21条第4项规定："在计算劳动者解除劳动合同前十二个月平均工资时，应当包括计时工资或者计件工资以及奖金、津贴和补贴等货币性收入。其中包括正常工作时间的工资，还包括劳动者延长工作时间的加班费。劳动者应得的年终奖或年终双薪，计入工资基数时应按每年十二个月平均分摊。《劳动合同法》第四十七条规定的计算经济补偿的月工资标准应依照《劳动合同法实施条例》第二十七条规定予以确定；《劳动合同法实施条例》第二十七条中的"应得工资"包含由个人缴纳的社会保险和住房公积金以及所得税。"

《江苏省劳动人事争议疑难问题研讨会纪要》（苏劳人仲委〔2017〕1号）第10条规定："……劳动者在解除或终止劳动合同前十二个月内的加班工资、年终奖、季度奖应当作为计算平均工资内容。但年终奖、季度奖应当分摊计算至相应的月份，分摊计算后，如果不在劳动合同解除或终止前十二个月内的，不宜作为计发数额。"

（2）部分地方规定认为月工资（计算基数）不应包括加班工资，如上海。

上海市高级人民法院《民事法律适用问答》（2013年第1期）第5条规定[①]，有的法院反映，一些用人单位加班已成为常态，劳动者的劳动报酬一般由最低工资和加班费组成，如在确定经济补偿金计算基数时不将加班费计算在内，则可能导致用人单位支付的经济补偿金过低的问题。我们认为，第一，经济补偿从性质上看系用人单位与劳动者解除或终止劳动关系后，为弥补劳动者损失或基于用人单位所承担的社会责任而给予劳动者的补偿，故经济补偿金应以劳动者的正常工作时间工资为计算基数。第二，加班工资系劳动者提供额外劳动所获得的报酬，不属于正常工作时间内的劳动报酬。第三，从原劳动部《关于贯彻〈中华人民共和国劳动法〉若干问题的意见》第55条和《劳动合同法实施条例》第27条

[①] 来源：上海劳动法律网，载 http://www.shanghailsw.com/%E4%B8%8A%E6%B5%B7%E9%AB%98%E9%99%A2%E6%B0%91%E4%BA%8B%E6%B3%95%E5%BE%8B%E9%80%82%E7%94%A8%E9%97%AE%E7%AD%942013%E5%B9%B4%E7%AC%AC1%E6%9C%9F-0，最后访问日期2022年11月12日。

规定来看，也应认为经济补偿金不包含加班费。综上，我们认为在计算经济补偿金计算基数时不应将加班工资包括在内。

如有证据证明用人单位恶意将本应计入正常工作时间工资的项目计入加班工资，以达到减少正常工作时间工资和经济补偿金计算标准的，则应将该部分"加班工资"计入经济补偿金的计算基数。

2. 计算经济补偿金时是否应剔除病假期间的问题

极少数地方对计算经济补偿金时是否应剔除病假期间作出了规定，如浙江、广东东莞、重庆等地。浙江规定、广东东莞纪要支持剔除，重庆纪要不支持剔除。

大部分地方对计算经济补偿金时是否应剔除病假期间未作出规定。通过案例检索发现，持不支持剔除观点的地方居多，如上海、北京等地。持支持剔除观点的地方较少，如江苏南京等地。

（1）浙江规定（支持剔除）

《浙江省高级人民法院民事审判第一庭、浙江省劳动人事争议仲裁院关于审理劳动争议案件若干问题的解答（二）》（浙高法民一〔2014〕7号）第11条规定："……《劳动合同法》第四十七条第三款规定的'本条所称月工资是指劳动者在劳动合同解除或者终止前十二个月的平均工资'，应理解为劳动合同解除或者终止前劳动者正常工作状态下十二个月的平均工资，不包括医疗期等非正常工作期间。"

（2）东莞会议纪要（支持剔除）

东莞市中级人民法院、东莞市劳动人事争议仲裁委员会《劳动争议裁审衔接工作座谈会议纪要》第5条规定："在计算解除或终止劳动合同经济补偿金或赔偿金基数（即劳动者离职前12个月的月平均工资）时：

（1）对劳动者非正常出勤月份的工资一般予以剔除，正常出勤月份是指当月正常工作时间满勤，且对劳动者非正常出勤一般不区分原因。

（2）对支付周期超过一个月的劳动报酬，如季度奖、半年奖、年终奖、年底双薪等，应包含在内计算，如果查明该笔款项确实属于劳动者离职前12个月期间发生的（而非仅凭支付日期认定），应当按发生周期进行折算。"

需要注意的是，广东省内部针对该问题观点不一。除东莞市以外，广东省其他地方对于该问题并未作出明确规定,通过案例检索可以发现,广州、深圳等地观点与东莞相反,为不支持剔除。

(3) 上海裁判观点(近年案例多为不支持剔除)

支持剔除的案例:

(2016) 沪 01 民终 8093 号案件中,二审法院认为:"虽然根据《中华人民共和国劳动合同法》第四十七条第三款的规定,经济补偿金所对应的月工资是指劳动者在劳动合同解除或者终止前十二个月的平均工资,但本案中王某自 2013 年 7 月起患癌症长期病假,领取病假工资。一审法院考虑到本案中王某的特殊情形,在计算王某的月工资时酌情扣除了病假期间,以王某正常出勤期间的工资标准判决 Z 公司支付经济补偿金并无不当。"

不支持剔除的案例:

比如,(2020) 沪 01 民终 4606 号案件,二审法院认为:"根据《中华人民共和国劳动合同法》第四十七条第三款的规定,经济补偿计算的月工资是指劳动者在劳动合同解除或者终止前十二个月的平均工资。一审判决依此规定计算月平均工资,依法有据。上诉人主张涤除病假期间工资,缺乏法律依据,本院不予采纳。"

又如,(2018) 沪 02 民终 5033 号案件,二审法院认为:"关于违法解除劳动合同赔偿金的问题,计算经济补偿金的月工资标准是指劳动者在劳动合同解除或者终止前十二个月的平均工资。经查实,陈某在被解除劳动合同前的月工资标准为 10574 元,一审法院以此判定 Y 公司支付陈某违法解除劳动合同的赔偿金 31722 元正确,本院予以确认。陈某主张按照其正常月工资 20000 元的工资标准计算赔偿金,无法律依据,本院不予支持。"

(4) 北京裁判观点(不支持剔除)

(2019) 京 03 民终 12545 号案件中,二审法院认为:"本案中,2015 年 5 月 26 日至 2016 年 11 月 28 日,宋某休病假,2016 年 12 月 12 日 Q 公司解除与宋某的劳动关系,解除劳动关系前十二个月中的部分月份宋某的工资低于正常出勤期间工资,系因宋某休病假导致,Q 公司对此并无过错,故一审法院根据解除劳动关系前十二个月宋某的平均工资核算的月工资符合法律规定,本院对此予以确认。宋某就此提出的上诉理由不符合法律规定，本院不予采纳。"

第四节 经济补偿金分段计算问题

《劳动合同法》第97条第3款规定："本法施行之日存续的劳动合同在本法施行后解除或者终止，依照本法第四十六条规定应当支付经济补偿的，经济补偿年限自本法施行之日起计算；本法施行前按照当时有关规定，用人单位应当向劳动者支付经济补偿的，按照当时有关规定执行。"

换言之，2008年1月1日《劳动合同法》施行之前就已经在职的劳动者在2008年1月1日以后解除或者终止的，按照《劳动合同法》和《劳动合同法》实施之前的规定都应该支付经济补偿的，向该劳动者支付的经济补偿金就应当分段计算。该劳动者2008年1月1日之后的部分按照《劳动合同法》计算经济补偿金，2008年1月1日之前的部分按照之前的规定计算经济补偿金，2008年前、后分段计算后再相加之和为该劳动者应得的经济补偿金总额。

一、分段计算的情形和时间

1. 出现本章第二节中应支付经济补偿金16种情形中第1—5种情形的，经济补偿金从1995年1月1日《劳动法》施行之日起计算，2008年1月1日之前的部分按照之前的规定计算经济补偿金，2008年1月1日之后的部分按照《劳动合同法》计算经济补偿金，2008年前、后分段计算后再相加之和为经济补偿金总额。

2. 出现本章第二节中应支付经济补偿金16种情形中第6—8种情形的，经济补偿金从2001年4月16日《最高人民法院关于审理劳动争议案件适用法律若干问题的解释》施行之日起计算，2008年1月1日之前的部分按照之前的规定计算经济补偿金，2008年1月1日之后的部分按照《劳动合同法》计算经济补偿金，2008年前、后分段计算后再相加之和为经济补偿金总额。

3. 出现本章第二节中应支付经济补偿金16种情形中第9—16种情形的，经济补偿金不存在分段计算问题。

第六章　经济补偿金、赔偿金、继续履行

第9—16种情形，是2008年1月1日施行的《劳动合同法》对支付经济补偿金情形的扩充，在2008年1月1日《劳动合同法》施行之前第9—16种情形无须支付经济补偿金。故，出现第9—16种情形，不存在分段计算问题，2008年1月1日之前的年限无经济补偿金，2008年1月1日之后的部分按照《劳动合同法》计算经济补偿金。

二、分段计算的年限折算

《劳动合同法》规定的年限折算方式和《劳动合同法》施行前的年限折算方式有所不同。出现分段计算的情形，《劳动合同法》施行后按《劳动合同法》的规定进行年限折算，《劳动合同法》施行前的按之前的规定进行年限折算。

1. 按照《劳动合同法》第47条的规定，工作年限按以下方式进行折算：

（1）每满一年支付一个月工资；

（2）六个月以上不满一年按一年计算，支付一个月工资；

（3）不满六个月的，支付半个月工资。

2.《劳动合同法》施行前，按照当时有效的《违反和解除劳动合同的经济补偿办法》第5条[①]的规定，工作年限按以下方式进行折算：

（1）每满一年支付一个月工资；

（2）不满一年按一年标准，支付一个月工资。

三、分段计算的年限封顶

《劳动合同法》关于年限封顶的规定和《劳动合同法》施行前关于年限封顶的规定有所不同。出现分段计算的情形，《劳动合同法》施行后按《劳动合同法》的规定适用年限封顶，《劳动合同法》施行前的按之前的规定适用年限封顶。

1.《劳动合同法》第47条第2款规定："劳动者月工资高于用人单位所在直辖市、设区的市级人民政府公布的本地区上年度职工月平均工资三倍的，向其支

[①]《劳动部办公厅关于对解除劳动合同经济补偿问题的复函》（劳办发〔1997〕98号）第2条规定："《违反和解除劳动合同的经济补偿办法》第五条关于'工作时间不满一年的按一年的标准发给经济补偿金'的规定，适用于该办法的第六条、第七条、第八条和第九条。"

付经济补偿的标准按职工月平均工资三倍的数额支付,向其支付经济补偿的年限最高不超过十二年。"

换言之,《劳动合同法》施行后,只有月工资高于社平工资三倍的高薪员工,才适用十二年年限封顶,其他任何情形年限均不封顶,全国无一例外。

2.《劳动合同法》施行前,按照当时有效的《违反和解除劳动合同的经济补偿办法》第5条、第7条的规定,只有支付经济补偿金16种情形中第1种情形和第3种情形,才适用十二年年限封顶。

换言之,《劳动合同法》施行前,只有第1种(用人单位提出协商解除)与第3种(劳动者不能胜任解除)情形,才适用十二年年限封顶,其他任何情形年限均不封顶(上海通过地方规定增加了年限封顶的情形)。

四、分段计算的月工资(计算基数)

《劳动合同法》关于月工资的规定和《劳动合同法》施行前关于月工资的规定是一致的。故,出现分段计算的情形,月工资(计算基数)均为劳动合同解除或者终止前十二个月的平均工资。

但需要注意的是,鉴于《劳动合同法》新增了社平工资三倍封顶原则,劳动者月工资高于社平工资三倍的,《劳动合同法》施行后,月工资按社平工资三倍封顶计算,《劳动合同法》施行前,月工资按劳动者实际工资计算,无须封顶。(北京、广东等地规定《劳动合同法》施行前、后,月工资均按社平工资三倍封顶)

《劳动合同法》关于月工资的规定:

《劳动合同法》第47条第2款、第3款规定:"劳动者月工资高于用人单位所在直辖市、设区的市级人民政府公布的本地区上年度职工月平均工资三倍的,向其支付经济补偿的标准按职工月平均工资三倍的数额支付,向其支付经济补偿的年限最高不超过十二年。本条所称月工资是指劳动者在劳动合同解除或者终止前十二个月的平均工资。"

《劳动合同法》施行前关于月工资的规定:

《违反和解除劳动合同的经济补偿办法》第11条第1款规定:"本办法中经

第六章　经济补偿金、赔偿金、继续履行

济补偿金的工资计算标准是指企业正常生产情况下劳动者解除合同前十二个月的月平均工资。"

五、分段计算的地方规定

针对分段计算的问题，我国部分地方作出了地方性规定。于 2008 年 1 月 1 日《劳动合同法》施行之前就已经在职的劳动者在 2008 年 1 月 1 日以后解除或者终止的，首先应查看用人单位所在地及劳动合同履行地[①]是否有分段计算的地方规定，在有地方规定的情况下，应优先按照地方规定判断是否应分段计算，如何进行分段计算。以下将介绍部分地方关于分段计算的规定：

1. 上海

（1）增加了分段计算的情形

出现本章第二节中应支付经济补偿金 16 种情形中第 15 种（破产）情形及第 16 种情形中的一部分（解散或被撤销），在上海，经济补偿金需要分段计算。

因为，在 2008 年 1 月 1 日《劳动合同法》施行之前，《上海市劳动合同条例》（2002 年 5 月 1 日起施行）对支付经济补偿金的情况进行了扩充，该条例在吸纳第 1—8 种支付情形外，还扩充规定了用人单位破产（第 15 种情形）、解散或者被撤销的（第 16 种情形中一部分）用人单位应当向劳动者支付经济补偿金的情形。该扩充后被《劳动合同法》所吸收（《上海市劳动合同条例》第 37 条第 3 项、第 42 条第 6 项）（现为《劳动合同法》第 44 条第 4 项及第 5 项、第 46 条第 6 项）。

（2）增加了年限封顶的情形

《劳动合同法》施行之前，《上海市劳动合同条例》（2002 年 5 月 1 日起施行）对年限封顶的情形进行了扩充，该条例在吸纳第 1 种（用人单位提出协商解除）和第 3 种（劳动者不能胜任解除）十二年年限封顶的情形外，还扩充规定了第 6 种（强迫劳动解除）、第 7 种（未及时足额支付报酬解除）、第 8 种（未

[①] 《劳动争议调解仲裁法》第 21 条第 2 款规定："劳动争议由劳动合同履行地或者用人单位所在地的劳动争议仲裁委员会管辖。双方当事人分别向劳动合同履行地和用人单位所在地的劳动争议仲裁委员会申请仲裁的，由劳动合同履行地的劳动争议仲裁委员会管辖。"

按约提供劳动条件解除）十二年年限封顶的情形。故，按照上海规定分段计算时，《劳动合同法》施行前的年限存在五种年限封顶情形（第1、3、6、7、8种情形）。还需要注意的是，按照《上海市劳动合同条例》的规定，如用人单位和劳动者约定排除十二年年限封顶的，从其约定。

《上海市劳动合同条例》第42条规定，有下列情形之一的，用人单位应当根据劳动者在本单位工作年限，每满一年给予劳动者本人一个月工资收入的经济补偿：

（一）用人单位提出协商解除劳动合同的；

（二）用人单位强迫劳动、未及时足额支付报酬、未按约提供劳动条件，劳动者解除劳动合同的；

（三）劳动者不能胜任工作，用人单位解除劳动合同的；

（四）劳动者医疗期满或客观情形发生重大变化，用人单位解除劳动合同的；

（五）用人单位裁员的；

（六）用人单位依破产、解散或者被撤销终止劳动合同的。

有前款第（一）项、第（二）项、第（三）项规定情形之一的补偿总额一般不超过劳动者十二个月的工资收入，但当事人约定超过的，从其约定。

(3)《劳动合同法》施行前，月工资按劳动者实际工资计算，无须封顶

《上海市高级人民法院关于适用〈劳动合同法〉若干问题的意见》（沪高法〔2009〕73号）第21条第3项规定："符合《劳动合同法》规定三倍封顶的情形，实施封顶计算经济补偿年限自《劳动合同法》施行之日起计算，《劳动合同法》施行之前的工作年限仍按以前规定的标准计算经济补偿金。"

2. 北京、广东

北京、广东等少数地方规定，《劳动合同法》施行前、后，月工资均按社平工资三倍封顶。

《北京市高级人民法院、北京市劳动争议仲裁委员会关于劳动争议案件法律适用问题研讨会会议纪要》（2009年8月17日）第25条规定："……《劳动合同法》施行之日存续的劳动合同，在《劳动合同法》施行后解除或者终止，依照《劳动合同法》第四十六的规定应当支付经济补偿的，2007年12月31日前

第六章 经济补偿金、赔偿金、继续履行

的经济补偿依照《劳动法》及其配套规定计算，2008年1月1日后的经济补偿依照《劳动合同法》的规定计算。

经济补偿金的基数为劳动者在劳动合同解除或者终止前十二个月的平均工资，不再分段计算。

根据《劳动合同法》第四十七条、第八十七条、《劳动合同法实施条例》第二十五条的规定，用人单位违反劳动合同法的规定解除或终止劳动合同，应支付的赔偿金的计算方法为：自用工之日起依照《劳动合同法》第四十七条的规定计算出经济补偿金，再乘以2，即为赔偿金，不再分段计算。

用人单位违反《劳动合同法》的有关规定，需向劳动者每月支付二倍工资的，其加付的一倍工资不应计入经济补偿金和赔偿金的计算基数。"

《广东省高级人民法院、广东省劳动人事争议仲裁委员会关于审理劳动人事争议案件若干问题的座谈会纪要》（粤高法〔2012〕284号）第31条规定："用人单位支付劳动者解除或终止劳动合同经济补偿或赔偿金时，经济补偿或赔偿金的基数为劳动者在劳动合同解除或者终止前十二个月的平均工资，不再以《劳动合同法》施行之日为界分段计算。劳动者月工资高于用人单位所在地上年度职工月平均工资三倍的，经济补偿或赔偿金的基数按用人单位所在地上年度职工月平均工资的三倍计算。"

3. 浙江

劳动者月工资高于社平工资三倍，《劳动合同法》施行前、后年限相加超过十二年的，支付经济补偿金的年限按十二年计算。

《浙江省高级人民法院民事审判第一庭、浙江省劳动人事争议仲裁院关于审理劳动争议案件若干问题的解答（二）》（浙高法民一〔2014〕7号）第12条规定："劳动者月工资高于用人单位所在直辖市、设区的市级人民政府公布的本地区上年度职工月平均工资三倍，其在用人单位的工作时间跨越2008年1月1日，劳动合同在《劳动合同法》施行后解除或者终止，劳动者要求用人单位支付经济补偿的，计算经济补偿的最高年限应如何认定？

答：《劳动合同法》第四十七条第二款规定经济补偿的最高支付年限为十二年。劳动者工作时间跨越《劳动合同法》实施之日，依法计算的工作年限超过

十二年的，经济补偿金最多支付 12 个月工资。"

第五节 赔偿金

一、赔偿金的概念和计算方式

用人单位违反《劳动合同法》规定解除或者终止劳动合同的，应当依照经济补偿标准的二倍向劳动者支付赔偿金。实务中称经济补偿金为 N，赔偿金为 2N。

用人单位违反劳动合同法的规定解除或者终止劳动合同，依照《劳动合同法》第 87 条的规定支付了赔偿金的，不再支付经济补偿。赔偿金的计算年限自用工之日起计算。

二、赔偿金分段计算问题

2008 年 1 月 1 日《劳动合同法》施行之前就已经在职的劳动者在 2008 年 1 月 1 日以后被违法解除或者终止的，赔偿金的计算方式为分段计算后经济补偿金之和的两倍。

关于赔偿金的分段计算，少部分地区有特殊的规定，比如上海。上海观点认为，在计算赔偿金时，如劳动者属于高薪员工（月工资高于社平工资三倍），应当按照《劳动合同法》第 47 条第 2 款规定的经济补偿标准计算。即违法解除高薪员工，应将月工资（计算基数）、工作年限施行双限封顶计算出经济补偿金（不再分段计算），然后乘以二最终得出赔偿金数额。

《上海市高级人民法院关于适用〈劳动合同法〉若干问题的意见》（沪高法〔2009〕73 号）第 21 条第 4 项规定："根据《劳动合同法实施条例》第二十五条的规定，用人单位违反《劳动合同法》的规定解除或终止劳动合同，依法支付劳动者赔偿金，赔偿金的计算年限自用工之日起计算。如劳动者在劳动合同被违法解除或终止前十二个月的月平均工资高于上年度本市职工月平均工资三倍的，

第六章 经济补偿金、赔偿金、继续履行

根据《劳动合同法》第八十七条规定，应当按照第四十七条第二款规定的经济补偿标准计算。"

第六节 一次性补偿收入、赔偿金涉税问题

一、一次性补偿收入如何计算个人所得税

1. 一次性补偿收入计算个人所得税的规定

劳动者取得一次性补偿收入需要依法缴纳个人所得税。《财政部、国家税务总局关于个人所得税法修改后有关优惠政策衔接问题的通知》（财税〔2018〕164号）第5条第1项规定："个人与用人单位解除劳动关系取得一次性补偿收入（包括用人单位发放的经济补偿金、生活补助费和其他补助费），在当地上年职工平均工资3倍数额以内的部分，免征个人所得税；超过3倍数额的部分，不并入当年综合所得，单独适用综合所得税率表，计算纳税。"

一次性补偿收入计算个人所得税可以分解为以下步骤：

（1）免税

一次性补偿收入在当地上年职工平均工资3倍数额以内的部分，免征个人所得税。换言之，一次性补偿收入应先减去当地上年职工平均工资的3倍。

（2）扣除

扣除劳动者在领取该补偿收入时按实际缴纳的住房公积金、医疗保险费、基本养老保险费和失业保险费的个人部分。

《国家税务总局关于个人因解除劳动合同取得经济补偿金征收个人所得税问题的通知》（国税发〔1999〕178号）[①] 第4条规定："个人按国家和地方政府规定比例实际缴纳的住房公积金、医疗保险金、基本养老保险金、失业保险基金在计税时应予以扣除。"

虽然财税〔2018〕164号文、国税发〔1999〕178号文已全文废止，但是财

[①] 该文件已全文废止。

税〔2001〕157号文第2条关于扣除三险一金的规定依然有效，并未废止。

《财政部、国家税务总局关于个人与用人单位解除劳动关系取得的一次性补偿收入征免个人所得税问题的通知》（财税〔2001〕157号）①第2条规定："个人领取一次性补偿收入时按照国家和地方政府规定的比例实际缴纳的住房公积金、医疗保险费、基本养老保险费、失业保险费，可以在计征其一次性补偿收入的个人所得税时予以扣除。"

（3）免税、扣除后的数额单独适用综合所得税率表，计算纳税

2. 新规定与旧规定的区别

财税〔2018〕164号文第5条第1项等关于一次性补偿收入计算缴税的新规定与之前一次性补偿收入计算缴税的旧规定存在一定的区别，主要体现为以下几个方面：

（1）新规定不再考虑劳动者工作年限

旧规定将应税收入除以劳动者在本企业的工作年限数，以其商数作为个人的月工资、薪金收入，按照税法规定计算缴纳个人所得税。

而新规定不再考虑劳动者在企业的工作年限数，直接将计算出的应税收入按年综合所得税率表计算。

新规定相较旧规定有一定的优惠，因为在新规定下，无论劳动者在本企业的工作年限是否达到十二年，都以十二年的标准对收入进行平均计算。

（2）新规定不可扣除费用

旧规定在实际运用中，部分地区允许扣除3500元费用。

新规定明确不并入当年综合所得，不能再扣除6万元的费用。

（3）扣缴期限发生了变化

新规定将旧规定中应当在次月七日内缴入国库改为应当在次月十五日内缴入国库。

《个人所得税扣缴申报管理办法（试行）》（国家税务总局公告2018年第61号）第3条规定："扣缴义务人每月或者每次预扣、代扣的税款，应当在次月十五日内缴入国库，并向税务机关报送《个人所得税扣缴申报表》。"

---

① 该文件第1条已废止，但是第2条依然有效。

第六章 经济补偿金、赔偿金、继续履行

二、当地上年职工平均工资3倍数额中"上年"的理解

个人与用人单位解除劳动关系取得一次性补偿收入（包括用人单位发放的经济补偿金、生活补助费和其他补助费），在当地上年职工平均工资3倍数额以内的部分，免征个人所得税。

劳动仲裁、诉讼流程，通常在一年以上。如果发生劳动仲裁、诉讼，劳动者应当取得经济补偿金的时间和实际取得经济补偿金的时间会产生巨大差距。经济补偿金在上年社平工资3倍以内免税，每年社平工资都会调整（一般为上调），发生劳动仲裁、诉讼，劳动者实际取得经济补偿金的时间通常会晚于其应当取得经济补偿金的时间一年以上，在该种情况下，是以实际取得经济补偿金的上年社平工资3倍还是以应当取得经济补偿金的上年社平工资3倍作为免税额，这个问题并没有明确的规定。

经过劳动、仲裁程序，用人单位向劳动者支付经济补偿金前，同样应依法进行代扣代缴。实务中，用人单位实际支付经济补偿金晚于其应当支付经济补偿金一个社平工资年度的，扣缴系统中默认的免税额度为用人单位实际支付经济补偿金上年社平工资的3倍，该默认金额可以调低不可调高。[①]

三、执行阶段的代扣代缴问题

如用人单位最终被裁决、判决支付经济补偿金，并且裁决书、判决书并未明确用人单位应支付的经济补偿金为税前金额。进入法院执行阶段后，用人单位提出其为代扣代缴人，支付金额应为代扣代缴后金额的意见，部分地方法院执行部门并不认可。法院执行部门通常认为，用人单位应严格按照裁判书、判决书金额支付。鉴于此，用人单位在涉及经济补偿金等涉税案件中，应向劳动仲裁机关、法院提出最终裁决、判决金额应是税前金额。调解结案的，应注意明确支付金额为代扣、代缴后的金额。以免陷入不代扣、代缴违反税法规定，而代扣、代缴又不被法院执行部门认可的情况出现。

（2017）沪0104执异25号执行异议案中，上海市徐汇区人民法院认为："法

[①] 最终以操作地、操作时的扣缴系统为准。

院应依法执行发生法律效力的文书。本案中,(2016)沪0104民初21061号民事判决书已于2017年2月23日生效,明确S公司应向施某支付的工资差额及经济补偿金,其中并未提及由S公司代为扣缴施某的个人所得税,故本院依据生效判决予以执行并无不当,本院予以确认。

本案中,S公司主张根据生效民事判决书所确定的工资差额及经济补偿金的个人所得税,应由S公司代扣代缴。但施某明确表示不认可S公司计算的个人所得税应纳税额,认为S公司无法证明该纳税额经过税务机关等专业机构核实,且施某亦不愿意由S公司代扣代缴税款,主张自行缴纳个人所得税,于法不悖。

综上,S公司提出的异议请求不具有法律依据,本院不予支持。"

后S公司不服(2017)沪0104执异25号执行裁定,向上海市第一中级人民法院申请复议。上海市第一中级人民法院作出(2017)沪01执复49号执行裁定书,驳回S公司的复议申请,维持(2017)沪0104执异25号异议裁定。

(2017)沪01执复49号执行裁定书,法院认为:"执行法院(2017)沪0104执异25号异议裁定,在认定事实和适用法律上并无不当,复议申请人要求执行金额中扣除个人所得税,申请执行人未予以认同,该争议属税务法律关系调整的范围,不属于执行异议审查范围。申请执行人的答辩意见,本院予以采纳。"

四、劳动法上的"经济补偿金"不完全等同于税法上的"一次性补偿收入"

劳动法概念上的"经济补偿金"不完全等同于税法概念上的"一次性补偿收入",劳动法概念上的"经济补偿金"的外延大于税法概念上的"一次性补偿收入"。

劳动法概念上的"经济补偿金",大部分可以适用财税〔2018〕164号文第5条第1项的优惠政策,但有一种情形不能适用财税〔2018〕164号文第5条第1项的优惠政策,还有一种情形适用其他优惠政策。具体如下:

1. 可以适用财税〔2018〕164号文第5条第1项优惠政策的情形

(1)劳动者依照《劳动合同法》第38条规定解除劳动合同,取得经济补偿金的;

第六章　经济补偿金、赔偿金、继续履行

（2）用人单位依照《劳动合同法》第36条规定向劳动者提出解除劳动合同并与劳动者协商一致解除劳动合同，劳动者取得经济补偿金的；

（3）用人单位依照《劳动合同法》第40条规定解除劳动合同，劳动者取得经济补偿金的；

（4）用人单位依照《劳动合同法》第41条第1款规定解除劳动合同，劳动者取得经济补偿金的；

（5）依照《劳动合同法》第44条第5项规定终止劳动合同，劳动者取得经济补偿金的。

《劳动合同法》第44条第5项是用人单位被吊销营业执照、责令关闭、撤销或者用人单位决定提前解散而导致劳动合同终止的情形，虽然该情形是终止劳动合同（关系），而不是解除劳动关系，但在大部分地区，因该情形取得经济补偿金依然能适用财税〔2018〕164号文第5条第1项的优惠政策。因为，大部分地区税务机关认为，是否能适用优惠政策，取决于劳动关系是提前解除（或终止）还是到期终止。如果是提前解除（或终止），可以适用优惠政策，但如果是到期终止，则不可以适用优惠政策。

2. 不可适用财税〔2018〕164号文第5条第1项优惠政策的情形

除用人单位维持或者提高劳动合同约定条件续订劳动合同，劳动者不同意续订的情形外，用人单位依照《劳动合同法》第44条第1项规定终止固定期限劳动合同，劳动者取得经济补偿金的。

全国各地税务机关普遍认为，用人单位无意向续签（明确不续签或降低约定条件变相不续签）终止劳动合同向劳动者支付的经济补偿金不可适用财税〔2018〕164号文第5条第1项的优惠政策。

（2016）沪01行终19号案件①中，二审法院认为，上诉人所获得的经济补偿金本质上属于《个人所得税法实施条例》第8条第1款第1项所规定的与任职或受雇有关的其他所得。此外，上诉人所援用的《财政部、国家税务总局关于个人与用人单位解除劳动关系取得的一次性补偿收入征免个人所得税问题的通知》

---

① 虽然该案中所引用的实施条例已经修改、财税〔2001〕157号文第1条已被废止、国税发〔1999〕178号文已全文废止，但是该案在如今财税〔2018〕164号文背景下仍具有参考意义。

（以下简称《通知》）（财税〔2001〕157号）亦规定，个人因与用人单位解除劳动关系而取得的一次性补偿收入，在当地上年职工平均工资3倍数额以内的部分，免征个人所得税；超过部分按照《国家税务总局关于个人因解除劳动合同取得经济补偿金征收个人所得税问题的通知》（以下简称《国税局通知》）（国税发〔1999〕178号）的有关规定，征收个人所得税。而《国税局通知》第1条即规定，对于个人因解除劳动合同而取得一次性经济补偿收入，应按"工资、薪金所得"项目计征个人所得税。《国税局通知》与《通知》系考虑到被解除劳动关系的劳动者可能面临的特殊困境，而专门对该类人员作出的有条件免征个人所得税规定。两通知对解除劳动关系的劳动者尚原则上要求按照"工资、薪金所得"项目计征个人所得税，则劳动者因劳动合同自然终止获得的经济补偿金自然亦应认定为"工资、薪金所得"，并计征个人所得税。另，《国税局通知》与《通知》仅适用于个人与用人单位解除劳动关系的情况，上诉人则系与A公司劳动合同到期未续签，属合同自然终止，不同于《通知》规定的情况，故不具备适用《通知》规定的前提。

3. 适用其他优惠政策的情形

依照《劳动合同法》第44条第4项规定（用人单位宣告破产）终止劳动合同，劳动者取得经济补偿金的。

虽然根据财税〔2018〕164号文、国税发〔2000〕77号文已全文废止，但是财税〔2001〕157号文第3条关于从破产企业取得的一次性安置费用收入免税的规定依然有效，并未废止。

《财政部、国家税务总局关于个人与用人单位解除劳动关系取得的一次性补偿收入征免个人所得税问题的通知》（财税〔2001〕157号）[①]第3条规定："企业依照国家有关法律规定宣告破产，企业职工从该破产企业取得的一次性安置费收入，免征个人所得税。"

五、赔偿金如何计算个人所得税

大部分地区税务机关认为，劳动者取得赔偿金可以参照取得一次性补偿收

---

① 该文件第1条已废止，但是第3条依然有效。

第六章 经济补偿金、赔偿金、继续履行

入，适用财税〔2018〕164号文第5条第1项的优惠政策计算个人所得税。

（2017）粤0404行初327号案件①中，被告（复议机关）认为："原告周某取得B公司支付劳动赔偿金473185元属于与任职或者受雇有关的其他所得，根据《个人所得税法》第二条第一款第（一）项'工资、薪金所得'以及《个人所得税法实施条例》第八条第一款第（二）项规定，应当按'工资、薪金所得'申报缴纳个人所得税。具体计算中适用《财政部、国家税务总局关于个人与用人单位解除劳动关系取得的一次性补偿收入征免个人所得税问题的通知》（财税〔2001〕157号）及《国家税务总局关于个人因解除劳动合同取得经济补偿金征收个人所得税问题的通知》（国税发〔1999〕178号）并无不当且计算准确。"

法院认为："原告的主张不能成立。被告珠海经济技术开发区地方税务局作出的不予退税决定职权依据充分、认定事实清楚、程序合法、适用法律正确。被告广东省珠海市地方税务局作出的珠地税行复〔2017〕2号《行政复议决定书》认定事实清楚、程序合法。"

第七节 继续履行

一、继续履行的概念和介绍

1. 继续履行的概念

《劳动合同法》第48条规定："用人单位违反本法规定解除或者终止劳动合同，劳动者要求继续履行劳动合同的，用人单位应当继续履行；劳动者不要求继续履行劳动合同或者劳动合同已经不能继续履行的，用人单位应当依照本法第八十七条规定支付赔偿金。"

2. 继续履行和赔偿金的比较

用人单位违法解除或者终止劳动合同，劳动者可以通过仲裁、诉讼要求继续

---

① 虽然该案中所引用的法律、实施条例已经修改、财税〔2001〕157号文第1条已被废止、国税发〔1999〕178号文已全文废止，但是该案在如今财税〔2018〕164号文背景下仍具有参考意义。

履行劳动合同，或者要求用人单位支付赔偿金。

继续履行通俗讲就是劳动者可继续回到用人单位工作，继续履行劳动合同。相较于支付赔偿金，大部分用人单位更加排斥继续履行。因为，裁决（判决）继续履行将会给用人单位人事管理带来更加巨大的影响。

大部分劳动者并无继续履行意向，但更愿意选择继续履行作为其仲裁（诉讼）请求，主要是从仲裁（诉讼）策略考虑。在部分情况下，劳动者通过仲裁申请（诉讼请求）继续履行可使得用人单位接受超过赔偿金金额的给付，但这是建立在继续履行即将或已经得到仲裁机关、法院支持的情况下。

3. 裁判支持及法院执行继续履行具有一定难度

劳动者请求继续履行，裁判机关是否支持主要考虑劳动合同是否有继续履行的可能。从裁判角度来看，当劳动者请求继续履行，而用人单位在不同意继续履行的情况下，继续履行的请求获得裁判机关支持具有难度。从执行角度来看，不同于赔偿金等金钱给付执行，继续履行属于非金钱给付执行中的行为给付执行，行为给付执行难于金钱给付执行。当被执行人不主动按照裁决（判决）作出行为给付时，法院只能采取执行罚（财产处罚和人身处罚）的执行措施，无法采取代执行的执行措施。采取执行罚的执行措施使得劳动者回到用人单位后，因历经仲裁、诉讼、执行，劳资之间已毫无信任关系，和谐劳资关系无法再次构建，也极易再次产生纠纷。

4. 特殊群体之继续履行

如前所述，继续履行的请求获得裁判机关支持具有难度。但是，如果被违法解除或终止的劳动者有以下情形之一的，则其继续履行的请求很大程度会获得裁判机关支持。

（1）患职业病的；

（2）患病或者非因工负伤，在规定的医疗期内的；

（3）女职工在孕期、产期、哺乳期的。

第六章　经济补偿金、赔偿金、继续履行

【案例 6-1】刘某与上海 A 公司劳动合同纠纷案①

基本案情：

刘某于 2013 年 8 月 1 日进入 A 公司，2016 年 7 月 31 日劳动合同到期，A 公司在 2016 年 7 月 8 日提出到期后将不再和刘某续签劳动合同，A 公司将依法向刘某支付到期不续签的经济补偿金。刘某 7 月 15 日向 A 公司提出已经怀孕，劳动合同应该续延。但是鉴于刘某在公司期间存在不诚信行为，并且 A 公司了解到刘某怀孕情况为其虚构，所以并未顺延劳动合同，2016 年 7 月 31 日到期终止了与刘某的劳动合同。

劳动合同终止后，刘某申请仲裁要求恢复劳动合同，并要求 A 公司支付终止日至劳动关系恢复日的工资，同时提交了就医记录证明其已经怀孕。

仲裁裁决结果：

劳动仲裁委裁决恢复刘某和 A 公司的劳动关系，并裁决 A 公司向刘某支付劳动合同终止日至裁决日的工资。

A 公司虽不服裁决，但未在十五日内向有管辖权的人民法院起诉，因此劳动仲裁裁决生效。

代理过程：

作者接受 A 公司委托代理该案，向执行法院提出申请不予执行。在执行听证程序之前，刘某代理人联系作者提出 2N（赔偿金）及仲裁期间工资的和解方案，作者答复 A 公司只接受到期不续签应支付的 N（经济补偿金）。刘某及刘某代理人思考权衡后，最终接受 A 公司的方案，签订和解协议，领取 N（经济补偿金）。

签订和解协议后，作者问刘某代理人："刘某是否虚构怀孕？"刘某代理人答复作者："刘某最近流产了。"

申请不予执行的法律依据：

虽然劳动仲裁裁决已经生效。但是 A 公司依然有权依据原《民事诉讼法》第 237 条第 2 款第 4 项（2021 年修正后《民事诉讼法》第 244 条，后同）的规定向人民法院申请不予执行。

---

① 案例基于作者代理案件并经过加工处理，仅为说明法律问题参考。

需要注意的是，虽然从原《民事诉讼法》第237条的文字表述来看，该条文所述的裁决指的是商事仲裁裁决，但实则该条文所述裁决既包括商事仲裁裁决，也包括劳动仲裁裁决。该适用规则在司法解释中也有体现。

原《民事诉讼法》第237条规定："对依法设立的仲裁机构的裁决，一方当事人不履行的，对方当事人可以向有管辖权的人民法院申请执行。受申请的人民法院应当执行。

被申请人提出证据证明仲裁裁决有下列情形之一的，经人民法院组成合议庭审查核实，裁定不予执行：

（一）当事人在合同中没有订有仲裁条款或者事后没有达成书面仲裁协议的；

（二）裁决的事项不属于仲裁协议的范围或者仲裁机构无权仲裁的；

（三）仲裁庭的组成或者仲裁的程序违反法定程序的；

（四）裁决所根据的证据是伪造的；

（五）对方当事人向仲裁机构隐瞒了足以影响公正裁决的证据的；

（六）仲裁员在仲裁该案时有贪污受贿，徇私舞弊，枉法裁决行为的。

人民法院认定执行该裁决违背社会公共利益的，裁定不予执行。

裁定书应当送达双方当事人和仲裁机构。

仲裁裁决被人民法院裁定不予执行的，当事人可以根据双方达成的书面仲裁协议重新申请仲裁，也可以向人民法院起诉。"

《最高人民法院关于审理劳动争议案件适用法律问题的解释（一）》第24条（较《最高人民法院关于审理劳动争议案件适用法律若干问题的解释》第21条所列情形有所增加及优化）规定："当事人申请人民法院执行劳动争议仲裁机构作出的发生法律效力的裁决书、调解书，被申请人提出证据证明劳动争议仲裁裁决书、调解书有下列情形之一，并经审查核实的，人民法院可以根据民事诉讼法第二百三十七条规定，裁定不予执行：

（一）裁决的事项不属于劳动争议仲裁范围，或者劳动争议仲裁机构无权仲裁的；

（二）适用法律、法规确有错误的；

（三）违反法定程序的；

第六章　经济补偿金、赔偿金、继续履行

（四）裁决所根据的证据是伪造的；

（五）对方当事人隐瞒了足以影响公正裁决的证据的；

（六）仲裁员在仲裁该案时有索贿受贿、徇私舞弊、枉法裁决行为的；

（七）人民法院认定执行该劳动争议仲裁裁决违背社会公共利益的。

人民法院在不予执行的裁定书中，应当告知当事人在收到裁定书之次日起三十日内，可以就该劳动争议事项向人民法院提起诉讼。"

二、"劳动合同已经不能继续履行"的表现情形

何为"劳动合同已经不能继续履行"，相关法律、法规并未作出详细的规定，导致司法实践中对于该问题的认识存在不一致。

部分地区对该问题进行了列举性规定，比如北京，《北京市高级人民法院、北京市劳动人事争议仲裁委员会关于审理劳动争议案件法律适用问题的解答》（京高法发〔2017〕142号）第9条对"劳动合同确实无法继续履行"的情形进行了列举，分为以下情形：

1. 用人单位被依法宣告破产、吊销营业执照、责令关闭、撤销，或者用人单位决定提前解散的（仲裁庭、法院主动审查）；

2. 劳动者在仲裁或者诉讼过程中达到法定退休年龄的（仲裁庭、法院主动审查）；

3. 劳动合同在仲裁或者诉讼过程中到期终止且不存在《劳动合同法》第14条规定应当订立无固定期限劳动合同情形的（用人单位举证）；

4. 劳动者原岗位对用人单位的正常业务开展具有较强的不可替代性和唯一性（如总经理、财务负责人等），且劳动者原岗位已被他人替代，双方不能就新岗位达成一致意见的（用人单位举证）（用人单位仅以"劳动者原岗位已被他人替代"为由进行抗辩的，不宜认定为无法继续履行）；

5. 劳动者已入职新单位的（用人单位举证）（劳动者在其他单位缴纳社会保险的，举证责任转移，由劳动者证明与其他单位不是劳动关系）；

6. 仲裁或诉讼过程中，用人单位向劳动者送达复工通知，要求劳动者继续工作，但劳动者拒绝的（用人单位举证）；

7. 其他明显不具备继续履行劳动合同条件的（用人单位举证）（如劳资双方矛盾激烈，继续履行难以实现劳动合同目的）。

三、裁决、判决继续履行，仲裁、诉讼期间的工资问题

裁决或判决恢复劳动关系、继续履行劳动合同的，用人单位是否还需向劳动者支付裁决、判决期间的工资，法律、法规并未作出明确的规定，各地对此问题观点不一，大部分地区观点为支持支付。

上海、江苏、浙江、深圳等地规定，恢复劳动关系的，用人单位需向劳动者支付裁决、判决期间的工资。少数地区裁判实务中，恢复劳动关系的，用人单位无须向劳动者支付裁决、判决期间的工资。对此问题无明确规定的地区，处理该问题时应关注当地近期裁判观点，以便对案件作出准确预判。

仲裁、一审、二审全过程短则一年、长则数年，裁判、判决继续履行的同时，用人单位还应支付劳动者在仲裁、诉讼期间的工资，这显然对劳动者的保护是巨大的，这也是大部分劳动者选择继续履行作为诉讼请求的原因之一。

上海规定，支持支付，双方有责任的，根据责任大小承担相应的责任。

《上海市企业工资支付办法》（沪人社综发〔2016〕29号）第23条规定："企业解除劳动者的劳动合同，引起劳动争议，劳动人事争议仲裁部门或人民法院裁决撤消企业原决定，并且双方恢复劳动关系的，企业应当支付劳动者在调解、仲裁、诉讼期间的工资。其标准为企业解除劳动合同前12个月劳动者本人的月平均工资乘以停发月数。双方都有责任的，根据责任大小各自承担相应的责任。"

江苏规定，支持支付。

《江苏省高级人民法院、江苏省劳动人事争议仲裁委员会关于审理劳动人事争议案件的指导意见（二）》第16条规定："用人单位违法解除或终止劳动合同，劳动者请求撤销用人单位的解除决定、继续履行劳动合同，并请求用人单位赔偿仲裁、诉讼期间工资损失的，应予支持。劳动者不要求继续履行劳动合同的，可以解除双方的劳动合同，由用人单位支付违法解除劳动合同的赔偿金，赔偿金的计算年限应包括《劳动合同法》实施前劳动者在用人单位的工作年限。"

第六章　经济补偿金、赔偿金、继续履行

浙江规定，支持支付。

《浙江省劳动仲裁院关于劳动争议案件处理若干问题的解答》（浙劳仲院〔2012〕3号）第12条规定，如果在仲裁裁决作出前，原劳动合同期限已经届满的，一般不支持劳动者关于继续履行劳动合同的请求。对劳动者主张停发工资日至劳动合同届满日期间的工资损失，应按劳动者被停发工资前十二个月的平均工资确定。

如果在仲裁裁决作出时，原劳动合同期限尚未届满的，对劳动者主张继续履行劳动合同的请求予以支持。对停发工资日以后的工资损失，应按劳动者被停发工资前十二个月的平均工资确定。

深圳规定，支持支付。

《深圳市中级人民法院关于审理劳动争议案件的裁判提引》（2015年）第96条规定："用人单位解除劳动合同决定被裁决撤销或判决无效，双方继续履行劳动合同的，用人单位应当按照劳动者被违法解除劳动合同前十二个月的平均正常工作时间工资向劳动者支付被违法解除劳动合同期间的工资。"

四、诉求变更问题

劳动者仲裁申请为要求继续履行劳动合同的，在仲裁阶段或其后的诉讼阶段能否更改诉请为赔偿金，或者反之。劳动者仲裁申请为要求继续履行劳动合同或赔偿金的，在仲裁阶段或其后的诉讼阶段能否更改诉请为经济补偿金，或者反之。关于这些问题，司法解释作出了原则性的规定，部分地方作出了具体的规定，有地方规定时，可优先考虑地方规定。

1. 司法解释认为，增加的诉求与讼争的劳动争议具有不可分性的，当事人可以增加诉讼请求。

《最高人民法院关于审理劳动争议案件适用法律若干问题的解释》第6条（现为《最高人民法院关于审理劳动争议案件适用法律问题的解释（一）》第14条）规定："人民法院受理劳动争议案件后，当事人增加诉讼请求的，如该诉讼请求与讼争的劳动争议具有不可分性，应当合并审理；如属独立的劳动争议，应当告知当事人向劳动争议仲裁委员会申请仲裁。"

2. 北京规定认为，仲裁时发现无法继续履行的，仲裁应释明，告知劳动者将继续履行变更为赔偿金。诉讼时发现无法继续履行的，法院将直接驳回劳动者诉求，无须释明。

《北京市高级人民法院、北京市劳动人事争议仲裁委员会关于审理劳动争议案件法律适用问题的解答》（京高法发〔2017〕142号）第8条规定：

"……劳动者要求继续履行劳动合同的，一般应予以支持。

在仲裁中发现确实无法继续履行劳动合同的，应做好释明工作，告知劳动者将要求继续履行劳动合同的请求变更为要求用人单位支付违法解除劳动合同赔偿金等请求。如经充分释明，劳动者仍坚持要求继续履行劳动合同的，应尊重劳动者的诉权，驳回劳动者的请求，告知其可另行向用人单位主张违法解除劳动合同赔偿金等。如经释明后，劳动者的请求变更为要求用人单位支付违法解除劳动合同赔偿金等的，应当继续处理。

在诉讼中发现确实无法继续履行劳动合同的，驳回劳动者的诉讼请求，告知其可另行向用人单位主张违法解除劳动合同赔偿金等。"

3. 浙江规定认为，仲裁、诉讼阶段，劳动者均可将继续履行的诉求更改为赔偿金诉求。

《浙江省高级人民法院民事审判第一庭、浙江省劳动人事争议仲裁院关于审理劳动争议案件若干问题的解答（四）》（浙高法民一〔2016〕3号）第7条规定："……用人单位违法解除劳动合同，且劳动合同客观上无法继续履行，劳动者要求继续履行劳动合同的，仲裁委员会和法院可询问劳动者是否要求用人单位支付赔偿金。劳动者坚持原请求的，不予支持；劳动者要求支付违法解除劳动合同赔偿金的，可予支持。"

4. 深圳规定认为，仲裁期间要求经济补偿或继续履行的，诉讼期间不能更改该诉请。

《深圳市中级人民法院关于审理劳动争议案件的裁判指引》第78条规定："劳动者在仲裁期间要求用人单位支付经济补偿，在诉讼期间变更为要求继续履行劳动合同，或者在仲裁期间要求用人单位继续履行劳动合同，在诉讼期间变更为要求用人单位支付经济补偿的，不予准许。"

第七章 竞业限制

第一节 竞业限制的概念

竞业限制，又称竞业禁止，是指用人单位与负有保密义务的劳动者在劳动合同或者保密协议中约定，禁止劳动者在一定期限内，到与本单位生产或者经营同类产品、从事同类业务的有竞争关系的其他用人单位，或者自己开业生产或者经营同类产品、从事同类业务。

在竞业限制期限内用人单位按月给予劳动者经济补偿。劳动者违反竞业限制约定的，应当按照其约定向用人单位支付违约金。

第二节 竞业限制的主体

一、竞业限制的劳动者主体限定

用人单位不能与所有人员约定竞业限制，用人单位与非法定人员签订的竞业限制协议是无效的。根据法律的规定，竞业限制的人员限于用人单位的高级管理人员、高级技术人员和其他负有保密义务的人员。

二、其他负有保密义务的人员

对于高级管理人员、高级技术人员，比较容易甄别判断。但是对于其他负有保密义务的人员，由于法律并未给出定义，较难进行判断。

审判实践中，如果具有以下情形，一般将认定该劳动者为"其他负有保密义务的人员"：

1. 劳动者的工作能接触到客户信息；
2. 劳动者的工作能接触到产品内容、产品的售价等信息；
3. 劳动者的工作能接触到经营信息。

上海案例：

(2014) 浦民一（民）初字第 21090 号案件（二审维持），一审法院认为："首先，从双方签订的《竞业限制协议》、汤某签署的《保护商业秘密告知函》《竞业限制承诺函》来看，汤某均表示同意承担保守 Y 公司商业秘密的义务，可见，其清楚知悉，自己负有保密义务；其次，从汤某在职期间的工作内容来看，其在担任市场综合部总监助理期间，负责制定事业部的发展战略、构建组织架构、研究分析行业市场、深入了解公司的战略发展方向、商业策略和实施计划、构建客户群管理体系等工作，其间会接触到客户信息、公司内部报价方案等信息。由于从事上述工作确实可能接触并知悉 Y 公司的商业秘密，故汤某应属于《中华人民共和国劳动合同法》第二十四条规定的'其他负有保密义务'的人员。"

北京案例：

(2019) 京 01 民终 6212 号案件，二审法院认为："根据 Q 公司提交的项目交接清单及电子邮件可以证明金某在职期间负责部分咨询项目工作，能够了解和掌握 Q 公司的咨询服务客户信息，用人单位 Q 公司与其约定相关竞业限制条款并无不当，故对金某的该项主张，本院不予采纳。金某上诉主张一审法院混淆竞业禁止与竞业限制概念，属于适用法律错误，缺乏依据，本院不予采纳。"

第七章 竞业限制

三、竞业限制人员范围能否扩大到劳动者亲属的问题

1. 北京案例观点认为，用人单位将竞业限制人员范围扩大到劳动者的亲属，该部分约定无效

【案例7-1】竞业限制人员限于用人单位的高级管理人员、高级技术人员和其他负有保密义务的人员①

基本案情：

韩某于2011年入职某公司，双方约定竞业限制期内韩某及其亲属不得从事与某公司相同或类似的业务。2016年双方解除劳动关系。后韩某主张竞业协议违反法律规定，请求撤销。

法院经审理后认为，协议中规定的竞业限制人员超出了法律规定的范围，故该部分约定无效，但其他内容合法有效，韩某仍应继续履行竞业限制义务。

法官释法：

根据《劳动合同法》规定，竞业限制的人员限于用人单位的高级管理人员、高级技术人员和其他负有保密义务的人员。本案中，单位将竞业限制人员范围扩大到劳动者的亲属，显然违反法律规定。但合同部分无效，不影响其他部分的效力，故韩某应继续履行竞业限制义务。

鉴于法律对竞业限制主体的限定和合同的相对性原则，竞业限制人员范围不能扩大到劳动者的亲属。但这并不代表劳动者的亲属可以进行竞业行为，劳动者的亲属能否进行竞业行为主要还是取决于，该亲属的竞业行为是否由劳动者直接或间接控制。

实践中，劳动者离职后，为规避竞业义务，通过其近亲属进行竞业行为的情况较为常见。在审判实践中，如果用人单位能够证明劳动者的近亲属从事竞业行为，并且劳动者有直接和间接控制之嫌的，将会影响裁判人员心证，进而判定劳动者承担竞业限制违约金。

---

① 北京市第一中级人民法院涉竞业限制劳动争议十大案例之二（2019年10月22日发布），来源于中国法院网，载 https：//www.chinacourt.org/chat/chat/2019/10/id/52006.shtml，最后访问日期2022年11月4日。

2. 上海市青浦区人民法院认为，劳动者亲属开办公司，存在劳动者直接或者间接参与经营管理的高度盖然性，劳动者应支付竞业限制违约金

【案例7-2】原告某化工公司诉被告毛某等竞业限制纠纷案件①

基本案情：

毛某、景某、李某原在某化工公司担任销售，三人均与化工公司签订了《竞业限制和保密协议》。三人先后离职，化工公司未支付过三人竞业限制补偿金。化工公司发现灵珑公司与凌桥公司均为化工企业，与化工公司存在竞争关系，且势头强劲，又发现灵珑公司由毛某、景某、李某三人的母亲共同出资经营，而凌桥公司原由毛某的母亲独资，后变更股东为李某的配偶。据此，化工公司认为灵珑公司与凌桥公司实际由毛某、景某、李某在经营管理，故要求三人承担违约金。三人认为化工公司从未支付过补偿金，且化工公司没有切实的证据证明三人对外经营竞争企业，反而要求解除《竞业限制和保密协议》。

裁判结果：

毛某、景某、李某在化工公司担任销售，掌握客户信息、产品价格等内部信息，属于负有保密义务的人员。三人的母亲及配偶均无相关化工行业从业经历，仅以子女或配偶系原同事，故互相熟识而开办公司作为解释，实属牵强。因此，存在原告直接或间接参与经营管理的高度盖然性。三人未提供相关证据证明其主张及其离职后的就业情况，应承担支付竞业限制违约金的不利后果。然而，化工公司确未支付三人竞业限制经济补偿，劳动者请求解除竞业限制约定的，应予以支持。

典型意义：

因面临高昂的违约金，又因面临巨额的利益诱惑，部分劳动者离职后会通过代持股、代署名等隐蔽的方式从事竞业行为，甚至通过与第三方签订劳动合同或接受劳务派遣、劳务外包的形式达到就业目的。对用人单位的举证提高了难度。另外，若原用人单位确系未支付竞业限制补偿累计满三个月，劳动者可以此为由，主张解除竞业限制协议，不再履行竞业限制义务。

---

① 上海青浦法院《2016—2018年竞业限制纠纷案件审判白皮书》典型案例二，上海高院微信公众号，《上海青浦法院发布2016—2018竞业限制纠纷案件审判白皮书》，2019年8月23日发布。

第七章　竞业限制

四、竞业限制的用人单位主体限定

基于合同的相对性原则，用人单位与劳动者签订竞业限制协议，仅在签订协议的用人单位和劳动者之间产生法律约束力。实践中，关联公司因经营管理需要或其他原因，与劳动者变换主体签订劳动合同，如果只有一家关联公司与劳动者签订了竞业限制协议，一般情况下只有与劳动者签订竞业限制协议的关联公司才有权要求劳动者履行竞业限制义务（也有例外）。

【案例7-3】竞业限制约定适用合同相对性原则[①]

裁判要义：

用人单位与劳动者之间签署竞业限制协议，仅在订立竞业限制协议双方之间产生法律拘束力，只有订立方可基于竞业限制协议向对方提出请求、主张权利。

基本案情：

2001年4月，孔某入职宁某公司，担任仪表部负责人。2007年8月，宁某公司与孔某签订了《不竞争协议》，约定孔某在离职以后一年内，不得入职与宁某公司有直接竞争关系的单位工作，不得自办或与他人合办与宁某公司属于同类经营业务且有竞争关系的公司，竞业限制期间，宁某公司应按月向孔某支付竞业限制补偿5000元，如孔某违反竞业限制义务，则需向宁某公司支付竞业限制违约金10万元。2012年3月27日宁某公司与孔某解除劳动关系。2012年3月28日孔某入职宁某电子公司（系宁某公司子公司），任职副总经理，2012年3月28日至2013年3月27日，宁某公司按月向孔某支付竞业限制补偿金。2015年11月6日，宁某电子公司与孔某解除劳动关系，出具离职证明，明确双方无劳动争议纠纷。2016年1月，孔某投资设立道同电子公司，与宁某电子公司开展同类业务经营工作。此后，宁某电子公司通过诉讼程序要求孔某支付竞业限制违约金。案件审理过程中，孔某表示其仅与宁某公司签署竞业限制协议，并未与宁某电子公司签署竞业限制协议，宁某电子公司依据宁某公司的《不竞争协议》向其主张违约金缺乏法律依据。

[①] 北京市《海淀区劳动争议审判情况白皮书（2017）》典型案例二，北京海淀法院微信公众号，《2017年海淀区劳动争议审判情况白皮书（摘要）》，2017年4月27日发布。

法院经审理后认为，宁某公司与宁某电子公司虽为母子公司，但依据合同相对性原则，《不竞争协议》系宁某公司与孔某签署竞业限制协议，系约定孔某与宁某公司间的权利义务。宁某电子公司并未与孔某签署竞业限制协议，并非协议相对方，其依据该协议向孔某主张竞业限制违约金缺乏法律依据，法院驳回宁某电子公司的诉讼请求。

法官释法：

合同相对性原则，是指合同只对缔约当事人具有法律拘束力，对合同关系以外的第三人不产生法律拘束力。实践中，关联公司基于业务发展、公司组织架构的调整，存在劳动者在关联企业间变换用工主体的情况。关联公司之间，若仅有一家用人单位与劳动者签署竞业限制协议，则该竞业限制协议也仅在订立合同双方间具备约束力，不宜任意扩大合同的主体范围。未与劳动者订立竞业限制协议的用人单位，无权依据关联公司与劳动者之间的竞业限制协议，要求劳动者在离职后履行竞业限制义务。

五、有竞争关系的其他用人单位主体范围

竞业限制人员不得到与本单位生产或者经营同类产品、从事同类业务的有竞争关系的其他用人单位，或者自己开业生产或者经营同类产品、从事同类业务。

1. 判断竞争关系应以实际经营范围为准

在竞业限制案件中，判断企业之间是否有竞争关系，不应局限于企业工商注册的经营范围，而应以企业的实际经营范围为准。

上海市第一中级人民法院认为，竞业限制范围超出用人单位工商注册的经营范围并不必然导致用人单位和劳动者的竞业限制约定无效。

【案例7-4】某顿公司与张某竞业限制纠纷上诉案[①]

基本案情：

张某于2009年8月4日进入某顿公司的关联公司某格公司，2013年8月4日入职某顿公司，并签订《保密协议书》及《竞业禁止协议书》，其中《保密协

[①] 《上海市第一中级人民法院竞业限制纠纷案件审判白皮书》典型案例二，上海一中法院微信公众号，《上海一中院竞业限制纠纷案件审判白皮书》，2018年7月6日发布。

第七章 竞业限制

议书》约定张某应当遵守的保密义务范围、每月的保密费用金额;《竞业禁止协议书》中约定了竞业限制的范围包括但不限于倾角传感器、加速度传感器等,相关技术领域包括无人机飞控技术等。《竞业禁止协议书》约定的竞业限制期限为2年,补偿金标准为每月6000元,张某若违反《竞业禁止协议书》应当向某顿公司支付违约金500000元。2015年9月,张某向某顿公司提出辞职。2015年10月,双方劳动关系正式解除。某顿公司按月支付张某2015年11月至2016年4月竞业限制补偿金36000元。坚强公司于2013年5月17日注册成立,后名称变更为与胜公司,张某历任股东及监事、法定代表人、执行董事。2016年9月14日,张某退出与胜公司中的股权,并不再作为法定代表人。某顿公司申请仲裁,要求张某支付违反竞业限制协议违约金500000元,继续履行《竞业禁止协议书》,并返还竞业限制补偿金36000元。仲裁委员会裁决,张某支付某顿公司违反竞业限制违约金301536元,并继续履行《竞业禁止协议书》。某顿公司、张某均不服裁决,分别诉至法院。双方就某顿公司及与胜公司是否生产、销售传感器存在争议。某顿公司主张其实际生产、销售传感器,张某设立的与胜公司亦生产、销售传感器。张某主张某顿公司经营范围不包括传感器的生产,实际也不生产、销售传感器,与胜公司也不经营传感器,其身份证被他人拿去注册设立了与胜公司,股权转让协议等工商资料上的签名非其本人所签。

裁判结果:

一审法院认为,张某提供的证据不足以证明其身份证被冒用登记注册与胜公司这一事实。与胜公司网站记载其是一家专注于传感器应用技术等的研发、生产、销售的高科技企业,其经营的产品包括传感器等。而某顿公司工商注册的经营范围不包含传感器,某顿公司提供的证据亦不足以证明其实际经营传感器。双方签订的《竞业禁止协议书》虽约定限制业务包括传感器、无人机飞控技术,但某顿公司工商登记的经营范围并没有此业务,某顿公司提供的证据亦不足以证明某顿公司实际经营此业务,某顿公司主张张某违反了竞业限制条款,依据不足。基于一审中竞业禁止协议书约定的竞业限制期限已届满,某顿公司亦申请撤回继续履行竞业禁止协议书的诉请,对该仲裁裁决主项不予处理。据此,一审法院判决,张某无须支付某顿公司违反竞业限制违约金301536元;并驳回某顿公

· 251 ·

司的诉讼请求。上海一中院认为，超越经营范围经营并不必然导致合同无效。某顿公司工商注册的经营范围不包括传感器，不能得出其实际不经营传感器的结论。如果某顿公司实际经营传感器，其与张某约定竞业限制范围包括传感器应当有效。一、二审中某顿公司提供的证据可以证明某顿公司的实际经营范围包括传感器，张某到某顿公司后所从事的工作内容亦与传感器相关。某顿公司与张某在《竞业禁止协议书》中约定竞业限制范围包括传感器，合法有效。张某在职期间即是与某顿公司经营同类传感器业务的与胜公司的股东、法定代表人，其从某顿公司离职后，直至2016年9月14日，亦未退出与胜公司，已违反了双方约定的竞业限制义务，理应承担相应的违约责任。某顿公司要求张某返还2015年11月至2016年4月已支付的竞业限制补偿金36000元，予以支持。关于某顿公司主张的违约金500000元，综合考量双方约定的竞业限制补偿金与违约金的比例、张某的过错程度、其在某顿公司的任职期间、薪资、所从事工作对竞业行为的影响，酌定调整为300000元。综上所述，二审改判张某支付某顿公司违反竞业限制的违约金300000元，并返还某顿公司竞业限制补偿金36000元。

法官提示：

用人单位与劳动者约定的竞业限制范围超出用人单位工商注册的经营范围并不必然导致该约定无效。如果用人单位超出经营范围但实际经营该业务，亦可与劳动者就该业务的竞业限制进行约定，该约定合法有效。用人单位应承担其实际经营该业务的举证证明责任。

2. 竞业限制人员进入竞争企业的关联企业是否构成违约的问题

根据竞业限制的规定，竞业限制人员不得进入竞争企业，但是竞业限制人员进入竞争企业的关联公司是否构成违约，法律并未作出明确的规定。根据竞业限制制度制定的目的，以及实际案例中裁判机关观点，竞业限制人员进入竞争企业的关联公司依然有构成违约的可能。

（1）上海市青浦区人民法院认为，集体公司和子公司虽为两个独立的法人，但在两者存在诸多关联时，劳动者以对集团行为不予知晓进行抗辩，但却未提供相应证据证明，于理不容，于法有悖。

第七章　竞业限制

【案例 7-5】原告科技建材公司诉被告周某竞业限制纠纷案件[①]

基本案情：

周某原在科技建材公司担任机械设计总监，双方签署了《竞业限制协议》。离职后，周某至某金属制品公司工作，该金属制品公司上属集团公司为某健康技术公司。科技建材公司与健康技术公司系竞争企业。现科技建材公司认为，周某进入金属制品公司后从事的是与原公司相同岗位的工作，且周某作为集团机械顾问对集团上市做出了贡献，其行为违反了竞业限制义务，应承担违约金。周某认为其所服务的是金属制品公司，与原用人单位科技建材公司经营业务全然不一，前后从事的岗位也并不相同，且金属制品公司与健康技术公司属于独立法人，至于集团在招股说明书中将其列为机械顾问的行为，周某表示不清楚。

裁判结果：

周某在科技建材公司时作为机械设计总监，掌握内部设计、开发秘密，属于负有保密义务的人员。健康技术公司作为与科技建材公司存在竞争关系的企业，在招股说明书中公然将周某列入集团机械顾问，且周某享受了集团提供的高级管理人才公寓，现周某表示对集团行为表示不知情，不合逻辑。且在金属制品公司列明的知识产权中，包含了与科技建材公司的业务存在竞争关系的部分机械零部件。综上，应综合认定周某实施了违反竞业限制协议的行为。

典型意义：

当事人双方签订竞业限制协议后，经审查认为劳动者确属于负有保密义务，且协议本身无违反法律、法规强制性规定，应认定该协议对双方均存在约束力。集团公司与子公司虽为两个独立的法人，但在两者存在诸多关联时，将两者完全割裂开来，并以劳动者本人对集团行为不予知晓进行抗辩，但却未提供相应证据证明，于理不容，于法有悖。

（2）北京案例观点认为，在有明确约定的情况下，劳动者不得前往竞争对手的关联公司。

（2019）京01民终4177号案件中，法院认定中写道："第一，就竞业限制义

[①] 上海青浦法院《2016—2018年竞业限制纠纷案件审判白皮书》典型案例一，上海高院微信公众号，《上海青浦法院发布2016—2018竞业限制纠纷案件审判白皮书》，2019年8月23日发布。

· 253 ·

务履行的范围问题。某度在线公司与李某签订的劳动合同明确约定竞业限制义务系指'不得在从事与甲方及其关联公司竞争业务的任何竞争对手或该竞争对手的关联公司处'接受或取得任何权益和/或职位，故李某履行竞业限制义务的范围应当包括既不能入职竞争对手公司，亦不能入职竞争对手的关联公司。双方劳动合同明确约定竞争对手包括'某日头条'，因此，与'某日头条'存在关联关系的公司亦应属于某度在线公司的竞争对手范围之列。"

第三节 竞业限制的经济补偿

一、竞业限制中的经济补偿

对负有保密义务的劳动者，用人单位可以在劳动合同或者保密协议中与劳动者约定竞业限制条款，并约定在解除或者终止劳动合同后，在竞业限制期限内按月给予劳动者经济补偿。

劳动者遵守竞业限制，用人单位就应支付劳动者经济补偿，经济补偿是劳动者遵守竞业限制的回报。用人单位支付经济补偿的义务和劳动者的竞业限制义务具有对等关系。

二、未约定经济补偿问题

《劳动合同法》规定了用人单位在竞业限制期限内需按月给予劳动者经济补偿，但是在未约定竞业限制补偿金情形下，用人单位按照什么标准支付竞业限制补偿金，《劳动合同法》并未给出答案。

1. 地方探索

鉴于《劳动合同法》对以上问题未进行规定，应司法实践所需，我国多地对此进行了探索性的规定。

（1）北京

北京规定认为，未约定补偿费（金）不能认定竞业限制条款无效，可按照终止前最后一个年度劳动者工资的20%—60%确定补偿费数额。

《北京市高级人民法院、北京市劳动争议仲裁委员会关于劳动争议案件法律适用问题研讨会会议纪要》（2009年8月17日）第39条规定："用人单位与劳动者在劳动合同或保密协议中约定了竞业限制条款，但未就补偿费的给付或具体给付标准进行约定，不应据此认定竞业限制条款无效，双方可以通过协商予以补救，经协商不能达成一致的，可按照双方劳动关系终止前最后一个年度劳动者工资的20%—60%支付补偿费额。用人单位明确表示不支付补偿费的，竞业限制条款对劳动者不具有约束力。劳动者与用人单位未约定竞业限制期限的，应由双方协商确定，经协商不能达成一致的，限制期最长不得超过两年。"

（2）上海

2009年，《上海市高级人民法院关于适用〈劳动合同法〉若干问题的意见》（沪高法〔2009〕73号）第13条规定，未约定补偿金应当按照劳动者此前正常工资的20%—50%支付。

《上海市高级人民法院关于适用〈劳动合同法〉若干问题的意见》（沪高法〔2009〕73号）第13条规定："……劳动合同当事人仅约定劳动者应当履行竞业限制义务，但未约定是否向劳动者支付补偿金，或者虽约定向劳动者支付补偿金但未明确约定具体支付标准的，基于当事人就竞业限制有一致的意思表示，可以认为竞业限制条款对双方仍有约束力。补偿金数额不明的，双方可以继续就补偿金的标准进行协商；协商不能达成一致的，用人单位应当按照劳动者此前正常工资的20%—50%支付。协商不能达成一致的，限制期最长不得超过两年。"

（3）深圳

深圳规定认为，未约定补偿金或约定少于员工最后十二个月月平均工资二分之一的，按二分之一计算补偿金。

《深圳经济特区企业技术秘密保护条例》第24条规定："竞业限制协议约定的补偿费，按月计算不得少于该员工离开企业前最后十二个月月平均工资的二分之一。约定补偿费少于上述标准或者没有约定补偿费的，补偿费按照该员工离开企业前最后十二个月月平均工资的二分之一计算。"

2. 司法解释

（1）《劳动争议司法解释四》施行后，上海、北京、珠海等各地规定不再适用（深圳除外），统一适用30%的标准。

《劳动争议司法解释四》施行前，我国多地对未约定竞业限制补偿金如何支付补偿金作出了规定，解决了司法实践所需，但是各地规定标准不一，导致针对同一问题，各地判决不一，影响了司法裁判的统一性和稳定性。鉴于以上情况，2013年最高人民法院《劳动争议司法解释四》对此作出了统一的规定。

最高人民法院《劳动争议司法解释四》第6条（现为《最高人民法院关于审理劳动争议案件适用法律问题的解释（一）》第36条）规定："当事人在劳动合同或者保密协议中约定了竞业限制，但未约定解除或者终止劳动合同后给予劳动者经济补偿，劳动者履行了竞业限制义务，要求用人单位按照劳动者在劳动合同解除或者终止前十二个月平均工资的30%按月支付经济补偿的，人民法院应予支持。前款规定的月平均工资的30%低于劳动合同履行地最低工资标准的，按照劳动合同履行地最低工资标准支付。"

《劳动争议司法解释四》第6条中的"平均工资"的计算标准，最高人民法院认为，应指劳动者前十二个月所有收入的平均值，不但包括基本工资，还应包括补贴、津贴、奖金、加班费等各项收入[①]。

（2）深圳规定

《劳动争议司法解释四》施行后，深圳依然适用《深圳经济特区企业技术秘密保护条例》。

2015年9月2日通过的《深圳市中级人民法院关于审理劳动争议案件的裁判指引》第107条规定："《深圳经济特区企业技术秘密保护条例》及《深圳经济特区和谐劳动关系条例》关于竞业限制的有关规定与最高人民法院《关于审理劳动争议案件适用法律若干问题的解释（三）》相应规定不一致的，优先适用深圳经济特区条例的相关规定。"

《深圳市中级人民法院关于审理劳动争议案件的裁判指引》的说明第31条提

---

① 最高人民法院民事审判第一庭：《最高人民法院劳动争议司法解释（四）理解与适用》，人民法院出版社2013年版，第138页。

到,《劳动争议司法解释四》和《深圳经济特区企业技术秘密保护条例》《深圳经济特区和谐劳动关系促进条例》在对竞业限制经济补偿最低标准、劳动者解除竞业限制协议条件等方面规定不一致。如在经济补偿标准方面,《劳动争议司法解释四》第 6 条第 2 款规定为劳动者劳动合同解除或终止前十二个月平均工资的 30%,如该标准低于最低工资标准,按最低工资标准。而《深圳经济特区企业技术秘密保护条例》第 24 条则规定,竞业限制补偿费不得少于该员工离开企业前最后十二个月平均工资的二分之一,约定补偿费少于上述标准或没有约定补偿费的,按上述标准计算……

针对特区条例与《劳动争议司法解释四》对于部分事项规定的不一致问题,我们认为,根据《立法法》的规定,经济特区根据授权可对法律、行政法规、地方性法规作变通规定。既然特区条例可以对法律等作出变通规定,那么对于司法解释也应当可以作出变通规定。而特区条例对劳动者保护力度更大。省高院 2002 年劳动争议指导意见第 32 条也规定了"有利于劳动者"的法律适用原则。在两者相冲突时,应当优先适用特区条例。因此,本裁判指引规定在特区条例与《劳动争议司法解释四》就相同事项存在不同规定时,优先适用特区条例的规定。

(3) 深圳案例

从以下深圳再审案例可以看出,在最高人民法院《劳动争议司法解释四》施行后,《深圳市中级人民法院关于审理劳动争议案件的裁判指引》通过前,深圳两级法院对《劳动争议司法解释四》与《深圳经济特区企业技术秘密保护条例》的适用问题存在不同观点。但《深圳市中级人民法院关于审理劳动争议案件的裁判指引》通过后,深圳法院司法裁判口径一致认为,应优先适用《深圳经济特区企业技术秘密保护条例》。

(2016) 粤民再 177 号案件中,再审法院(广东省高级人民法院)认为:"关于《最高人民法院关于审理劳动争议案件适用法律若干问题的解释(四)》与《深圳经济特区企业技术秘密保护条例》的适用问题。对于双方未约定竞业限制补偿金的,该司法解释第六条规定,竞业限制补偿金的每月支付标准为劳动者在劳动合同解除或者终止前十二个月平均工资的 30%。而特区条例第二十四条则规定,补偿费按照员工离开企业前最后十二个月月平均工资的二分之一计算。

· 257 ·

司法解释与地方性法规的规定确有不同。根据《中华人民共和国立法法》第九十条第二款规定，经济特区法规根据授权对法律、行政法规、地方性法规作变通规定的，在本经济特区适用经济特区法规的规定。因此，在深圳经济特区，应当优先适用《深圳经济特区企业技术秘密保护条例》这一地方性法规。……二审判决适用《最高人民法院关于审理劳动争议案件适用法律若干问题的解释（四）》，确定竞业限制经济补偿金比例不当，本院予以纠正。吴某主张按照《深圳经济特区企业技术秘密保护条例》第二十四条，确定竞业限制经济补偿金标准为离开企业前最后十二个月月平均工资的二分之一，理据充分，本院予以支持。"

三、约定经济补偿金过低问题

1. 约定经济补偿金过低的竞业限制条款的效力

《劳动争议司法解释四》第 6 条对未约定竞业限制补偿金情形下，用人单位按照什么标准支付竞业限制补偿金作出了规定。根据该条规定可以看出即使未约定竞业限制补偿金，竞业限制条款依然具有法律效力，举重以明轻，约定经济补偿金过低的竞业限制条款也当然是有效的（极少数判决认定无效）。

2. 约定经济补偿金过低时司法裁判的处理方式

（1）约定的经济补偿金低于最低工资标准的，调整按最低工资标准支付

（2017）沪 0118 民初 19061 号案件（二审维持）中，法院认定如下事实，《非竞争和保密协议》第 8 条约定，被告同意承担离职后非竞争义务，原告将在被告离职后非竞争期间每个月向被告支付等于被告在公司任职最后 12 个月的月平均现金收入的 20%作为非竞争补偿金。被告月平均工资标准为 7500 元。

法院认为，劳动者与用人单位约定的竞业限制补偿标准低于劳动合同履行地最低工资标准的，按照劳动合同履行地最低工资标准支付。现原、被告约定的竞业限制补偿支付标准过低，本院予以适当调整。据此，原告应支付被告竞业限制补偿 15363.20 元。

（2）约定的经济补偿金明显过低，调整成按 30%标准支付

（2019）京 02 民终 2150 号案件中，法院认为，对于竞业限制补偿金给付标

准，保密协议约定了竞业限制补偿金月标准为 10 元，该补偿标准明显过低，不足以弥补刘某履行竞业限制后的就业损失，刘某对此亦提出抗辩，现刘某要求按照月工资收入的 30%标准支付竞业限制补偿，一审法院予以支持，并无不当。

四、竞业限制补偿发放时间问题

《劳动合同法》第 23 条第 2 款规定："对负有保密义务的劳动者，用人单位可以在劳动合同或者保密协议中与劳动者约定竞业限制条款，并约定在解除或者终止劳动合同后，在竞业限制期限内按月给予劳动者经济补偿。劳动者违反竞业限制约定的，应当按照约定向用人单位支付违约金。"

从以上规定可以看出，用人单位可以约定在解除或者终止劳动合同后按月给予劳动者竞业限制经济补偿。但是用人单位能否在劳动关系存续期间就向劳动者支付竞业限制经济补偿，法律并未给出明确的答案。

针对用人单位在劳动关系存续期间向劳动者支付竞业限制经济补偿行为的效力，各地规定和司法裁判口径不一。

1. 部分地方认为，用人单位在劳动关系存续期间向劳动者支付竞业限制经济补偿的约定有效，比如江苏、上海等地。

江苏规定：

《江苏省高级人民法院、江苏省劳动人事争议仲裁委员会关于审理劳动人事争议案件的指导意见（二）》第 11 条规定："用人单位与负有保密义务的劳动者约定了竞业限制条款，并在劳动关系存续期间先行给付了合同约定且不低于法定标准的经济补偿，劳动合同解除或终止后，劳动者请求确认该竞业限制条款无效的，不予支持。如用人单位在劳动关系存续期间先行给付经济补偿的数额低于法定标准的，应予补足；用人单位在劳动合同解除或终止后超过一个月仍未补足的，除劳动者要求履行外，该竞业限制条款对劳动者不具有法律约束力。"

上海案例：

2016 年前，上海部分法院裁判观点认为，竞业限制补偿应当在解除或终止劳动合同后发放，在职期间支付竞业限制补偿的约定是无效的。但是在 2016 年后，随着部分基层法院认定在职期间支付竞业补偿无效的判决被中级法院改判后，上海法院的裁判观点普遍转变为认可用人单位在劳动关系存续期间向劳动者支付竞业限制经济补偿的效力。

（1）（2015）沪一中民三（民）终字第2106号案件，法院认为："虽然根据法律规定，对负有保密义务的劳动者，用人单位可以在劳动合同或者保密协议中与劳动者约定竞业限制条款，并约定在解除或者终止劳动合同后，在竞业限制期限内按月给予劳动者经济补偿。但该经济补偿款是预先支付还是按照法律规定在解除或终止劳动合同后按月支付，都不影响此款属于竞业限制经济补偿性质。原审判决相关理解有误，本院依法予以纠正。"

（2）（2019）沪01民终14804号案件，法院认为："双方劳动合同第五十三条约定，张某离开Y公司及相关联单位后的竞业限制补偿金已在张某在职期间的工资中按月发放，金额为500元/月，张某确认已明确知晓。因此，双方对解除或者终止劳动合同后履行竞业限制义务的补偿金已有约定，且已于在职工资中预期支付。故张某要求Y公司支付其2018年12月18日至2019年2月25日竞业限制经济补偿金的诉请，本院不予支持。"

还需要注意的是，2019年上海青浦法院发布的《2016—2018年竞业限制纠纷案件审判白皮书》中提到："竞业限制补偿从根本上应属于原用人单位对劳动者离职后再就业限制的补偿，应在劳动合同解除或终止后，由用人单位按月支付给劳动者。部分用人单位以劳动关系存续期间已以工资的形式将竞业限制补偿发放给劳动者为由进行抗辩，对此首先应明确，竞业限制经济补偿与工资报酬性质不同，支付依据也不同，用人单位应承担举证责任证明该经济补偿与工资能够明确区分，或者双方当事人明确认可已在工资中发放了竞业限制补偿，否则，应由用人单位承担不利的后果。"

该白皮书反映出，在上海审判实践中，用人单位能举证证明竞业限制经济补偿与工资能够明确区分，或者双方当事人明确认可已在工资中发放了竞业限制补偿，用人单位的关于在职期间已支付竞业限制经济补偿的抗辩才能得到司法机关的认可。

2. 部分地方认为，用人单位在劳动关系存续期间向劳动者支付竞业限制经济补偿的约定无效，比如天津、广东等地。

天津规定：

《天津市贯彻落实〈劳动合同法〉若干问题的规定》（津人社局发〔2013〕24号）第11条规定："用人单位可以在劳动合同或者保密协议中与劳动者约定竞业限制条款，竞业限制的范围、地域、期限、违约金和按月给予劳动者的经济补偿由用人单位与劳动者协商约定，在约定违约金和经济补偿时应遵循公平、公正、适量、对等的原则。竞业限制经济补偿不能包含在劳动关系存续期间用人单位支付劳动者的劳动报酬中。"

广东规定：

《广东省高级人民法院、广东省劳动人事争议仲裁委员会关于审理劳动人事争议案件若干问题的座谈会纪要》（粤高法〔2012〕284号）第21条规定："劳动合同解除或者终止后，劳动者请求用人单位支付竞业限制经济补偿或以用人单位未按约定支付竞业限制经济补偿为由要求不履行竞业限制义务，对用人单位以其在劳动关系存续期间向劳动者支付的劳动报酬已包含竞业限制经济补偿提出的抗辩，不予支持。"

五、竞业限制补偿的返还问题

1. 用人单位和劳动者在竞业限制协议中对返还补偿金未进行约定

如果用人单位和劳动者在竞业限制协议中对返还补偿金未进行约定，当劳动者违反竞业限制协议，用人单位要求劳动者返还已支付的竞业限制补偿金的请求时，各地区规定和裁判结果不一。鉴于裁判结果的不稳定性，建议用人单位在竞业限制协议中对返还补偿金进行明确约定。

（1）对返还补偿金未进行约定，劳动者仍需返还竞业限制补偿金

浙江规定：

《浙江省高级人民法院民事审判第一庭、浙江省劳动人事争议仲裁院关于审理劳动争议案件若干问题的解答（三）》（浙高法民一〔2015〕9号）第3条规定："……劳动者违反竞业限制约定，用人单位要求劳动者返还违反竞业限制约定期间用人单位向其支付的经济补偿的，应予支持。对劳动者履行竞业限制约定期间用人单位向其支付的经济补偿，用人单位要求返还的，不予支持。用人单位

向劳动者一次性支付经济补偿的，应当将经济补偿数额进行折算，对劳动者违反竞业限制约定期间相对应的经济补偿予以返还。"

上海案例：

（2019）沪01民终1070号案件（二审维持）中，一审法院认为："现D公司要求蒋某赔偿损失，其中包括该公司已支付的竞业限制补偿金，于法有据，可予支持。经审理查明，D公司已实际支付蒋某2018年1月28日至同年6月27日竞业限制补偿金税后合计152531.73元，而蒋某于2018年1月29日入职Z公司，故其应返还D公司2018年1月29日至同年6月27日竞业限制补偿金150569.90元。"

（2）对返还补偿金未进行约定，劳动者无须返还竞业限制补偿金

上海案例：

（2016）沪02民终10613号案件（二审改判）中，二审法院认为："本案中双方签订的《保密和竞业禁止合同》约定，一旦出现违约，违约方应向守约方支付违约金300000元，如违约金不足以弥补守约方损失的，所有损失应由违约方继续赔偿。鉴于谢某在竞业限制期限内存在违约行为，故其应向W公司支付违约金。现W公司要求谢某返还竞业限制补偿金50000元，既无合同依据，又无法律依据，本院不予支持，而原审判决谢某返还W公司竞业限制补偿金50000元欠妥，应予纠正。"

2. 用人单位和劳动者在竞业限制协议中对返还补偿金进行了约定

如果用人单位和劳动者在竞业限制协议中对返还补偿金进行了约定，那么当劳动者违反竞业限制协议时，用人单位要求劳动者返还已支付的竞业限制补偿金将得到大部分地区裁判机关的支持。

用人单位和劳动者在协议中约定了返还补偿金，但是并未约定需返还的补偿金是税前补偿金还是税后补偿金，用人单位要求劳动者返还税前补偿金，各地区甚至同一地区呈现出不同的裁判结果。部分案例判决劳动者需向用人单位返还税前补偿金，而部分案例判决劳动者仅需向用人单位返还税后补偿金。鉴于裁判结果的不稳定性，建议用人单位在竞业限制协议中明确约定返还的补偿金为税前补偿金，增加裁判机关裁判返还税前补偿金的可能性。

(1) 判决劳动者仅需向用人单位返还税后补偿金。

(2019) 京01民终4177号案件中，法院认为："就竞业限制补偿金返还一节。李某离职后B在线公司每月向其支付款项税前26480元，税后数额为21740元，李某认可上述款项系B在线公司向其支付的竞业限制补偿金。鉴于双方劳动合同中约定，李某在违反竞业限制义务的情况下应当向B在线公司返还业已支付的竞业限制补偿金，故李某应当向B在线公司返还业已支付的竞业限制补偿金195660元。"（本案中，用人单位请求返还税前补偿金，法院判决返还税后补偿金21740元×9个月＝195660元）

(2) 判决劳动者需向用人单位返还税前补偿金。

(2019) 沪01民终14824号案件中，法院认为："在个人所得税的纳税人为所得人、支付单位仅为扣缴义务人的情况下，李某要求仅按税后金额承担竞业限制补偿金返还义务的主张，依据不足，本院不予采纳。综上所述，李某要求无须向Z公司返还竞业限制补偿金46991元、支付违反竞业限制义务违约金241668元的上诉请求不能成立，应予驳回。一审判决认定事实清楚，适用法律正确，应予维持。"

第四节 竞业限制的地域、期限

一、竞业限制的地域

竞业限制的地域范围由用人单位和劳动者进行约定，但是出于对劳动者的保护，用人单位与劳动者约定竞业限制的地域范围应保持在一定的合理范围内，竞业限制约定的地域范围不能一概约定为全国、全亚洲、全世界。实践中，司法机关在审查竞业限制中的地域范围时，主要考虑以下两个因素：

1. 用人单位的经营地

如果用人单位的经营地只在国内或只在省内，用人单位和劳动者约定竞业限制的地域范围为全亚洲，那么该地域约定明显是不合理的。

2. 劳动者的职位、职务

即使用人单位的经营地为全球范围，但如果劳动者从事的并不是管理性职位，且劳动者履行职务的范围只限在国内或者国内某省、某市，那么用人单位和该劳动者约定竞业限制的地域范围为全球也是不合理的。

二、竞业限制的期限

根据法律的规定，用人单位和劳动者约定的竞业限制期限不得超过两年。

【案例 7-6】竞业限制期限不得超过两年[①]

裁判要义：

用人单位和劳动者可以签订竞业限制协议约定竞业限制期限，但不得超过两年，超过两年部分约定无效。

基本案情：

张某于 2010 年 3 月入职青松公司，担任技术部门总监。双方签订了《竞业限制协议书》，约定张某自离职之日起五年为竞业限制期，该期间青松公司需按照张某在职期间工资标准的 35% 支付竞业限制补偿金。2013 年 10 月，张某自青松公司离职，青松公司依约按月足额向张某支付了竞业限制补偿金。2016 年 1 月，张某入职与青松公司存在竞争关系的柏树公司担任技术经理，从事与青松公司存在竞争关系的业务活动。后，青松公司通过诉讼程序，要求张某继续履行竞业限制义务。

法院经审理后认为，张某与青松公司签订的《竞业限制协议书》中约定五年的竞业限制期超过法律规定的最长期限，根据法律规定，张某仅在离职后两年内负有竞业限制义务。本案中，张某 2016 年 1 月才入职与青松公司存在竞争性业务的柏树公司工作，已经超过两年法定竞业限制义务期，并未违反竞业限制义务。最终法院判决驳回了青松公司的诉讼请求。

法官释法：

用人单位和劳动者可以签订竞业限制协议，约定在解除或者终止劳动合同

[①] 北京市《海淀区劳动争议审判情况白皮书（2017）》典型案例一，北京海淀法院微信公众号，《2017 年海淀区劳动争议审判情况白皮书（摘要）》，2017 年 4 月 27 日发布。

后，劳动者需履行竞业限制义务，用人单位需在竞业限制期限内按月给予劳动者补偿金。劳动者违反竞业限制约定的，应当按照约定向用人单位支付违约金。然而，设立竞业限制制度的根本目的，是保护用人单位商业秘密而非限制劳动者的择业自由。为保护用人单位的商业秘密而过长限制劳动者择业自由既不公平也不符合社会整体利益。为平衡劳动者和用人单位的利益，《劳动合同法》第24条明确规定，在解除或终止劳动合同后，竞业限制期限不得超过两年，超过两年部分约定无效。

第五节　竞业限制的解除

一、用人单位对竞业限制协议的解除

无论是在竞业限制协议生效前，还是在竞业限制协议生效后，用人单位都享有任意解除竞业限制协议的权利。但是处于不同的时间段，用人单位解除后所负有的义务有所不同。

1. 竞业限制协议生效前

竞业限制协议生效前，一般是指在劳动者离职前，用人单位可以解除竞业限制协议，并且无须额外向劳动者支付经济补偿。

竞业限制协议生效前，劳动者并没有受到竞业限制协议的限制，用人单位此时解除竞业限制协议当然无须支付劳动者经济补偿。

2. 竞业限制协议生效后

竞业限制协议生效后，一般是指在劳动者离职后，用人单位可以解除竞业限制协议，但是此时由于劳动者的择业权已经受到了限制，用人单位解除竞业限制不再按月支付经济补偿将给劳动者带来损失。故，用人单位需要额外向劳动者支付三个月的经济补偿。

《劳动争议司法解释四》第9条（现为《最高人民法院关于审理劳动争议案件适用法律问题的解释（一）》第39条）规定："在竞业限制期限内，用人单

位请求解除竞业限制协议时，人民法院应予支持。在解除竞业限制协议时，劳动者请求用人单位额外支付劳动者三个月的竞业限制经济补偿的，人民法院应予支持。"

需要注意的是，司法解释虽然规定用人单位请求解除竞业限制协议时，人民法院应予支持，但是并不代表用人单位解除竞业限制协议必须要通过人民法院的确认才可以完成。实际上，用人单位可以通过书面等足以使劳动者知道的方式单方解除竞业限制协议，而无须通过人民法院进行确认。

【案例 7-7】用人单位提前解除竞业限制协议需额外支付劳动者补偿[①]

基本案情：

郑某于 2007 年入职某公司，双方约定了一年的竞业限制期限。2016 年 12 月，双方解除劳动关系，后某公司未向郑某支付竞业限制补偿。郑某于 2017 年 3 月以要求某公司支付竞业限制补偿为由提起诉讼，某公司主张提前解除竞业限制协议。

法院经审理后认为，某公司除应支付郑某欠付的竞业限制补偿外，还应额外支付三个月的竞业限制补偿作为提前解除的补偿。

法官释法：

《劳动争议司法解释四》第 9 条规定："在竞业限制期限内，用人单位请求解除竞业限制协议时，人民法院应予支持。在解除竞业限制协议时，劳动者请求用人单位额外支付劳动者三个月的竞业限制经济补偿的，人民法院应予支持。"故用人单位享有竞业限制协议的单方解除权，但在解除时应支付劳动者额外三个月的经济补偿。

二、劳动者对竞业限制协议的解除

1. 因用人单位原因三个月未支付经济补偿，劳动者才可以解除竞业限制

与用人单位享有任意解除权相比，劳动者并不享有任意解除竞业限制协议的

[①] 北京市第一中级人民法院涉竞业限制劳动争议十大案例之九（2019 年 10 月 22 日发布），来源于中国法院网，载 https://www.chinacourt.org/chat/chat/2019/10/id/52006.shtml，最后访问日期 2022 年 11 月 4 日。

权利，只有在特定情况下，劳动者才能解除竞业限制协议。

《最高人民法院关于审理劳动争议案件适用法律问题的解释（一）》第38条规定："当事人在劳动合同或者保密协议中约定了竞业限制和经济补偿，劳动合同解除或者终止后，因用人单位的原因导致三个月未支付经济补偿，劳动者请求解除竞业限制约定的，人民法院应予支持。"

2. "因用人单位的原因导致三个月未支付经济补偿"的意思理解

因用人单位的原因，既包括因用人单位本身原因，也包括因第三人原因。第三人一般指受用人单位之托向劳动者支付经济补偿的自然人、法人或其他组织。

如果是劳动者自身原因，如劳动者向用人单位提供错误银行卡号、注销银行账户，或者其他法律上的不可抗力的原因，劳动者请求解除竞业限制协议，将无法得到裁判机关的支持。

三个月未支付经济补偿，既包括用人单位三个月完全未支付经济补偿，也包括用人单位三个月未足额支付经济补偿；既包括持续三个月未支付经济补偿，也包括累计三个月未支付经济补偿。

3. 因用人单位原因三个月未支付经济补偿，劳动者需作出解除竞业限制的意思表示

因用人单位原因三个月未支付经济补偿，竞业限制协议并不会自动解除，要解除竞业限制协议，劳动者需作出解除的意思表示。实务中，劳动者可以通过以下两种方式解除竞业限制协议：

（1）劳动者向裁判机关请求解除竞业限制协议；

（2）劳动者直接通知用人单位解除竞业限制协议。

在劳动者采取直接通知用人单位解除的情况下，如劳动者采取书面通知解除的方式，将更利于劳动者在发生仲裁、诉讼时进行举证。

在劳动者采取直接通知用人单位解除的情况下，如用人单位不认可解除条件已经成就，为避免竞业限制协议被解除，用人单位需向劳动仲裁、人民法院提起确认之诉。

【案例 7-8】张某与布料公司劳动合同纠纷上诉案①

基本案情：

2009年9月，张某入职布料公司，后在员工保密及禁止条例上签字，该条例约定，员工不得进行损害公司利益的各种活动（包括但不限于员工以本人名义或以某企业名义，与公司以外的任何人员进行与公司业务活动相同、相类似、相竞争的经济往来、业务合作等）；不得以隐名或显名方式参股、入股任何与公司业务相同、相类似、相竞争的企业；在员工违反本条例而又无法确定公司损失时，则按照50万元向公司赔偿损失；员工在离职时所应当获取的竞业禁止补偿在该员工在职期间的月工资中逐月发放。张某与布料公司的劳动关系于2014年6月30日终结。布料公司无证据证明在张某在职期间或离职后向其发放竞业限制补偿金。张某于2014年10月发起设立一家公司，与布料公司的经营范围存在重叠，都包括网上经营窗帘布、沙发布等纺织品。案外两家销售公司出具情况说明证明，其之前与布料公司一直存在业务往来并由张某负责业务对接，自2014年10月至2015年7月，张某以另一家公司名义与该两家销售公司签订多批次布料采购合同，合同金额多达30万元左右。后布料公司提起劳动仲裁，要求张某支付违反竞业限制违约金50万元，并要求张某继续履行竞业限制义务。仲裁委支持了布料公司的仲裁请求。张某不服该裁决，遂诉至一审法院。

裁判结果：

一审法院审理认为，张某离职后在竞业限制期间设立经营范围与布料公司明显重合的公司，已违反双方关于竞业限制的约定。现布料公司主张张某支付违反竞业限制协议的违约金并继续履行竞业限制义务于法有据，应予支持。但布料公司主张的违约金金额明显畸高，张某亦对此提出异议，故一审法院依法调整为10万元。上海一中院认为，布料公司与张某对竞业限制的约定系双方真实意思表示，对双方均具约束力。虽然张某辩称布料公司未支付竞业限制补偿金，但鉴于张某并未以布料公司未支付竞业限制补偿金为由解除竞业限制协议，故该协议仍然有效。布料公司未支付竞业限制补偿的抗辩，并不能否定张某根据约定履行

---

① 《上海市第一中级人民法院竞业限制纠纷案件审判白皮书》典型案例四，上海市第一中级人民法院微信公众号，《上海一中院竞业限制纠纷案件审判白皮书》，2018年7月6日发布。

竞业限制义务。若张某履行了竞业限制义务，依然享有向布料公司主张竞业限制补偿金的权利。虽然本案中认定的涉案金额并不高，但张某恶意明显，一审判决张某支付违反竞业限制违约金 10 万元并无不当。二审法院遂驳回了张某的上诉请求，维持原判。

法官释法：

劳动者的竞业限制义务并不因用人单位的违约行为而当然免除，先履行抗辩或同时履行抗辩不能作为劳动者不作为给付义务的豁免理由。即使符合法定或约定解除条件，然而劳动者不作出解约意思表示且为对方知悉的，竞业限制协议对双方当事人依然具有约束力。

第六节 劳动合同各种解除情形下竞业限制协议的效力

一、劳动合同解除情形下竞业限制协议的效力

最高人民法院的观点认为，竞业限制协议具有独立性，除非用人单位和劳动者约定解除竞业限制协议或者用人单位作出解除的意思表示，否则所有法定的劳动合同解除情形都不会导致竞业限制协议被一并解除。[①]

1. 协商一致解除

用人单位与劳动协商一致，可以解除劳动合同。在协商一致解除的情形下，并不导致竞业限制协议被一并解除。

2. 劳动者单方解除

劳动者单方解除分为劳动者预告解除（用人单位无过错）和劳动者即时解除（用人单位具有过错）。

（1）劳动者预告解除

[①] 最高人民法院民事审判第一庭：《最高人民法院新劳动争议司法解释（一）理解与适用》，人民法院出版社 2021 年版，第 436-440 页。

在劳动者预告解除情形下,并不导致竞业限制协议被一并解除。

(2) 劳动者即时解除

在劳动者即时解除情形下,虽然用人单位存在过错,但是针对用人单位的过错,劳动者可以通过要求用人单位支付经济补偿金得到救济,并且用人单位的过错行为在达到一定情形时还会受到法律的制裁。在劳动者能得到经济补偿、用人单位将被法律制裁的制度设计下,无须再将免除劳动者的竞业限制义务作为惩罚用人单位的方式。所以,在劳动者即时解除情形下,同样并不导致竞业限制协议被一并解除。

3. 用人单位单方解除

用人单位单方解除分为用人单位即时解除(劳动者有过失)、用人单位预告解除(劳动者无过失)、裁员。

(1) 用人单位即时解除与用人单位预告解除

在用人单位具有过错导致劳动者即时解除的情况下,竞业限制协议并不导致解除,举重以明轻,在劳动者有过失或用人单位无过错的情形下,用人单位解除劳动合同当然也不会导致竞业限制协议被解除。

(2) 裁员

在符合法定裁员的情形下,用人单位往往已经出现严重的经营危机或者面临重大的业务调整,在此情况下,用人单位解除劳动合同,竞业限制协议更不应被一并解除,以免用人单位商业秘密被泄露,给用人单位摆脱经营困境造成进一步的困难。

二、用人单位违法解除劳动合同时竞业限制协议的效力

最高人民法院的观点认为,用人单位违法解除劳动合同,劳动者可以依法要求用人单位支付赔偿金或要求继续履行的方式进行救济,用人单位违法解除劳动合同,并不影响竞业限制协议的效力,竞业限制协议具有独立性,竞业限制协议不应被一并解除。[1]

---

[1] 最高人民法院民事审判第一庭:《最高人民法院新劳动争议司法解释(一)理解与适用》,人民法院出版社 2021 年版,第 440-442 页。

需要注意的是，部分地方关于用人单位违法解除劳动合同时竞业限制协议是否有效持有和最高人民法院相反观点。比如，《深圳经济特区企业技术秘密保护条例》第 27 条规定："企业违反法律或者劳动合同单方解除劳动合同的，该员工可以解除竞业限制协议。"

第七节　竞业限制附条件和附期限问题

关于附条件，《民法典》第 158 条规定："民事法律行为可以附条件，但是根据其性质不得附条件的除外。附生效条件的民事法律行为，自条件成就时生效。附解除条件的民事法律行为，自条件成就时失效。"

关于附期限，《民法典》第 160 条规定："民事法律行为可以附期限，但是根据其性质不得附期限的除外。附生效期限的民事法律行为，自期限届至时生效。附终止期限的民事法律行为，自期限届满时失效。"

用人单位与劳动者约定将竞业限制生效条款附条件和附期限，应以不侵害劳动者权益为前提。

【案例 7-9】竞业限制生效条款附期限，限制劳动者权益属无效[①]

基本案情：

周某于 2015 年 11 月 1 日入职某信息科技公司，从事研发类工作，双方订立了为期 3 年的劳动合同。在该劳动合同中，双方约定，周某的月工资为 3 万元；离职后一年内周某负有竞业限制义务，每月竞业限制经济补偿的数额为 1 万元；如果周某违反竞业限制义务，则应当按照全部竞业限制经济补偿的三倍向信息科技公司支付违约金；是否需要履行竞业限制义务以离职时信息科技公司发出的通知为准。2017 年 6 月 1 日，周某本人提出离职，在签署公司印制的《离职交接清单》时，其中有"如本人收到公司发出的《竞业限制补偿金通知》，则本人将严格履行竞业限制义务。如本人未收到公司发出的《竞业限制补偿金通知》，则

[①] 2018 年北京市劳动人事争议仲裁十大典型案例之七，来源于北京市人力资源和社会保障局官网，载 http://rsj.beijing.gov.cn/bm/ztzl/dxal/201912/t20191206_880146.html，最后访问日期 2022 年 11 月 4 日。

劳动关系全流程法律实务解析

公司无须向本人支付竞业限制补偿金且本人无须履行竞业限制义务"的规定。2017年8月15日，周某入职某快递公司。2017年9月1日，信息科技公司向周某发出履行竞业限制义务通知，其中列明某快递公司为竞争对手。同日，信息科技公司向周某的银行账户转账支付了竞业限制经济补偿12万元。2017年9月15日，信息科技公司向仲裁委提出仲裁申请，要求周某返还竞业限制经济补偿12万元、支付违约金36万元并继续履行竞业限制义务。

仲裁委认为：

信息科技公司在周某离职后3个月才告知其需要履行竞业限制义务，这种做法明显限制了劳动者的就业权利，应属无效，故周某无须履行竞业限制义务，无须向信息科技公司支付违约金；信息科技公司也无支付竞业限制经济补偿的义务，故周某须返还该竞业限制经济补偿金。

评析：

在劳动者离职时即应明确告知是否须履行竞业限制义务。

本案中，信息科技公司虽然与周某订立了竞业限制条款，但同时约定是否履行竞业限制义务应以公司发出的书面通知为准。依据《劳动合同法》第23条第2款的规定，用人单位在负有竞业限制义务的员工解除或终止劳动合同后即应按月向劳动者支付经济补偿。信息科技公司在周某离职3个月后才发出书面通知，这种将竞业限制义务附期限生效的行为显然让劳动者无所适从，其既担心入职新公司会被原用人单位以违反竞业限制义务为由追究违约责任，又担心不工作无经济来源，故这种限制劳动者权利、免除用人单位责任的条款或行为，应属无效。用人单位在要求劳动者履行竞业限制义务时，最迟应在解除或终止劳动合同时明确告知劳动者。

上述案例中关于"在劳动者离职时即应明确告知是否须履行竞业限制义务"的观点在其他裁判文书中也有体现。(2018) 京0108民初7633号案件中，法院认为，在"劳动合同解除或终止时"的这一特定时点，劳动者是否应遵守竞业限制应属于确实状态，即负担竞业限制的劳动者自"劳动合同解除或终止时"起即处于应履行竞业限制义务的状态，未负担竞业限制的劳动者自"劳动合同解除或终止时"起源于劳动自由权的基本属性即有权自由择业。

第八节 竞业限制违约金

一、竞业限制违约金

根据《劳动合同法》的规定，劳动者违反竞业限制约定的，应当按照约定向用人单位支付违约金。

如劳动者进行竞业行为，用人单位的利益将遭受损失，违约金是对用人单位损失的填补。

法律并未对竞业限制违约金的数额作出规定，故用人单位在约定竞业限制的同时，不但需要与劳动者约定违约金条款还需要明确违约金的具体数额。

二、竞业限制违约金的调整问题

当劳动者违反竞业限制时，用人单位可要求劳动者支付违约金。在劳动者提出违约金过高的情况下，法院应首先尊重当事人关于违约金金额的约定，只有在违约金畸高的情况下，法院才会决定进行调整，进行调整时裁判机关将考虑以下几种因素：

1. 劳动者在原单位的工资水平

劳动者在原单位的工资水平能在一定程度上反映其掌握原单位商业秘密的价值大小，劳动者在原单位的工资多寡在一定程度上与竞业限制违约金成正比关系。

2. 劳动者在原单位的工作时间长度

劳动者在原单位的工作时间长短也能反映出其对原单位商业秘密的熟悉及掌握程度，劳动者在原单位工作时间的长短在一定程度上与竞业限制违约金成正比关系。

3. 竞业限制补偿金的数额

现行法律无竞业限制经济补偿金数额决定竞业限制违约金的规定，但是在司法实践中，调整竞业限制违约金时，竞业限制补偿金的数额多寡是裁判机关重要的考量因素之一。

4. 用人单位的损失程度

竞业限制违约金的主要目的是为弥补用人单位的损失。因此，用人单位的损失程度当然是裁判机关调整违约金的考量因素之一。

5. 劳动者的主、客观状态

劳动者从事竞业行为时的主观恶意程度，以及当用人单位要求劳动者停止竞业行为时，劳动者是否能及时停止竞业行为、能否主动采取弥补措施等情况也都是裁判机关调整违约金的考量因素。

附 录

中华人民共和国劳动法

- 1994年7月5日第八届全国人民代表大会常务委员会第八次会议通过
- 根据2009年8月27日第十一届全国人民代表大会常务委员会第十次会议《关于修改部分法律的决定》第一次修正
- 根据2018年12月29日第十三届全国人民代表大会常务委员会第七次会议《关于修改〈中华人民共和国劳动法〉等七部法律的决定》第二次修正

第一章 总 则

第一条 【立法宗旨】[①] 为了保护劳动者的合法权益，调整劳动关系，建立和维护适应社会主义市场经济的劳动制度，促进经济发展和社会进步，根据宪法，制定本法。

第二条 【适用范围】在中华人民共和国境内的企业、个体经济组织（以下统称用人单位）和与之形成劳动关系的劳动者，适用本法。

国家机关、事业组织、社会团体和与之建立劳动合同关系的劳动者，依照本法执行。

第三条 【劳动者的权利和义务】劳动者享有平等就业和选择职业的权利、取得劳动报酬的权利、休息休假的权利、获得劳动安全卫生保护的权利、接受职业技能培训的权利、享受社会保险和福利的权利、提请劳动争议处理的权利以及

[①] 条文主旨为编者所加，下同。

法律规定的其他劳动权利。

劳动者应当完成劳动任务,提高职业技能,执行劳动安全卫生规程,遵守劳动纪律和职业道德。

第四条 【用人单位规章制度】用人单位应当依法建立和完善规章制度,保障劳动者享有劳动权利和履行劳动义务。

第五条 【国家发展劳动事业】国家采取各种措施,促进劳动就业,发展职业教育,制定劳动标准,调节社会收入,完善社会保险,协调劳动关系,逐步提高劳动者的生活水平。

第六条 【国家的倡导、鼓励和奖励政策】国家提倡劳动者参加社会义务劳动,开展劳动竞赛和合理化建议活动,鼓励和保护劳动者进行科学研究、技术革新和发明创造,表彰和奖励劳动模范和先进工作者。

第七条 【工会的组织和权利】劳动者有权依法参加和组织工会。

工会代表和维护劳动者的合法权益,依法独立自主地开展活动。

第八条 【劳动者参与民主管理和平等协商】劳动者依照法律规定,通过职工大会、职工代表大会或者其他形式,参与民主管理或者就保护劳动者合法权益与用人单位进行平等协商。

第九条 【劳动行政部门设置】国务院劳动行政部门主管全国劳动工作。

县级以上地方人民政府劳动行政部门主管本行政区域内的劳动工作。

第二章 促进就业

第十条 【国家促进就业政策】国家通过促进经济和社会发展,创造就业条件,扩大就业机会。

国家鼓励企业、事业组织、社会团体在法律、行政法规规定的范围内兴办产业或者拓展经营,增加就业。

国家支持劳动者自愿组织起来就业和从事个体经营实现就业。

第十一条 【地方政府促进就业措施】地方各级人民政府应当采取措施,发展多种类型的职业介绍机构,提供就业服务。

第十二条 【就业平等原则】劳动者就业,不因民族、种族、性别、宗教信仰不同而受歧视。

第十三条 【妇女享有与男子平等的就业权利】妇女享有与男子平等的就业权利。在录用职工时，除国家规定的不适合妇女的工种或者岗位外，不得以性别为由拒绝录用妇女或者提高对妇女的录用标准。

第十四条 【特殊就业群体的就业保护】残疾人、少数民族人员、退出现役的军人的就业，法律、法规有特别规定的，从其规定。

第十五条 【使用童工的禁止】禁止用人单位招用未满十六周岁的未成年人。

文艺、体育和特种工艺单位招用未满十六周岁的未成年人，必须遵守国家有关规定，并保障其接受义务教育的权利。

第三章 劳动合同和集体合同

第十六条 【劳动合同的概念】劳动合同是劳动者与用人单位确立劳动关系、明确双方权利和义务的协议。

建立劳动关系应当订立劳动合同。

第十七条 【订立和变更劳动合同的原则】订立和变更劳动合同，应当遵循平等自愿、协商一致的原则，不得违反法律、行政法规的规定。

劳动合同依法订立即具有法律约束力，当事人必须履行劳动合同规定的义务。

第十八条 【无效劳动合同】下列劳动合同无效：

（一）违反法律、行政法规的劳动合同；

（二）采取欺诈、威胁等手段订立的劳动合同。

无效的劳动合同，从订立的时候起，就没有法律约束力。确认劳动合同部分无效的，如果不影响其余部分的效力，其余部分仍然有效。

劳动合同的无效，由劳动争议仲裁委员会或者人民法院确认。

第十九条 【劳动合同的形式和内容】劳动合同应当以书面形式订立，并具备以下条款：

（一）劳动合同期限；

（二）工作内容；

（三）劳动保护和劳动条件；

（四）劳动报酬；

（五）劳动纪律；

（六）劳动合同终止的条件；

（七）违反劳动合同的责任。

劳动合同除前款规定的必备条款外，当事人可以协商约定其他内容。

第二十条 【劳动合同的期限】劳动合同的期限分为有固定期限、无固定期限和以完成一定的工作为期限。

劳动者在同一用人单位连续工作满十年以上，当事人双方同意续延劳动合同的，如果劳动者提出订立无固定期限的劳动合同，应当订立无固定期限的劳动合同。

第二十一条 【试用期条款】劳动合同可以约定试用期。试用期最长不得超过六个月。

第二十二条 【保守商业秘密之约定】劳动合同当事人可以在劳动合同中约定保守用人单位商业秘密的有关事项。

第二十三条 【劳动合同的终止】劳动合同期满或者当事人约定的劳动合同终止条件出现，劳动合同即行终止。

第二十四条 【劳动合同的合意解除】经劳动合同当事人协商一致，劳动合同可以解除。

第二十五条 【过失性辞退】劳动者有下列情形之一的，用人单位可以解除劳动合同：

（一）在试用期间被证明不符合录用条件的；

（二）严重违反劳动纪律或者用人单位规章制度的；

（三）严重失职，营私舞弊，对用人单位利益造成重大损害的；

（四）被依法追究刑事责任的。

第二十六条 【非过失性辞退】有下列情形之一的，用人单位可以解除劳动合同，但是应当提前三十日以书面形式通知劳动者本人：

（一）劳动者患病或者非因工负伤，医疗期满后，不能从事原工作也不能从事由用人单位另行安排的工作的；

（二）劳动者不能胜任工作，经过培训或者调整工作岗位，仍不能胜任工作的；

（三）劳动合同订立时所依据的客观情况发生重大变化，致使原劳动合同无法履行，经当事人协商不能就变更劳动合同达成协议的。

第二十七条 【用人单位经济性裁员】用人单位濒临破产进行法定整顿期间或者生产经营状况发生严重困难，确需裁减人员的，应当提前三十日向工会或者全体职工说明情况，听取工会或者职工的意见，经向劳动行政部门报告后，可以裁减人员。

用人单位依据本条规定裁减人员，在六个月内录用人员的，应当优先录用被裁减的人员。

第二十八条 【用人单位解除劳动合同的经济补偿】用人单位依据本法第二十四条、第二十六条、第二十七条的规定解除劳动合同的，应当依照国家有关规定给予经济补偿。

第二十九条 【用人单位不得解除劳动合同的情形】劳动者有下列情形之一的，用人单位不得依据本法第二十六条、第二十七条的规定解除劳动合同：

（一）患职业病或者因工负伤并被确认丧失或者部分丧失劳动能力的；

（二）患病或者负伤，在规定的医疗期内的；

（三）女职工在孕期、产期、哺乳期内的；

（四）法律、行政法规规定的其他情形。

第三十条 【工会对用人单位解除劳动合同的监督权】用人单位解除劳动合同，工会认为不适当的，有权提出意见。如果用人单位违反法律、法规或者劳动合同，工会有权要求重新处理；劳动者申请仲裁或者提起诉讼的，工会应当依法给予支持和帮助。

第三十一条 【劳动者单方解除劳动合同】劳动者解除劳动合同，应当提前三十日以书面形式通知用人单位。

第三十二条 【劳动者无条件解除劳动合同的情形】有下列情形之一的，

劳动者可以随时通知用人单位解除劳动合同：

（一）在试用期内的；

（二）用人单位以暴力、威胁或者非法限制人身自由的手段强迫劳动的；

（三）用人单位未按照劳动合同约定支付劳动报酬或者提供劳动条件的。

第三十三条　【集体合同的内容和签订程序】企业职工一方与企业可以就劳动报酬、工作时间、休息休假、劳动安全卫生、保险福利等事项，签订集体合同。集体合同草案应当提交职工代表大会或者全体职工讨论通过。

集体合同由工会代表职工与企业签订；没有建立工会的企业，由职工推举的代表与企业签订。

第三十四条　【集体合同的审查】集体合同签订后应当报送劳动行政部门；劳动行政部门自收到集体合同文本之日起十五日内未提出异议的，集体合同即行生效。

第三十五条　【集体合同的效力】依法签订的集体合同对企业和企业全体职工具有约束力。职工个人与企业订立的劳动合同中劳动条件和劳动报酬等标准不得低于集体合同的规定。

第四章　工作时间和休息休假

第三十六条　【标准工作时间】国家实行劳动者每日工作时间不超过八小时、平均每周工作时间不超过四十四小时的工时制度。

第三十七条　【计件工作时间】对实行计件工作的劳动者，用人单位应当根据本法第三十六条规定的工时制度合理确定其劳动定额和计件报酬标准。

第三十八条　【劳动者的周休日】用人单位应当保证劳动者每周至少休息一日。

第三十九条　【其他工时制度】企业因生产特点不能实行本法第三十六条、第三十八条规定的，经劳动行政部门批准，可以实行其他工作和休息办法。

第四十条　【法定休假节日】用人单位在下列节日期间应当依法安排劳动者休假：

（一）元旦；

（二）春节；

（三）国际劳动节；

（四）国庆节；

（五）法律、法规规定的其他休假节日。

第四十一条 【延长工作时间】用人单位由于生产经营需要，经与工会和劳动者协商后可以延长工作时间，一般每日不得超过一小时；因特殊原因需要延长工作时间的，在保障劳动者身体健康的条件下延长工作时间每日不得超过三小时，但是每月不得超过三十六小时。

第四十二条 【特殊情况下的延长工作时间】有下列情形之一的，延长工作时间不受本法第四十一条规定的限制：

（一）发生自然灾害、事故或者因其他原因，威胁劳动者生命健康和财产安全，需要紧急处理的；

（二）生产设备、交通运输线路、公共设施发生故障，影响生产和公众利益，必须及时抢修的；

（三）法律、行政法规规定的其他情形。

第四十三条 【用人单位延长工作时间的禁止】用人单位不得违反本法规定延长劳动者的工作时间。

第四十四条 【延长工作时间的工资支付】有下列情形之一的，用人单位应当按照下列标准支付高于劳动者正常工作时间工资的工资报酬：

（一）安排劳动者延长工作时间的，支付不低于工资的百分之一百五十的工资报酬；

（二）休息日安排劳动者工作又不能安排补休的，支付不低于工资的百分之二百的工资报酬；

（三）法定休假日安排劳动者工作的，支付不低于工资的百分之三百的工资报酬。

第四十五条 【年休假制度】国家实行带薪年休假制度。

劳动者连续工作一年以上的，享受带薪年休假。具体办法由国务院规定。

第五章　工　资

第四十六条　【工资分配基本原则】工资分配应当遵循按劳分配原则，实行同工同酬。

工资水平在经济发展的基础上逐步提高。国家对工资总量实行宏观调控。

第四十七条　【用人单位自主确定工资分配】用人单位根据本单位的生产经营特点和经济效益，依法自主确定本单位的工资分配方式和工资水平。

第四十八条　【最低工资保障】国家实行最低工资保障制度。最低工资的具体标准由省、自治区、直辖市人民政府规定，报国务院备案。

用人单位支付劳动者的工资不得低于当地最低工资标准。

第四十九条　【确定和调整最低工资标准的因素】确定和调整最低工资标准应当综合参考下列因素：

（一）劳动者本人及平均赡养人口的最低生活费用；

（二）社会平均工资水平；

（三）劳动生产率；

（四）就业状况；

（五）地区之间经济发展水平的差异。

第五十条　【工资支付形式和不得克扣、拖欠工资】工资应当以货币形式按月支付给劳动者本人。不得克扣或者无故拖欠劳动者的工资。

第五十一条　【法定休假日等的工资支付】劳动者在法定休假日和婚丧假期间以及依法参加社会活动期间，用人单位应当依法支付工资。

第六章　劳动安全卫生

第五十二条　【劳动安全卫生制度的建立】用人单位必须建立、健全劳动安全卫生制度，严格执行国家劳动安全卫生规程和标准，对劳动者进行劳动安全卫生教育，防止劳动过程中的事故，减少职业危害。

第五十三条　【劳动安全卫生设施】劳动安全卫生设施必须符合国家规定的标准。

新建、改建、扩建工程的劳动安全卫生设施必须与主体工程同时设计、同时施工、同时投入生产和使用。

第五十四条 【用人单位的劳动保护义务】用人单位必须为劳动者提供符合国家规定的劳动安全卫生条件和必要的劳动防护用品，对从事有职业危害作业的劳动者应当定期进行健康检查。

第五十五条 【特种作业的上岗要求】从事特种作业的劳动者必须经过专门培训并取得特种作业资格。

第五十六条 【劳动者在安全生产中的权利和义务】劳动者在劳动过程中必须严格遵守安全操作规程。

劳动者对用人单位管理人员违章指挥、强令冒险作业，有权拒绝执行；对危害生命安全和身体健康的行为，有权提出批评、检举和控告。

第五十七条 【伤亡事故和职业病的统计、报告、处理】国家建立伤亡事故和职业病统计报告和处理制度。县级以上各级人民政府劳动行政部门、有关部门和用人单位应当依法对劳动者在劳动过程中发生的伤亡事故和劳动者的职业病状况，进行统计、报告和处理。

第七章 女职工和未成年工特殊保护

第五十八条 【女职工和未成年工的特殊劳动保护】国家对女职工和未成年工实行特殊劳动保护。

未成年工是指年满十六周岁未满十八周岁的劳动者。

第五十九条 【女职工禁忌劳动的范围】禁止安排女职工从事矿山井下、国家规定的第四级体力劳动强度的劳动和其他禁忌从事的劳动。

第六十条 【女职工经期的保护】不得安排女职工在经期从事高处、低温、冷水作业和国家规定的第三级体力劳动强度的劳动。

第六十一条 【女职工孕期的保护】不得安排女职工在怀孕期间从事国家规定的第三级体力劳动强度的劳动和孕期禁忌从事的劳动。对怀孕七个月以上的女职工，不得安排其延长工作时间和夜班劳动。

第六十二条 【女职工产期的保护】女职工生育享受不少于九十天的产假。

第六十三条　【女职工哺乳期的保护】不得安排女职工在哺乳未满一周岁的婴儿期间从事国家规定的第三级体力劳动强度的劳动和哺乳期禁忌从事的其他劳动，不得安排其延长工作时间和夜班劳动。

第六十四条　【未成年工禁忌劳动的范围】不得安排未成年工从事矿山井下、有毒有害、国家规定的第四级体力劳动强度的劳动和其他禁忌从事的劳动。

第六十五条　【未成年工定期健康检查】用人单位应当对未成年工定期进行健康检查。

第八章　职业培训

第六十六条　【国家发展职业培训事业】国家通过各种途径，采取各种措施，发展职业培训事业，开发劳动者的职业技能，提高劳动者素质，增强劳动者的就业能力和工作能力。

第六十七条　【各级政府的职责】各级人民政府应当把发展职业培训纳入社会经济发展的规划，鼓励和支持有条件的企业、事业组织、社会团体和个人进行各种形式的职业培训。

第六十八条　【用人单位建立职业培训制度】用人单位应当建立职业培训制度，按照国家规定提取和使用职业培训经费，根据本单位实际，有计划地对劳动者进行职业培训。

从事技术工种的劳动者，上岗前必须经过培训。

第六十九条　【职业技能资格】国家确定职业分类，对规定的职业制定职业技能标准，实行职业资格证书制度，由经备案的考核鉴定机构负责对劳动者实施职业技能考核鉴定。

第九章　社会保险和福利

第七十条　【社会保险制度】国家发展社会保险事业，建立社会保险制度，设立社会保险基金，使劳动者在年老、患病、工伤、失业、生育等情况下获得帮助和补偿。

第七十一条　【社会保险水平】社会保险水平应当与社会经济发展水平和

社会承受能力相适应。

第七十二条 【社会保险基金】社会保险基金按照保险类型确定资金来源，逐步实行社会统筹。用人单位和劳动者必须依法参加社会保险，缴纳社会保险费。

第七十三条 【享受社会保险待遇的条件和标准】劳动者在下列情形下，依法享受社会保险待遇：

（一）退休；

（二）患病、负伤；

（三）因工伤残或者患职业病；

（四）失业；

（五）生育。

劳动者死亡后，其遗属依法享受遗属津贴。

劳动者享受社会保险待遇的条件和标准由法律、法规规定。

劳动者享受的社会保险金必须按时足额支付。

第七十四条 【社会保险基金管理】社会保险基金经办机构依照法律规定收支、管理和运营社会保险基金，并负有使社会保险基金保值增值的责任。

社会保险基金监督机构依照法律规定，对社会保险基金的收支、管理和运营实施监督。

社会保险基金经办机构和社会保险基金监督机构的设立和职能由法律规定。

任何组织和个人不得挪用社会保险基金。

第七十五条 【补充保险和个人储蓄保险】国家鼓励用人单位根据本单位实际情况为劳动者建立补充保险。

国家提倡劳动者个人进行储蓄性保险。

第七十六条 【职工福利】国家发展社会福利事业，兴建公共福利设施，为劳动者休息、休养和疗养提供条件。

用人单位应当创造条件，改善集体福利，提高劳动者的福利待遇。

第十章 劳动争议

第七十七条 【劳动争议的解决途径】用人单位与劳动者发生劳动争议，

当事人可以依法申请调解、仲裁、提起诉讼，也可以协商解决。

调解原则适用于仲裁和诉讼程序。

第七十八条　【劳动争议的处理原则】解决劳动争议，应当根据合法、公正、及时处理的原则，依法维护劳动争议当事人的合法权益。

第七十九条　【劳动争议的调解、仲裁和诉讼的相互关系】劳动争议发生后，当事人可以向本单位劳动争议调解委员会申请调解；调解不成，当事人一方要求仲裁的，可以向劳动争议仲裁委员会申请仲裁。当事人一方也可以直接向劳动争议仲裁委员会申请仲裁。对仲裁裁决不服的，可以向人民法院提起诉讼。

第八十条　【劳动争议的调解】在用人单位内，可以设立劳动争议调解委员会。劳动争议调解委员会由职工代表、用人单位代表和工会代表组成。劳动争议调解委员会主任由工会代表担任。

劳动争议经调解达成协议的，当事人应当履行。

第八十一条　【劳动争议仲裁委员会的组成】劳动争议仲裁委员会由劳动行政部门代表、同级工会代表、用人单位方面的代表组成。劳动争议仲裁委员会主任由劳动行政部门代表担任。

第八十二条　【劳动争议仲裁的程序】提出仲裁要求的一方应当自劳动争议发生之日起六十日内向劳动争议仲裁委员会提出书面申请。仲裁裁决一般应在收到仲裁申请的六十日内作出。对仲裁裁决无异议的，当事人必须履行。

第八十三条　【仲裁裁决的效力】劳动争议当事人对仲裁裁决不服的，可以自收到仲裁裁决书之日起十五日内向人民法院提起诉讼。一方当事人在法定期限内不起诉又不履行仲裁裁决的，另一方当事人可以申请人民法院强制执行。

第八十四条　【集体合同争议的处理】因签订集体合同发生争议，当事人协商解决不成的，当地人民政府劳动行政部门可以组织有关各方协调处理。

因履行集体合同发生争议，当事人协商解决不成的，可以向劳动争议仲裁委员会申请仲裁；对仲裁裁决不服的，可以自收到仲裁裁决书之日起十五日内向人民法院提起诉讼。

第十一章　监督检查

第八十五条　【劳动行政部门的监督检查】县级以上各级人民政府劳动行

政部门依法对用人单位遵守劳动法律、法规的情况进行监督检查，对违反劳动法律、法规的行为有权制止，并责令改正。

第八十六条 【劳动监察机构的监察程序】县级以上各级人民政府劳动行政部门监督检查人员执行公务，有权进入用人单位了解执行劳动法律、法规的情况，查阅必要的资料，并对劳动场所进行检查。

县级以上各级人民政府劳动行政部门监督检查人员执行公务，必须出示证件，秉公执法并遵守有关规定。

第八十七条 【政府有关部门的监察】县级以上各级人民政府有关部门在各自职责范围内，对用人单位遵守劳动法律、法规的情况进行监督。

第八十八条 【工会监督、社会监督】各级工会依法维护劳动者的合法权益，对用人单位遵守劳动法律、法规的情况进行监督。

任何组织和个人对于违反劳动法律、法规的行为有权检举和控告。

第十二章 法律责任

第八十九条 【劳动规章制度违法的法律责任】用人单位制定的劳动规章制度违反法律、法规规定的，由劳动行政部门给予警告，责令改正；对劳动者造成损害的，应当承担赔偿责任。

第九十条 【违法延长工时的法律责任】用人单位违反本法规定，延长劳动者工作时间的，由劳动行政部门给予警告，责令改正，并可以处以罚款。

第九十一条 【用人单位侵权的民事责任】用人单位有下列侵害劳动者合法权益情形之一的，由劳动行政部门责令支付劳动者的工资报酬、经济补偿，并可以责令支付赔偿金：

（一）克扣或者无故拖欠劳动者工资的；

（二）拒不支付劳动者延长工作时间工资报酬的；

（三）低于当地最低工资标准支付劳动者工资的；

（四）解除劳动合同后，未依照本法规定给予劳动者经济补偿的。

第九十二条 【用人单位违反劳动安全卫生规定的法律责任】用人单位的劳动安全设施和劳动卫生条件不符合国家规定或者未向劳动者提供必要的劳动防

护用品和劳动保护设施的，由劳动行政部门或者有关部门责令改正，可以处以罚款；情节严重的，提请县级以上人民政府决定责令停产整顿；对事故隐患不采取措施，致使发生重大事故，造成劳动者生命和财产损失的，对责任人员依照刑法有关规定追究刑事责任。

第九十三条 【强令劳动者违章作业的法律责任】用人单位强令劳动者违章冒险作业，发生重大伤亡事故，造成严重后果的，对责任人员依法追究刑事责任。

第九十四条 【用人单位非法招用未成年工的法律责任】用人单位非法招用未满十六周岁的未成年人的，由劳动行政部门责令改正，处以罚款；情节严重的，由市场监督管理部门吊销营业执照。

第九十五条 【违反女职工和未成年工保护规定的法律责任】用人单位违反本法对女职工和未成年工的保护规定，侵害其合法权益的，由劳动行政部门责令改正，处以罚款；对女职工或者未成年工造成损害的，应当承担赔偿责任。

第九十六条 【侵犯劳动者人身自由的法律责任】用人单位有下列行为之一，由公安机关对责任人员处以十五日以下拘留、罚款或者警告；构成犯罪的，对责任人员依法追究刑事责任：

（一）以暴力、威胁或者非法限制人身自由的手段强迫劳动的；

（二）侮辱、体罚、殴打、非法搜查和拘禁劳动者的。

第九十七条 【订立无效合同的民事责任】由于用人单位的原因订立的无效合同，对劳动者造成损害的，应当承担赔偿责任。

第九十八条 【违法解除或故意拖延不订立劳动合同的法律责任】用人单位违反本法规定的条件解除劳动合同或者故意拖延不订立劳动合同的，由劳动行政部门责令改正；对劳动者造成损害的，应当承担赔偿责任。

第九十九条 【招用尚未解除劳动合同者的法律责任】用人单位招用尚未解除劳动合同的劳动者，对原用人单位造成经济损失的，该用人单位应当依法承担连带赔偿责任。

第一百条 【用人单位不缴纳社会保险费的法律责任】用人单位无故不缴纳社会保险费的，由劳动行政部门责令其限期缴纳；逾期不缴的，可以加收滞纳金。

第一百零一条 【阻挠监督检查、打击报复举报人员的法律责任】用人单位无理阻挠劳动行政部门、有关部门及其工作人员行使监督检查权，打击报复举报人员的，由劳动行政部门或者有关部门处以罚款；构成犯罪的，对责任人员依法追究刑事责任。

第一百零二条 【劳动者违法解除劳动合同或违反保密约定的民事责任】劳动者违反本法规定的条件解除劳动合同或者违反劳动合同中约定的保密事项，对用人单位造成经济损失的，应当依法承担赔偿责任。

第一百零三条 【劳动行政部门和有关部门工作人员渎职的法律责任】劳动行政部门或者有关部门的工作人员滥用职权、玩忽职守、徇私舞弊，构成犯罪的，依法追究刑事责任；不构成犯罪的，给予行政处分。

第一百零四条 【挪用社会保险基金的法律责任】国家工作人员和社会保险基金经办机构的工作人员挪用社会保险基金，构成犯罪的，依法追究刑事责任。

第一百零五条 【其他法律、行政法规的处罚效力】违反本法规定侵害劳动者合法权益，其他法律、行政法规已规定处罚的，依照该法律、行政法规的规定处罚。

第十三章 附 则

第一百零六条 【省级人民政府实施步骤的制定和备案】省、自治区、直辖市人民政府根据本法和本地区的实际情况，规定劳动合同制度的实施步骤，报国务院备案。

第一百零七条 【施行时间】本法自 1995 年 1 月 1 日起施行。

中华人民共和国劳动合同法

- 2007年6月29日第十届全国人民代表大会常务委员会第二十八次会议通过
- 根据2012年12月28日第十一届全国人民代表大会常务委员会第三十次会议《关于修改〈中华人民共和国劳动合同法〉的决定》修正

第一章 总 则

第一条 【立法宗旨】为了完善劳动合同制度，明确劳动合同双方当事人的权利和义务，保护劳动者的合法权益，构建和发展和谐稳定的劳动关系，制定本法。

第二条 【适用范围】中华人民共和国境内的企业、个体经济组织、民办非企业单位等组织（以下称用人单位）与劳动者建立劳动关系，订立、履行、变更、解除或者终止劳动合同，适用本法。

国家机关、事业单位、社会团体和与其建立劳动关系的劳动者，订立、履行、变更、解除或者终止劳动合同，依照本法执行。

第三条 【基本原则】订立劳动合同，应当遵循合法、公平、平等自愿、协商一致、诚实信用的原则。

依法订立的劳动合同具有约束力，用人单位与劳动者应当履行劳动合同约定的义务。

第四条 【规章制度】用人单位应当依法建立和完善劳动规章制度，保障劳动者享有劳动权利、履行劳动义务。

用人单位在制定、修改或者决定有关劳动报酬、工作时间、休息休假、劳动安全卫生、保险福利、职工培训、劳动纪律以及劳动定额管理等直接涉及劳动者切身利益的规章制度或者重大事项时，应当经职工代表大会或者全体职工讨论，提出方案和意见，与工会或者职工代表平等协商确定。

在规章制度和重大事项决定实施过程中，工会或者职工认为不适当的，有权向用人单位提出，通过协商予以修改完善。

用人单位应当将直接涉及劳动者切身利益的规章制度和重大事项决定公示，或者告知劳动者。

第五条　【协调劳动关系三方机制】县级以上人民政府劳动行政部门会同工会和企业方面代表，建立健全协调劳动关系三方机制，共同研究解决有关劳动关系的重大问题。

第六条　【集体协商机制】工会应当帮助、指导劳动者与用人单位依法订立和履行劳动合同，并与用人单位建立集体协商机制，维护劳动者的合法权益。

第二章　劳动合同的订立

第七条　【劳动关系的建立】用人单位自用工之日起即与劳动者建立劳动关系。用人单位应当建立职工名册备查。

第八条　【用人单位的告知义务和劳动者的说明义务】用人单位招用劳动者时，应当如实告知劳动者工作内容、工作条件、工作地点、职业危害、安全生产状况、劳动报酬，以及劳动者要求了解的其他情况；用人单位有权了解劳动者与劳动合同直接相关的基本情况，劳动者应当如实说明。

第九条　【用人单位不得扣押劳动者证件和要求提供担保】用人单位招用劳动者，不得扣押劳动者的居民身份证和其他证件，不得要求劳动者提供担保或者以其他名义向劳动者收取财物。

第十条　【订立书面劳动合同】建立劳动关系，应当订立书面劳动合同。

已建立劳动关系，未同时订立书面劳动合同的，应当自用工之日起一个月内订立书面劳动合同。

用人单位与劳动者在用工前订立劳动合同的，劳动关系自用工之日起建立。

第十一条　【未订立书面劳动合同时劳动报酬不明确的解决】用人单位未

在用工的同时订立书面劳动合同，与劳动者约定的劳动报酬不明确的，新招用的劳动者的劳动报酬按照集体合同规定的标准执行；没有集体合同或者集体合同未规定的，实行同工同酬。

第十二条　【劳动合同的种类】劳动合同分为固定期限劳动合同、无固定期限劳动合同和以完成一定工作任务为期限的劳动合同。

第十三条　【固定期限劳动合同】固定期限劳动合同，是指用人单位与劳动者约定合同终止时间的劳动合同。

用人单位与劳动者协商一致，可以订立固定期限劳动合同。

第十四条　【无固定期限劳动合同】无固定期限劳动合同，是指用人单位与劳动者约定无确定终止时间的劳动合同。

用人单位与劳动者协商一致，可以订立无固定期限劳动合同。有下列情形之一，劳动者提出或者同意续订、订立劳动合同的，除劳动者提出订立固定期限劳动合同外，应当订立无固定期限劳动合同：

（一）劳动者在该用人单位连续工作满十年的；

（二）用人单位初次实行劳动合同制度或者国有企业改制重新订立劳动合同时，劳动者在该用人单位连续工作满十年且距法定退休年龄不足十年的；

（三）连续订立二次固定期限劳动合同，且劳动者没有本法第三十九条和第四十条第一项、第二项规定的情形，续订劳动合同的。

用人单位自用工之日起满一年不与劳动者订立书面劳动合同的，视为用人单位与劳动者已订立无固定期限劳动合同。

第十五条　【以完成一定工作任务为期限的劳动合同】以完成一定工作任务为期限的劳动合同，是指用人单位与劳动者约定以某项工作的完成为合同期限的劳动合同。

用人单位与劳动者协商一致，可以订立以完成一定工作任务为期限的劳动合同。

第十六条　【劳动合同的生效】劳动合同由用人单位与劳动者协商一致，并经用人单位与劳动者在劳动合同文本上签字或者盖章生效。

劳动合同文本由用人单位和劳动者各执一份。

第十七条 【劳动合同的内容】劳动合同应当具备以下条款：

（一）用人单位的名称、住所和法定代表人或者主要负责人；

（二）劳动者的姓名、住址和居民身份证或者其他有效身份证件号码；

（三）劳动合同期限；

（四）工作内容和工作地点；

（五）工作时间和休息休假；

（六）劳动报酬；

（七）社会保险；

（八）劳动保护、劳动条件和职业危害防护；

（九）法律、法规规定应当纳入劳动合同的其他事项。

劳动合同除前款规定的必备条款外，用人单位与劳动者可以约定试用期、培训、保守秘密、补充保险和福利待遇等其他事项。

第十八条 【劳动合同对劳动报酬和劳动条件约定不明确的解决】劳动合同对劳动报酬和劳动条件等标准约定不明确，引发争议的，用人单位与劳动者可以重新协商；协商不成的，适用集体合同规定；没有集体合同或者集体合同未规定劳动报酬的，实行同工同酬；没有集体合同或者集体合同未规定劳动条件等标准的，适用国家有关规定。

第十九条 【试用期】劳动合同期限三个月以上不满一年的，试用期不得超过一个月；劳动合同期限一年以上不满三年的，试用期不得超过二个月；三年以上固定期限和无固定期限的劳动合同，试用期不得超过六个月。

同一用人单位与同一劳动者只能约定一次试用期。

以完成一定工作任务为期限的劳动合同或者劳动合同期限不满三个月的，不得约定试用期。

试用期包含在劳动合同期限内。劳动合同仅约定试用期的，试用期不成立，该期限为劳动合同期限。

第二十条 【试用期工资】劳动者在试用期的工资不得低于本单位相同岗位最低档工资或者劳动合同约定工资的百分之八十，并不得低于用人单位所在地的最低工资标准。

第二十一条 【试用期内解除劳动合同】在试用期中，除劳动者有本法第三十九条和第四十条第一项、第二项规定的情形外，用人单位不得解除劳动合同。用人单位在试用期解除劳动合同的，应当向劳动者说明理由。

第二十二条 【服务期】用人单位为劳动者提供专项培训费用，对其进行专业技术培训的，可以与该劳动者订立协议，约定服务期。

劳动者违反服务期约定的，应当按照约定向用人单位支付违约金。违约金的数额不得超过用人单位提供的培训费用。用人单位要求劳动者支付的违约金不得超过服务期尚未履行部分所应分摊的培训费用。

用人单位与劳动者约定服务期的，不影响按照正常的工资调整机制提高劳动者在服务期期间的劳动报酬。

第二十三条 【保密义务和竞业限制】用人单位与劳动者可以在劳动合同中约定保守用人单位的商业秘密和与知识产权相关的保密事项。

对负有保密义务的劳动者，用人单位可以在劳动合同或者保密协议中与劳动者约定竞业限制条款，并约定在解除或者终止劳动合同后，在竞业限制期限内按月给予劳动者经济补偿。劳动者违反竞业限制约定的，应当按照约定向用人单位支付违约金。

第二十四条 【竞业限制的范围和期限】竞业限制的人员限于用人单位的高级管理人员、高级技术人员和其他负有保密义务的人员。竞业限制的范围、地域、期限由用人单位与劳动者约定，竞业限制的约定不得违反法律、法规的规定。

在解除或者终止劳动合同后，前款规定的人员到与本单位生产或者经营同类产品、从事同类业务的有竞争关系的其他用人单位，或者自己开业生产或者经营同类产品、从事同类业务的竞业限制期限，不得超过二年。

第二十五条 【违约金】除本法第二十二条和第二十三条规定的情形外，用人单位不得与劳动者约定由劳动者承担违约金。

第二十六条 【劳动合同的无效】下列劳动合同无效或者部分无效：

（一）以欺诈、胁迫的手段或者乘人之危，使对方在违背真实意思的情况下订立或者变更劳动合同的；

（二）用人单位免除自己的法定责任、排除劳动者权利的；

（三）违反法律、行政法规强制性规定的。

对劳动合同的无效或者部分无效有争议的，由劳动争议仲裁机构或者人民法院确认。

第二十七条　【劳动合同部分无效】劳动合同部分无效，不影响其他部分效力的，其他部分仍然有效。

第二十八条　【劳动合同无效后劳动报酬的支付】劳动合同被确认无效，劳动者已付出劳动的，用人单位应当向劳动者支付劳动报酬。劳动报酬的数额，参照本单位相同或者相近岗位劳动者的劳动报酬确定。

第三章　劳动合同的履行和变更

第二十九条　【劳动合同的履行】用人单位与劳动者应当按照劳动合同的约定，全面履行各自的义务。

第三十条　【劳动报酬】用人单位应当按照劳动合同约定和国家规定，向劳动者及时足额支付劳动报酬。

用人单位拖欠或者未足额支付劳动报酬的，劳动者可以依法向当地人民法院申请支付令，人民法院应当依法发出支付令。

第三十一条　【加班】用人单位应当严格执行劳动定额标准，不得强迫或者变相强迫劳动者加班。用人单位安排加班的，应当按照国家有关规定向劳动者支付加班费。

第三十二条　【劳动者拒绝违章指挥、强令冒险作业】劳动者拒绝用人单位管理人员违章指挥、强令冒险作业的，不视为违反劳动合同。

劳动者对危害生命安全和身体健康的劳动条件，有权对用人单位提出批评、检举和控告。

第三十三条　【用人单位名称、法定代表人等的变更】用人单位变更名称、法定代表人、主要负责人或者投资人等事项，不影响劳动合同的履行。

第三十四条　【用人单位合并或者分立】用人单位发生合并或者分立等情况，原劳动合同继续有效，劳动合同由承继其权利和义务的用人单位继续履行。

第三十五条　【劳动合同的变更】用人单位与劳动者协商一致，可以变更劳动合同约定的内容。变更劳动合同，应当采用书面形式。

变更后的劳动合同文本由用人单位和劳动者各执一份。

第四章　劳动合同的解除和终止

第三十六条　【协商解除劳动合同】用人单位与劳动者协商一致，可以解除劳动合同。

第三十七条　【劳动者提前通知解除劳动合同】劳动者提前三十日以书面形式通知用人单位，可以解除劳动合同。劳动者在试用期内提前三日通知用人单位，可以解除劳动合同。

第三十八条　【劳动者解除劳动合同】用人单位有下列情形之一的，劳动者可以解除劳动合同：

（一）未按照劳动合同约定提供劳动保护或者劳动条件的；

（二）未及时足额支付劳动报酬的；

（三）未依法为劳动者缴纳社会保险费的；

（四）用人单位的规章制度违反法律、法规的规定，损害劳动者权益的；

（五）因本法第二十六条第一款规定的情形致使劳动合同无效的；

（六）法律、行政法规规定劳动者可以解除劳动合同的其他情形。

用人单位以暴力、威胁或者非法限制人身自由的手段强迫劳动者劳动的，或者用人单位违章指挥、强令冒险作业危及劳动者人身安全的，劳动者可以立即解除劳动合同，不需事先告知用人单位。

第三十九条　【用人单位单方解除劳动合同】劳动者有下列情形之一的，用人单位可以解除劳动合同：

（一）在试用期间被证明不符合录用条件的；

（二）严重违反用人单位的规章制度的；

（三）严重失职，营私舞弊，给用人单位造成重大损害的；

（四）劳动者同时与其他用人单位建立劳动关系，对完成本单位的工作任务造成严重影响，或者经用人单位提出，拒不改正的；

（五）因本法第二十六条第一款第一项规定的情形致使劳动合同无效的；

（六）被依法追究刑事责任的。

第四十条 【无过失性辞退】有下列情形之一的，用人单位提前三十日以书面形式通知劳动者本人或者额外支付劳动者一个月工资后，可以解除劳动合同：

（一）劳动者患病或者非因工负伤，在规定的医疗期满后不能从事原工作，也不能从事由用人单位另行安排的工作的；

（二）劳动者不能胜任工作，经过培训或者调整工作岗位，仍不能胜任工作的；

（三）劳动合同订立时所依据的客观情况发生重大变化，致使劳动合同无法履行，经用人单位与劳动者协商，未能就变更劳动合同内容达成协议的。

第四十一条 【经济性裁员】有下列情形之一，需要裁减人员二十人以上或者裁减不足二十人但占企业职工总数百分之十以上的，用人单位提前三十日向工会或者全体职工说明情况，听取工会或者职工的意见后，裁减人员方案经向劳动行政部门报告，可以裁减人员：

（一）依照企业破产法规定进行重整的；

（二）生产经营发生严重困难的；

（三）企业转产、重大技术革新或者经营方式调整，经变更劳动合同后，仍需裁减人员的；

（四）其他因劳动合同订立时所依据的客观经济情况发生重大变化，致使劳动合同无法履行的。

裁减人员时，应当优先留用下列人员：

（一）与本单位订立较长期限的固定期限劳动合同的；

（二）与本单位订立无固定期限劳动合同的；

（三）家庭无其他就业人员，有需要扶养的老人或者未成年人的。

用人单位依照本条第一款规定裁减人员，在六个月内重新招用人员的，应当通知被裁减的人员，并在同等条件下优先招用被裁减的人员。

第四十二条 【用人单位不得解除劳动合同的情形】劳动者有下列情形之

一的，用人单位不得依照本法第四十条、第四十一条的规定解除劳动合同：

（一）从事接触职业病危害作业的劳动者未进行离岗前职业健康检查，或者疑似职业病病人在诊断或者医学观察期间的；

（二）在本单位患职业病或者因工负伤并被确认丧失或者部分丧失劳动能力的；

（三）患病或者非因工负伤，在规定的医疗期内的；

（四）女职工在孕期、产期、哺乳期的；

（五）在本单位连续工作满十五年，且距法定退休年龄不足五年的；

（六）法律、行政法规规定的其他情形。

第四十三条　【工会在劳动合同解除中的监督作用】用人单位单方解除劳动合同，应当事先将理由通知工会。用人单位违反法律、行政法规规定或者劳动合同约定的，工会有权要求用人单位纠正。用人单位应当研究工会的意见，并将处理结果书面通知工会。

第四十四条　【劳动合同的终止】有下列情形之一的，劳动合同终止：

（一）劳动合同期满的；

（二）劳动者开始依法享受基本养老保险待遇的；

（三）劳动者死亡，或者被人民法院宣告死亡或者宣告失踪的；

（四）用人单位被依法宣告破产的；

（五）用人单位被吊销营业执照、责令关闭、撤销或者用人单位决定提前解散的；

（六）法律、行政法规规定的其他情形。

第四十五条　【劳动合同的逾期终止】劳动合同期满，有本法第四十二条规定情形之一的，劳动合同应当续延至相应的情形消失时终止。但是，本法第四十二条第二项规定丧失或者部分丧失劳动能力劳动者的劳动合同的终止，按照国家有关工伤保险的规定执行。

第四十六条　【经济补偿】有下列情形之一的，用人单位应当向劳动者支付经济补偿：

（一）劳动者依照本法第三十八条规定解除劳动合同的；

（二）用人单位依照本法第三十六条规定向劳动者提出解除劳动合同并与劳动者协商一致解除劳动合同的；

（三）用人单位依照本法第四十条规定解除劳动合同的；

（四）用人单位依照本法第四十一条第一款规定解除劳动合同的；

（五）除用人单位维持或者提高劳动合同约定条件续订劳动合同，劳动者不同意续订的情形外，依照本法第四十四条第一项规定终止固定期限劳动合同的；

（六）依照本法第四十四条第四项、第五项规定终止劳动合同的；

（七）法律、行政法规规定的其他情形。

第四十七条 【经济补偿的计算】经济补偿按劳动者在本单位工作的年限，每满一年支付一个月工资的标准向劳动者支付。六个月以上不满一年的，按一年计算；不满六个月的，向劳动者支付半个月工资的经济补偿。

劳动者月工资高于用人单位所在直辖市、设区的市级人民政府公布的本地区上年度职工月平均工资三倍的，向其支付经济补偿的标准按职工月平均工资三倍的数额支付，向其支付经济补偿的年限最高不超过十二年。

本条所称月工资是指劳动者在劳动合同解除或者终止前十二个月的平均工资。

第四十八条 【违法解除或者终止劳动合同的法律后果】用人单位违反本法规定解除或者终止劳动合同，劳动者要求继续履行劳动合同的，用人单位应当继续履行；劳动者不要求继续履行劳动合同或者劳动合同已经不能继续履行的，用人单位应当依照本法第八十七条规定支付赔偿金。

第四十九条 【社会保险关系跨地区转移接续】国家采取措施，建立健全劳动者社会保险关系跨地区转移接续制度。

第五十条 【劳动合同解除或者终止后双方的义务】用人单位应当在解除或者终止劳动合同时出具解除或者终止劳动合同的证明，并在十五日内为劳动者办理档案和社会保险关系转移手续。

劳动者应当按照双方约定，办理工作交接。用人单位依照本法有关规定应当向劳动者支付经济补偿的，在办结工作交接时支付。

用人单位对已经解除或者终止的劳动合同的文本，至少保存二年备查。

第五章 特别规定

第一节 集体合同

第五十一条 【集体合同的订立和内容】企业职工一方与用人单位通过平等协商，可以就劳动报酬、工作时间、休息休假、劳动安全卫生、保险福利等事项订立集体合同。集体合同草案应当提交职工代表大会或者全体职工讨论通过。

集体合同由工会代表企业职工一方与用人单位订立；尚未建立工会的用人单位，由上级工会指导劳动者推举的代表与用人单位订立。

第五十二条 【专项集体合同】企业职工一方与用人单位可以订立劳动安全卫生、女职工权益保护、工资调整机制等专项集体合同。

第五十三条 【行业性集体合同、区域性集体合同】在县级以下区域内，建筑业、采矿业、餐饮服务业等行业可以由工会与企业方面代表订立行业性集体合同，或者订立区域性集体合同。

第五十四条 【集体合同的报送和生效】集体合同订立后，应当报送劳动行政部门；劳动行政部门自收到集体合同文本之日起十五日内未提出异议的，集体合同即行生效。

依法订立的集体合同对用人单位和劳动者具有约束力。行业性、区域性集体合同对当地本行业、本区域的用人单位和劳动者具有约束力。

第五十五条 【集体合同中劳动报酬、劳动条件等标准】集体合同中劳动报酬和劳动条件等标准不得低于当地人民政府规定的最低标准；用人单位与劳动者订立的劳动合同中劳动报酬和劳动条件等标准不得低于集体合同规定的标准。

第五十六条 【集体合同纠纷和法律救济】用人单位违反集体合同，侵犯职工劳动权益的，工会可以依法要求用人单位承担责任；因履行集体合同发生争议，经协商解决不成的，工会可以依法申请仲裁、提起诉讼。

第二节 劳务派遣

第五十七条 【劳务派遣单位的设立】经营劳务派遣业务应当具备下列条件：

（一）注册资本不得少于人民币二百万元；

（二）有与开展业务相适应的固定的经营场所和设施；

（三）有符合法律、行政法规规定的劳务派遣管理制度；

（四）法律、行政法规规定的其他条件。

经营劳务派遣业务，应当向劳动行政部门依法申请行政许可；经许可的，依法办理相应的公司登记。未经许可，任何单位和个人不得经营劳务派遣业务。

第五十八条 【劳务派遣单位、用工单位及劳动者的权利义务】劳务派遣单位是本法所称用人单位，应当履行用人单位对劳动者的义务。劳务派遣单位与被派遣劳动者订立的劳动合同，除应当载明本法第十七条规定的事项外，还应当载明被派遣劳动者的用工单位以及派遣期限、工作岗位等情况。

劳务派遣单位应当与被派遣劳动者订立二年以上的固定期限劳动合同，按月支付劳动报酬；被派遣劳动者在无工作期间，劳务派遣单位应当按照所在地人民政府规定的最低工资标准，向其按月支付报酬。

第五十九条 【劳务派遣协议】劳务派遣单位派遣劳动者应当与接受以劳务派遣形式用工的单位（以下称用工单位）订立劳务派遣协议。劳务派遣协议应当约定派遣岗位和人员数量、派遣期限、劳动报酬和社会保险费的数额与支付方式以及违反协议的责任。

用工单位应当根据工作岗位的实际需要与劳务派遣单位确定派遣期限，不得将连续用工期限分割订立数个短期劳务派遣协议。

第六十条 【劳务派遣单位的告知义务】劳务派遣单位应当将劳务派遣协议的内容告知被派遣劳动者。

劳务派遣单位不得克扣用工单位按照劳务派遣协议支付给被派遣劳动者的劳动报酬。

劳务派遣单位和用工单位不得向被派遣劳动者收取费用。

第六十一条 【跨地区派遣劳动者的劳动报酬、劳动条件】劳务派遣单位跨地区派遣劳动者的，被派遣劳动者享有的劳动报酬和劳动条件，按照用工单位所在地的标准执行。

第六十二条 【用工单位的义务】用工单位应当履行下列义务：

（一）执行国家劳动标准，提供相应的劳动条件和劳动保护；

(二）告知被派遣劳动者的工作要求和劳动报酬；

(三）支付加班费、绩效奖金，提供与工作岗位相关的福利待遇；

(四）对在岗被派遣劳动者进行工作岗位所必需的培训；

(五）连续用工的，实行正常的工资调整机制。

用工单位不得将被派遣劳动者再派遣到其他用人单位。

第六十三条 【被派遣劳动者同工同酬】被派遣劳动者享有与用工单位的劳动者同工同酬的权利。用工单位应当按照同工同酬原则，对被派遣劳动者与本单位同类岗位的劳动者实行相同的劳动报酬分配办法。用工单位无同类岗位劳动者的，参照用工单位所在地相同或者相近岗位劳动者的劳动报酬确定。

劳务派遣单位与被派遣劳动者订立的劳动合同和与用工单位订立的劳务派遣协议，载明或者约定的向被派遣劳动者支付的劳动报酬应当符合前款规定。

第六十四条 【被派遣劳动者参加或者组织工会】被派遣劳动者有权在劳务派遣单位或者用工单位依法参加或者组织工会，维护自身的合法权益。

第六十五条 【劳务派遣中解除劳动合同】被派遣劳动者可以依照本法第三十六条、第三十八条的规定与劳务派遣单位解除劳动合同。

被派遣劳动者有本法第三十九条和第四十条第一项、第二项规定情形的，用工单位可以将劳动者退回劳务派遣单位，劳务派遣单位依照本法有关规定，可以与劳动者解除劳动合同。

第六十六条 【劳务派遣的适用岗位】劳动合同用工是我国的企业基本用工形式。劳务派遣用工是补充形式，只能在临时性、辅助性或者替代性的工作岗位上实施。

前款规定的临时性工作岗位是指存续时间不超过六个月的岗位；辅助性工作岗位是指为主营业务岗位提供服务的非主营业务岗位；替代性工作岗位是指用工单位的劳动者因脱产学习、休假等原因无法工作的一定期间内，可以由其他劳动者替代工作的岗位。

用工单位应当严格控制劳务派遣用工数量，不得超过其用工总量的一定比例，具体比例由国务院劳动行政部门规定。

第六十七条 【用人单位不得自设劳务派遣单位】用人单位不得设立劳务

附　录

派遣单位向本单位或者所属单位派遣劳动者。

第三节　非全日制用工

第六十八条　【非全日制用工的概念】非全日制用工，是指以小时计酬为主，劳动者在同一用人单位一般平均每日工作时间不超过四小时，每周工作时间累计不超过二十四小时的用工形式。

第六十九条　【非全日制用工的劳动合同】非全日制用工双方当事人可以订立口头协议。

从事非全日制用工的劳动者可以与一个或者一个以上用人单位订立劳动合同；但是，后订立的劳动合同不得影响先订立的劳动合同的履行。

第七十条　【非全日制用工不得约定试用期】非全日制用工双方当事人不得约定试用期。

第七十一条　【非全日制用工的终止用工】非全日制用工双方当事人任何一方都可以随时通知对方终止用工。终止用工，用人单位不向劳动者支付经济补偿。

第七十二条　【非全日制用工的劳动报酬】非全日制用工小时计酬标准不得低于用人单位所在地人民政府规定的最低小时工资标准。

非全日制用工劳动报酬结算支付周期最长不得超过十五日。

第六章　监督检查

第七十三条　【劳动合同制度的监督管理体制】国务院劳动行政部门负责全国劳动合同制度实施的监督管理。

县级以上地方人民政府劳动行政部门负责本行政区域内劳动合同制度实施的监督管理。

县级以上各级人民政府劳动行政部门在劳动合同制度实施的监督管理工作中，应当听取工会、企业方面代表以及有关行业主管部门的意见。

第七十四条　【劳动行政部门监督检查事项】县级以上地方人民政府劳动行政部门依法对下列实施劳动合同制度的情况进行监督检查：

（一）用人单位制定直接涉及劳动者切身利益的规章制度及其执行的情况；

（二）用人单位与劳动者订立和解除劳动合同的情况；

（三）劳务派遣单位和用工单位遵守劳务派遣有关规定的情况；

（四）用人单位遵守国家关于劳动者工作时间和休息休假规定的情况；

（五）用人单位支付劳动合同约定的劳动报酬和执行最低工资标准的情况；

（六）用人单位参加各项社会保险和缴纳社会保险费的情况；

（七）法律、法规规定的其他劳动监察事项。

第七十五条 【监督检查措施和依法行政、文明执法】县级以上地方人民政府劳动行政部门实施监督检查时，有权查阅与劳动合同、集体合同有关的材料，有权对劳动场所进行实地检查，用人单位和劳动者都应当如实提供有关情况和材料。

劳动行政部门的工作人员进行监督检查，应当出示证件，依法行使职权，文明执法。

第七十六条 【其他有关主管部门的监督管理】县级以上人民政府建设、卫生、安全生产监督管理等有关主管部门在各自职责范围内，对用人单位执行劳动合同制度的情况进行监督管理。

第七十七条 【劳动者权利救济途径】劳动者合法权益受到侵害的，有权要求有关部门依法处理，或者依法申请仲裁、提起诉讼。

第七十八条 【工会监督检查的权利】工会依法维护劳动者的合法权益，对用人单位履行劳动合同、集体合同的情况进行监督。用人单位违反劳动法律、法规和劳动合同、集体合同的，工会有权提出意见或者要求纠正；劳动者申请仲裁、提起诉讼的，工会依法给予支持和帮助。

第七十九条 【对违法行为的举报】任何组织或者个人对违反本法的行为都有权举报，县级以上人民政府劳动行政部门应当及时核实、处理，并对举报有功人员给予奖励。

第七章 法律责任

第八十条 【规章制度违法的法律责任】用人单位直接涉及劳动者切身利益的规章制度违反法律、法规规定的，由劳动行政部门责令改正，给予警告；给劳动者造成损害的，应当承担赔偿责任。

第八十一条 【缺乏必备条款、不提供劳动合同文本的法律责任】用人单位提供的劳动合同文本未载明本法规定的劳动合同必备条款或者用人单位未将劳动合同文本交付劳动者的，由劳动行政部门责令改正；给劳动者造成损害的，应当承担赔偿责任。

第八十二条 【不订立书面劳动合同的法律责任】用人单位自用工之日起超过一个月不满一年未与劳动者订立书面劳动合同的，应当向劳动者每月支付二倍的工资。

用人单位违反本法规定不与劳动者订立无固定期限劳动合同的，自应当订立无固定期限劳动合同之日起向劳动者每月支付二倍的工资。

第八十三条 【违法约定试用期的法律责任】用人单位违反本法规定与劳动者约定试用期的，由劳动行政部门责令改正；违法约定的试用期已经履行的，由用人单位以劳动者试用期满月工资为标准，按已经履行的超过法定试用期的期间向劳动者支付赔偿金。

第八十四条 【扣押劳动者身份证等证件的法律责任】用人单位违反本法规定，扣押劳动者居民身份证等证件的，由劳动行政部门责令限期退还劳动者本人，并依照有关法律规定给予处罚。

用人单位违反本法规定，以担保或者其他名义向劳动者收取财物的，由劳动行政部门责令限期退还劳动者本人，并以每人五百元以上二千元以下的标准处以罚款；给劳动者造成损害的，应当承担赔偿责任。

劳动者依法解除或者终止劳动合同，用人单位扣押劳动者档案或者其他物品的，依照前款规定处罚。

第八十五条 【未依法支付劳动报酬、经济补偿等的法律责任】用人单位有下列情形之一的，由劳动行政部门责令限期支付劳动报酬、加班费或者经济补偿；劳动报酬低于当地最低工资标准的，应当支付其差额部分；逾期不支付的，责令用人单位按应付金额百分之五十以上百分之一百以下的标准向劳动者加付赔偿金：

（一）未按照劳动合同的约定或者国家规定及时足额支付劳动者劳动报酬的；

（二）低于当地最低工资标准支付劳动者工资的；

（三）安排加班不支付加班费的；

（四）解除或者终止劳动合同，未依照本法规定向劳动者支付经济补偿的。

第八十六条　**【订立无效劳动合同的法律责任】**劳动合同依照本法第二十六条规定被确认无效，给对方造成损害的，有过错的一方应当承担赔偿责任。

第八十七条　**【违法解除或者终止劳动合同的法律责任】**用人单位违反本法规定解除或者终止劳动合同的，应当依照本法第四十七条规定的经济补偿标准的二倍向劳动者支付赔偿金。

第八十八条　**【侵害劳动者人身权益的法律责任】**用人单位有下列情形之一的，依法给予行政处罚；构成犯罪的，依法追究刑事责任；给劳动者造成损害的，应当承担赔偿责任：

（一）以暴力、威胁或者非法限制人身自由的手段强迫劳动的；

（二）违章指挥或者强令冒险作业危及劳动者人身安全的；

（三）侮辱、体罚、殴打、非法搜查或者拘禁劳动者的；

（四）劳动条件恶劣、环境污染严重，给劳动者身心健康造成严重损害的。

第八十九条　**【不出具解除、终止书面证明的法律责任】**用人单位违反本法规定未向劳动者出具解除或者终止劳动合同的书面证明，由劳动行政部门责令改正；给劳动者造成损害的，应当承担赔偿责任。

第九十条　**【劳动者的赔偿责任】**劳动者违反本法规定解除劳动合同，或者违反劳动合同中约定的保密义务或者竞业限制，给用人单位造成损失的，应当承担赔偿责任。

第九十一条　**【用人单位的连带赔偿责任】**用人单位招用与其他用人单位尚未解除或者终止劳动合同的劳动者，给其他用人单位造成损失的，应当承担连带赔偿责任。

第九十二条　**【劳务派遣单位的法律责任】**违反本法规定，未经许可，擅自经营劳务派遣业务的，由劳动行政部门责令停止违法行为，没收违法所得，并处违法所得一倍以上五倍以下的罚款；没有违法所得的，可以处五万元以下的罚款。

劳务派遣单位、用工单位违反本法有关劳务派遣规定的，由劳动行政部门责令限期改正；逾期不改正的，以每人五千元以上一万元以下的标准处以罚款，对劳务派遣单位，吊销其劳务派遣业务经营许可证。用工单位给被派遣劳动者造成损害的，劳务派遣单位与用工单位承担连带赔偿责任。

第九十三条　【无营业执照经营单位的法律责任】对不具备合法经营资格的用人单位的违法犯罪行为，依法追究法律责任；劳动者已经付出劳动的，该单位或者其出资人应当依照本法有关规定向劳动者支付劳动报酬、经济补偿、赔偿金；给劳动者造成损害的，应当承担赔偿责任。

第九十四条　【个人承包经营者的连带赔偿责任】个人承包经营违反本法规定招用劳动者，给劳动者造成损害的，发包的组织与个人承包经营者承担连带赔偿责任。

第九十五条　【不履行法定职责、违法行使职权的法律责任】劳动行政部门和其他有关主管部门及其工作人员玩忽职守、不履行法定职责，或者违法行使职权，给劳动者或者用人单位造成损害的，应当承担赔偿责任；对直接负责的主管人员和其他直接责任人员，依法给予行政处分；构成犯罪的，依法追究刑事责任。

第八章　附　则

第九十六条　【事业单位聘用制劳动合同的法律适用】事业单位与实行聘用制的工作人员订立、履行、变更、解除或者终止劳动合同，法律、行政法规或者国务院另有规定的，依照其规定；未作规定的，依照本法有关规定执行。

第九十七条　【过渡性条款】本法施行前已依法订立且在本法施行之日存续的劳动合同，继续履行；本法第十四条第二款第三项规定连续订立固定期限劳动合同的次数，自本法施行后续订固定期限劳动合同时开始计算。

本法施行前已建立劳动关系，尚未订立书面劳动合同的，应当自本法施行之日起一个月内订立。

本法施行之日存续的劳动合同在本法施行后解除或者终止，依照本法第四十六条规定应当支付经济补偿的，经济补偿年限自本法施行之日起计算；本法施行前按照当时有关规定，用人单位应当向劳动者支付经济补偿的，按照当时有关规定执行。

第九十八条 【施行时间】本法自 2008 年 1 月 1 日起施行。

附录

中华人民共和国劳动争议调解仲裁法

- 2007年12月29日第十届全国人民代表大会常务委员会第三十一次会议通过
- 2007年12月29日中华人民共和国主席令第80号公布
- 自2008年5月1日起施行

第一章 总 则

第一条 【立法目的】 为了公正及时解决劳动争议,保护当事人合法权益,促进劳动关系和谐稳定,制定本法。

第二条 【适用范围】 中华人民共和国境内的用人单位与劳动者发生的下列劳动争议,适用本法:

(一) 因确认劳动关系发生的争议;

(二) 因订立、履行、变更、解除和终止劳动合同发生的争议;

(三) 因除名、辞退和辞职、离职发生的争议;

(四) 因工作时间、休息休假、社会保险、福利、培训以及劳动保护发生的争议;

(五) 因劳动报酬、工伤医疗费、经济补偿或者赔偿金等发生的争议;

(六) 法律、法规规定的其他劳动争议。

第三条 【基本原则】 解决劳动争议,应当根据事实,遵循合法、公正、及时、着重调解的原则,依法保护当事人的合法权益。

第四条 【协商】 发生劳动争议,劳动者可以与用人单位协商,也可以请工会或者第三方共同与用人单位协商,达成和解协议。

劳动关系全流程法律实务解析

第五条　【调解、仲裁、诉讼】发生劳动争议，当事人不愿协商、协商不成或者达成和解协议后不履行的，可以向调解组织申请调解；不愿调解、调解不成或者达成调解协议后不履行的，可以向劳动争议仲裁委员会申请仲裁；对仲裁裁决不服的，除本法另有规定的外，可以向人民法院提起诉讼。

第六条　【举证责任】发生劳动争议，当事人对自己提出的主张，有责任提供证据。与争议事项有关的证据属于用人单位掌握管理的，用人单位应当提供；用人单位不提供的，应当承担不利后果。

第七条　【推举代表参加调解、仲裁或诉讼】发生劳动争议的劳动者一方在十人以上，并有共同请求的，可以推举代表参加调解、仲裁或者诉讼活动。

第八条　【三方机制】县级以上人民政府劳动行政部门会同工会和企业方面代表建立协调劳动关系三方机制，共同研究解决劳动争议的重大问题。

第九条　【拖欠劳动报酬等争议的行政救济】用人单位违反国家规定，拖欠或者未足额支付劳动报酬，或者拖欠工伤医疗费、经济补偿或者赔偿金的，劳动者可以向劳动行政部门投诉，劳动行政部门应当依法处理。

第二章　调　解

第十条　【调解组织】发生劳动争议，当事人可以到下列调解组织申请调解：

（一）企业劳动争议调解委员会；

（二）依法设立的基层人民调解组织；

（三）在乡镇、街道设立的具有劳动争议调解职能的组织。

企业劳动争议调解委员会由职工代表和企业代表组成。职工代表由工会成员担任或者由全体职工推举产生，企业代表由企业负责人指定。企业劳动争议调解委员会主任由工会成员或者双方推举的人员担任。

第十一条　【调解员】劳动争议调解组织的调解员应当由公道正派、联系群众、热心调解工作，并具有一定法律知识、政策水平和文化水平的成年公民担任。

第十二条　【申请调解的形式】当事人申请劳动争议调解可以书面申请，

也可以口头申请。口头申请的，调解组织应当当场记录申请人基本情况、申请调解的争议事项、理由和时间。

第十三条　【调解的基本原则】调解劳动争议，应当充分听取双方当事人对事实和理由的陈述，耐心疏导，帮助其达成协议。

第十四条　【调解协议书】经调解达成协议的，应当制作调解协议书。

调解协议书由双方当事人签名或者盖章，经调解员签名并加盖调解组织印章后生效，对双方当事人具有约束力，当事人应当履行。

自劳动争议调解组织收到调解申请之日起十五日内未达成调解协议的，当事人可以依法申请仲裁。

第十五条　【不履行调解协议可申请仲裁】达成调解协议后，一方当事人在协议约定期限内不履行调解协议的，另一方当事人可以依法申请仲裁。

第十六条　【劳动者可以调解协议书申请支付令的情形】因支付拖欠劳动报酬、工伤医疗费、经济补偿或者赔偿金事项达成调解协议，用人单位在协议约定期限内不履行的，劳动者可以持调解协议书依法向人民法院申请支付令。人民法院应当依法发出支付令。

第三章　仲　裁

第一节　一般规定

第十七条　【劳动争议仲裁委员会的设立】劳动争议仲裁委员会按照统筹规划、合理布局和适应实际需要的原则设立。省、自治区人民政府可以决定在市、县设立；直辖市人民政府可以决定在区、县设立。直辖市、设区的市也可以设立一个或者若干个劳动争议仲裁委员会。劳动争议仲裁委员会不按行政区划层层设立。

第十八条　【政府的职责】国务院劳动行政部门依照本法有关规定制定仲裁规则。省、自治区、直辖市人民政府劳动行政部门对本行政区域的劳动争议仲裁工作进行指导。

第十九条　【劳动争议仲裁委员会的组成与职责】劳动争议仲裁委员会由劳动行政部门代表、工会代表和企业方面代表组成。劳动争议仲裁委员会组成人员应当是单数。

劳动争议仲裁委员会依法履行下列职责：

（一）聘任、解聘专职或者兼职仲裁员；

（二）受理劳动争议案件；

（三）讨论重大或者疑难的劳动争议案件；

（四）对仲裁活动进行监督。

劳动争议仲裁委员会下设办事机构，负责办理劳动争议仲裁委员会的日常工作。

第二十条　【仲裁员】劳动争议仲裁委员会应当设仲裁员名册。

仲裁员应当公道正派并符合下列条件之一：

（一）曾任审判员的；

（二）从事法律研究、教学工作并具有中级以上职称的；

（三）具有法律知识、从事人力资源管理或者工会等专业工作满五年的；

（四）律师执业满三年的。

第二十一条　【劳动争议仲裁案件的管辖】劳动争议仲裁委员会负责管辖本区域内发生的劳动争议。

劳动争议由劳动合同履行地或者用人单位所在地的劳动争议仲裁委员会管辖。双方当事人分别向劳动合同履行地和用人单位所在地的劳动争议仲裁委员会申请仲裁的，由劳动合同履行地的劳动争议仲裁委员会管辖。

第二十二条　【劳动争议仲裁案件的当事人】发生劳动争议的劳动者和用人单位为劳动争议仲裁案件的双方当事人。

劳务派遣单位或者用工单位与劳动者发生劳动争议的，劳务派遣单位和用工单位为共同当事人。

第二十三条　【有利害关系的第三人】与劳动争议案件的处理结果有利害关系的第三人，可以申请参加仲裁活动或者由劳动争议仲裁委员会通知其参加仲裁活动。

第二十四条　【委托代理人参加仲裁活动】当事人可以委托代理人参加仲裁活动。委托他人参加仲裁活动，应当向劳动争议仲裁委员会提交有委托人签名或者盖章的委托书，委托书应当载明委托事项和权限。

第二十五条 【法定代理人、指定代理人或近亲属参加仲裁的情形】丧失或者部分丧失民事行为能力的劳动者，由其法定代理人代为参加仲裁活动；无法定代理人的，由劳动争议仲裁委员会为其指定代理人。劳动者死亡的，由其近亲属或者代理人参加仲裁活动。

第二十六条 【仲裁公开原则及例外】劳动争议仲裁公开进行，但当事人协议不公开进行或者涉及国家秘密、商业秘密和个人隐私的除外。

第二节 申请和受理

第二十七条 【仲裁时效】劳动争议申请仲裁的时效期间为一年。仲裁时效期间从当事人知道或者应当知道其权利被侵害之日起计算。

前款规定的仲裁时效，因当事人一方向对方当事人主张权利，或者向有关部门请求权利救济，或者对方当事人同意履行义务而中断。从中断时起，仲裁时效期间重新计算。

因不可抗力或者有其他正当理由，当事人不能在本条第一款规定的仲裁时效期间申请仲裁的，仲裁时效中止。从中止时效的原因消除之日起，仲裁时效期间继续计算。

劳动关系存续期间因拖欠劳动报酬发生争议的，劳动者申请仲裁不受本条第一款规定的仲裁时效期间的限制；但是，劳动关系终止的，应当自劳动关系终止之日起一年内提出。

第二十八条 【申请仲裁的形式】申请人申请仲裁应当提交书面仲裁申请，并按照被申请人人数提交副本。

仲裁申请书应当载明下列事项：

（一）劳动者的姓名、性别、年龄、职业、工作单位和住所，用人单位的名称、住所和法定代表人或者主要负责人的姓名、职务；

（二）仲裁请求和所根据的事实、理由；

（三）证据和证据来源、证人姓名和住所。

书写仲裁申请确有困难的，可以口头申请，由劳动争议仲裁委员会记入笔录，并告知对方当事人。

第二十九条 【仲裁的受理】 劳动争议仲裁委员会收到仲裁申请之日起五日内,认为符合受理条件的,应当受理,并通知申请人;认为不符合受理条件的,应当书面通知申请人不予受理,并说明理由。对劳动争议仲裁委员会不予受理或者逾期未作出决定的,申请人可以就该劳动争议事项向人民法院提起诉讼。

第三十条 【被申请人答辩书】 劳动争议仲裁委员会受理仲裁申请后,应当在五日内将仲裁申请书副本送达被申请人。

被申请人收到仲裁申请书副本后,应当在十日内向劳动争议仲裁委员会提交答辩书。劳动争议仲裁委员会收到答辩书后,应当在五日内将答辩书副本送达申请人。被申请人未提交答辩书的,不影响仲裁程序的进行。

第三节 开庭和裁决

第三十一条 【仲裁庭】 劳动争议仲裁委员会裁决劳动争议案件实行仲裁庭制。仲裁庭由三名仲裁员组成,设首席仲裁员。简单劳动争议案件可以由一名仲裁员独任仲裁。

第三十二条 【通知仲裁庭的组成情况】 劳动争议仲裁委员会应当在受理仲裁申请之日起五日内将仲裁庭的组成情况书面通知当事人。

第三十三条 【回避】 仲裁员有下列情形之一,应当回避,当事人也有权以口头或者书面方式提出回避申请:

(一) 是本案当事人或者当事人、代理人的近亲属的;

(二) 与本案有利害关系的;

(三) 与本案当事人、代理人有其他关系,可能影响公正裁决的;

(四) 私自会见当事人、代理人,或者接受当事人、代理人的请客送礼的。

劳动争议仲裁委员会对回避申请应当及时作出决定,并以口头或者书面方式通知当事人。

第三十四条 【仲裁员承担责任的情形】 仲裁员有本法第三十三条第四项规定情形,或者有索贿受贿、徇私舞弊、枉法裁决行为的,应当依法承担法律责任。劳动争议仲裁委员会应当将其解聘。

第三十五条 【开庭通知及延期】 仲裁庭应当在开庭五日前,将开庭日期、地点书面通知双方当事人。当事人有正当理由的,可以在开庭三日前请求延期开庭。是否延期，由劳动争议仲裁委员会决定。

第三十六条　【申请人、被申请人无故不到庭或中途退庭】申请人收到书面通知，无正当理由拒不到庭或者未经仲裁庭同意中途退庭的，可以视为撤回仲裁申请。

被申请人收到书面通知，无正当理由拒不到庭或者未经仲裁庭同意中途退庭的，可以缺席裁决。

第三十七条　【鉴定】仲裁庭对专门性问题认为需要鉴定的，可以交由当事人约定的鉴定机构鉴定；当事人没有约定或者无法达成约定的，由仲裁庭指定的鉴定机构鉴定。

根据当事人的请求或者仲裁庭的要求，鉴定机构应当派鉴定人参加开庭。当事人经仲裁庭许可，可以向鉴定人提问。

第三十八条　【质证和辩论】当事人在仲裁过程中有权进行质证和辩论。质证和辩论终结时，首席仲裁员或者独任仲裁员应当征询当事人的最后意见。

第三十九条　【举证】当事人提供的证据经查证属实的，仲裁庭应当将其作为认定事实的根据。

劳动者无法提供由用人单位掌握管理的与仲裁请求有关的证据，仲裁庭可以要求用人单位在指定期限内提供。用人单位在指定期限内不提供的，应当承担不利后果。

第四十条　【开庭笔录】仲裁庭应当将开庭情况记入笔录。当事人和其他仲裁参加人认为对自己陈述的记录有遗漏或者差错的，有权申请补正。如果不予补正，应当记录该申请。

笔录由仲裁员、记录人员、当事人和其他仲裁参加人签名或者盖章。

第四十一条　【申请仲裁后自行和解】当事人申请劳动争议仲裁后，可以自行和解。达成和解协议的，可以撤回仲裁申请。

第四十二条　【先行调解】仲裁庭在作出裁决前，应当先行调解。

调解达成协议的，仲裁庭应当制作调解书。

调解书应当写明仲裁请求和当事人协议的结果。调解书由仲裁员签名，加盖劳动争议仲裁委员会印章，送达双方当事人。调解书经双方当事人签收后，发生法律效力。

调解不成或者调解书送达前，一方当事人反悔的，仲裁庭应当及时作出裁决。

第四十三条 【仲裁案件审理期限】仲裁庭裁决劳动争议案件，应当自劳动争议仲裁委员会受理仲裁申请之日起四十五日内结束。案情复杂需要延期的，经劳动争议仲裁委员会主任批准，可以延期并书面通知当事人，但是延长期限不得超过十五日。逾期未作出仲裁裁决的，当事人可以就该劳动争议事项向人民法院提起诉讼。

仲裁庭裁决劳动争议案件时，其中一部分事实已经清楚，可以就该部分先行裁决。

第四十四条 【可以裁决先予执行的案件】仲裁庭对追索劳动报酬、工伤医疗费、经济补偿或者赔偿金的案件，根据当事人的申请，可以裁决先予执行，移送人民法院执行。

仲裁庭裁决先予执行的，应当符合下列条件：

（一）当事人之间权利义务关系明确；

（二）不先予执行将严重影响申请人的生活。

劳动者申请先予执行的，可以不提供担保。

第四十五条 【作出裁决意见】裁决应当按照多数仲裁员的意见作出，少数仲裁员的不同意见应当记入笔录。仲裁庭不能形成多数意见时，裁决应当按照首席仲裁员的意见作出。

第四十六条 【裁决书】裁决书应当载明仲裁请求、争议事实、裁决理由、裁决结果和裁决日期。裁决书由仲裁员签名，加盖劳动争议仲裁委员会印章。对裁决持不同意见的仲裁员，可以签名，也可以不签名。

第四十七条 【一裁终局的案件】下列劳动争议，除本法另有规定外，仲裁裁决为终局裁决，裁决书自作出之日起发生法律效力：

（一）追索劳动报酬、工伤医疗费、经济补偿或者赔偿金，不超过当地月最低工资标准十二个月金额的争议；

（二）因执行国家的劳动标准在工作时间、休息休假、社会保险等方面发生的争议。

第四十八条 【劳动者不服一裁终局案件的裁决提起诉讼的期限】劳动者对本法第四十七条规定的仲裁裁决不服的，可以自收到仲裁裁决书之日起十五日内向人民法院提起诉讼。

第四十九条 【用人单位不服一裁终局案件的裁决可诉请撤销的案件】用人单位有证据证明本法第四十七条规定的仲裁裁决有下列情形之一，可以自收到仲裁裁决书之日起三十日内向劳动争议仲裁委员会所在地的中级人民法院申请撤销裁决：

（一）适用法律、法规确有错误的；

（二）劳动争议仲裁委员会无管辖权的；

（三）违反法定程序的；

（四）裁决所根据的证据是伪造的；

（五）对方当事人隐瞒了足以影响公正裁决的证据的；

（六）仲裁员在仲裁该案时有索贿受贿、徇私舞弊、枉法裁决行为的。

人民法院经组成合议庭审查核实裁决有前款规定情形之一的，应当裁定撤销。

仲裁裁决被人民法院裁定撤销的，当事人可以自收到裁定书之日起十五日内就该劳动争议事项向人民法院提起诉讼。

第五十条 【其他不服仲裁裁决提起诉讼的期限】当事人对本法第四十七条规定以外的其他劳动争议案件的仲裁裁决不服的，可以自收到仲裁裁决书之日起十五日内向人民法院提起诉讼；期满不起诉的，裁决书发生法律效力。

第五十一条 【生效调解书、裁决书的执行】当事人对发生法律效力的调解书、裁决书，应当依照规定的期限履行。一方当事人逾期不履行的，另一方当事人可以依照民事诉讼法的有关规定向人民法院申请执行。受理申请的人民法院应当依法执行。

第四章　附　则

第五十二条 【人事争议处理的法律适用】事业单位实行聘用制的工作人

员与本单位发生劳动争议的,依照本法执行;法律、行政法规或者国务院另有规定的,依照其规定。

第五十三条 【劳动争议仲裁不收费】劳动争议仲裁不收费。劳动争议仲裁委员会的经费由财政予以保障。

第五十四条 【实施日期】本法自2008年5月1日起施行。

附 录

中华人民共和国劳动合同法实施条例

·2008年9月3日国务院第25次常务会议通过
·2008年9月18日中华人民共和国国务院令第535号公布
·自公布之日起施行

第一章 总 则

第一条 为了贯彻实施《中华人民共和国劳动合同法》（以下简称劳动合同法），制定本条例。

第二条 各级人民政府和县级以上人民政府劳动行政等有关部门以及工会等组织，应当采取措施，推动劳动合同法的贯彻实施，促进劳动关系的和谐。

第三条 依法成立的会计师事务所、律师事务所等合伙组织和基金会，属于劳动合同法规定的用人单位。

第二章 劳动合同的订立

第四条 劳动合同法规定的用人单位设立的分支机构，依法取得营业执照或者登记证书的，可以作为用人单位与劳动者订立劳动合同；未依法取得营业执照或者登记证书的，受用人单位委托可以与劳动者订立劳动合同。

第五条 自用工之日起一个月内，经用人单位书面通知后，劳动者不与用人单位订立书面劳动合同的，用人单位应当书面通知劳动者终止劳动关系，无需向劳动者支付经济补偿，但是应当依法向劳动者支付其实际工作时间的劳动报酬。

第六条 用人单位自用工之日起超过一个月不满一年未与劳动者订立书面劳

动合同的，应当依照劳动合同法第八十二条的规定向劳动者每月支付两倍的工资，并与劳动者补订书面劳动合同；劳动者不与用人单位订立书面劳动合同的，用人单位应当书面通知劳动者终止劳动关系，并依照劳动合同法第四十七条的规定支付经济补偿。

前款规定的用人单位向劳动者每月支付两倍工资的起算时间为用工之日起满一个月的次日，截止时间为补订书面劳动合同的前一日。

第七条 用人单位自用工之日起满一年未与劳动者订立书面劳动合同的，自用工之日起满一个月的次日至满一年的前一日应当依照劳动合同法第八十二条的规定向劳动者每月支付两倍的工资，并视为自用工之日起满一年的当日已经与劳动者订立无固定期限劳动合同，应当立即与劳动者补订书面劳动合同。

第八条 劳动合同法第七条规定的职工名册，应当包括劳动者姓名、性别、公民身份号码、户籍地址及现住址、联系方式、用工形式、用工起始时间、劳动合同期限等内容。

第九条 劳动合同法第十四条第二款规定的连续工作满10年的起始时间，应当自用人单位用工之日起计算，包括劳动合同法施行前的工作年限。

第十条 劳动者非因本人原因从原用人单位被安排到新用人单位工作的，劳动者在原用人单位的工作年限合并计算为新用人单位的工作年限。原用人单位已经向劳动者支付经济补偿的，新用人单位在依法解除、终止劳动合同计算支付经济补偿的工作年限时，不再计算劳动者在原用人单位的工作年限。

第十一条 除劳动者与用人单位协商一致的情形外，劳动者依照劳动合同法第十四条第二款的规定，提出订立无固定期限劳动合同的，用人单位应当与其订立无固定期限劳动合同。对劳动合同的内容，双方应当按照合法、公平、平等自愿、协商一致、诚实信用的原则协商确定；对协商不一致的内容，依照劳动合同法第十八条的规定执行。

第十二条 地方各级人民政府及县级以上地方人民政府有关部门为安置就业困难人员提供的给予岗位补贴和社会保险补贴的公益性岗位，其劳动合同不适用劳动合同法有关无固定期限劳动合同的规定以及支付经济补偿的规定。

第十三条 用人单位与劳动者不得在劳动合同法第四十四条规定的劳动合同

终止情形之外约定其他的劳动合同终止条件。

第十四条 劳动合同履行地与用人单位注册地不一致的，有关劳动者的最低工资标准、劳动保护、劳动条件、职业危害防护和本地区上年度职工月平均工资标准等事项，按照劳动合同履行地的有关规定执行；用人单位注册地的有关标准高于劳动合同履行地的有关标准，且用人单位与劳动者约定按照用人单位注册地的有关规定执行的，从其约定。

第十五条 劳动者在试用期的工资不得低于本单位相同岗位最低档工资的80%或者不得低于劳动合同约定工资的80%，并不得低于用人单位所在地的最低工资标准。

第十六条 劳动合同法第二十二条第二款规定的培训费用，包括用人单位为了对劳动者进行专业技术培训而支付的有凭证的培训费用、培训期间的差旅费用以及因培训产生的用于该劳动者的其他直接费用。

第十七条 劳动合同期满，但是用人单位与劳动者依照劳动合同法第二十二条的规定约定的服务期尚未到期的，劳动合同应当续延至服务期满；双方另有约定的，从其约定。

第三章 劳动合同的解除和终止

第十八条 有下列情形之一的，依照劳动合同法规定的条件、程序，劳动者可以与用人单位解除固定期限劳动合同、无固定期限劳动合同或者以完成一定工作任务为期限的劳动合同：

（一）劳动者与用人单位协商一致的；

（二）劳动者提前30日以书面形式通知用人单位的；

（三）劳动者在试用期内提前3日通知用人单位的；

（四）用人单位未按照劳动合同约定提供劳动保护或者劳动条件的；

（五）用人单位未及时足额支付劳动报酬的；

（六）用人单位未依法为劳动者缴纳社会保险费的；

（七）用人单位的规章制度违反法律、法规的规定，损害劳动者权益的；

（八）用人单位以欺诈、胁迫的手段或者乘人之危，使劳动者在违背真实意

思的情况下订立或者变更劳动合同的;

（九）用人单位在劳动合同中免除自己的法定责任、排除劳动者权利的;

（十）用人单位违反法律、行政法规强制性规定的;

（十一）用人单位以暴力、威胁或者非法限制人身自由的手段强迫劳动者劳动的;

（十二）用人单位违章指挥、强令冒险作业危及劳动者人身安全的;

（十三）法律、行政法规规定劳动者可以解除劳动合同的其他情形。

第十九条 有下列情形之一的，依照劳动合同法规定的条件、程序，用人单位可以与劳动者解除固定期限劳动合同、无固定期限劳动合同或者以完成一定工作任务为期限的劳动合同：

（一）用人单位与劳动者协商一致的;

（二）劳动者在试用期间被证明不符合录用条件的;

（三）劳动者严重违反用人单位的规章制度的;

（四）劳动者严重失职，营私舞弊，给用人单位造成重大损害的;

（五）劳动者同时与其他用人单位建立劳动关系，对完成本单位的工作任务造成严重影响，或者经用人单位提出，拒不改正的;

（六）劳动者以欺诈、胁迫的手段或者乘人之危，使用人单位在违背真实意思的情况下订立或者变更劳动合同的;

（七）劳动者被依法追究刑事责任的;

（八）劳动者患病或者非因工负伤，在规定的医疗期满后不能从事原工作，也不能从事由用人单位另行安排的工作的;

（九）劳动者不能胜任工作，经过培训或者调整工作岗位，仍不能胜任工作的;

（十）劳动合同订立时所依据的客观情况发生重大变化，致使劳动合同无法履行，经用人单位与劳动者协商，未能就变更劳动合同内容达成协议的;

（十一）用人单位依照企业破产法规定进行重整的;

（十二）用人单位生产经营发生严重困难的;

（十三）企业转产、重大技术革新或者经营方式调整，经变更劳动合同后，仍需裁减人员的；

（十四）其他因劳动合同订立时所依据的客观经济情况发生重大变化，致使劳动合同无法履行的。

第二十条 用人单位依照劳动合同法第四十条的规定，选择额外支付劳动者一个月工资解除劳动合同的，其额外支付的工资应当按照该劳动者上一个月的工资标准确定。

第二十一条 劳动者达到法定退休年龄的，劳动合同终止。

第二十二条 以完成一定工作任务为期限的劳动合同因任务完成而终止的，用人单位应当依照劳动合同法第四十七条的规定向劳动者支付经济补偿。

第二十三条 用人单位依法终止工伤职工的劳动合同的，除依照劳动合同法第四十七条的规定支付经济补偿外，还应当依照国家有关工伤保险的规定支付一次性工伤医疗补助金和伤残就业补助金。

第二十四条 用人单位出具的解除、终止劳动合同的证明，应当写明劳动合同期限、解除或者终止劳动合同的日期、工作岗位、在本单位的工作年限。

第二十五条 用人单位违反劳动合同法的规定解除或者终止劳动合同，依照劳动合同法第八十七条的规定支付了赔偿金的，不再支付经济补偿。赔偿金的计算年限自用工之日起计算。

第二十六条 用人单位与劳动者约定了服务期，劳动者依照劳动合同法第三十八条的规定解除劳动合同的，不属于违反服务期的约定，用人单位不得要求劳动者支付违约金。

有下列情形之一，用人单位与劳动者解除约定服务期的劳动合同的，劳动者应当按照劳动合同的约定向用人单位支付违约金：

（一）劳动者严重违反用人单位的规章制度的；

（二）劳动者严重失职，营私舞弊，给用人单位造成重大损害的；

（三）劳动者同时与其他用人单位建立劳动关系，对完成本单位的工作任务造成严重影响，或者经用人单位提出，拒不改正的；

（四）劳动者以欺诈、胁迫的手段或者乘人之危，使用人单位在违背真实意思的情况下订立或者变更劳动合同的；

（五）劳动者被依法追究刑事责任的。

第二十七条　劳动合同法第四十七条规定的经济补偿的月工资按照劳动者应得工资计算，包括计时工资或者计件工资以及奖金、津贴和补贴等货币性收入。劳动者在劳动合同解除或者终止前12个月的平均工资低于当地最低工资标准的，按照当地最低工资标准计算。劳动者工作不满12个月的，按照实际工作的月数计算平均工资。

第四章　劳务派遣特别规定

第二十八条　用人单位或者其所属单位出资或者合伙设立的劳务派遣单位，向本单位或者所属单位派遣劳动者的，属于劳动合同法第六十七条规定的不得设立的劳务派遣单位。

第二十九条　用工单位应当履行劳动合同法第六十二条规定的义务，维护被派遣劳动者的合法权益。

第三十条　劳务派遣单位不得以非全日制用工形式招用被派遣劳动者。

第三十一条　劳务派遣单位或者被派遣劳动者依法解除、终止劳动合同的经济补偿，依照劳动合同法第四十六条、第四十七条的规定执行。

第三十二条　劳务派遣单位违法解除或者终止被派遣劳动者的劳动合同的，依照劳动合同法第四十八条的规定执行。

第五章　法律责任

第三十三条　用人单位违反劳动合同法有关建立职工名册规定的，由劳动行政部门责令限期改正；逾期不改正的，由劳动行政部门处2000元以上2万元以下的罚款。

第三十四条　用人单位依照劳动合同法的规定应当向劳动者每月支付两倍的工资或者应当向劳动者支付赔偿金而未支付的，劳动行政部门应当责令用人单位支付。

第三十五条　用工单位违反劳动合同法和本条例有关劳务派遣规定的，由劳动行政部门和其他有关主管部门责令改正；情节严重的，以每位被派遣劳动者

1000元以上5000元以下的标准处以罚款；给被派遣劳动者造成损害的，劳务派遣单位和用工单位承担连带赔偿责任。

第六章 附 则

第三十六条 对违反劳动合同法和本条例的行为的投诉、举报，县级以上地方人民政府劳动行政部门依照《劳动保障监察条例》的规定处理。

第三十七条 劳动者与用人单位因订立、履行、变更、解除或者终止劳动合同发生争议的，依照《中华人民共和国劳动争议调解仲裁法》的规定处理。

第三十八条 本条例自公布之日起施行。

最高人民法院关于审理劳动争议案件适用法律问题的解释（一）

- 2020年12月25日最高人民法院审判委员会第1825次会议通过
- 2020年12月29日最高人民法院公告公布
- 自2021年1月1日起施行
- 法释〔2020〕26号

为正确审理劳动争议案件，根据《中华人民共和国民法典》《中华人民共和国劳动法》《中华人民共和国劳动合同法》《中华人民共和国劳动争议调解仲裁法》《中华人民共和国民事诉讼法》等相关法律规定，结合审判实践，制定本解释。

第一条 劳动者与用人单位之间发生的下列纠纷，属于劳动争议，当事人不服劳动争议仲裁机构作出的裁决，依法提起诉讼的，人民法院应予受理：

（一）劳动者与用人单位在履行劳动合同过程中发生的纠纷；

（二）劳动者与用人单位之间没有订立书面劳动合同，但已形成劳动关系后发生的纠纷；

（三）劳动者与用人单位因劳动关系是否已经解除或者终止，以及应否支付解除或者终止劳动关系经济补偿金发生的纠纷；

（四）劳动者与用人单位解除或者终止劳动关系后，请求用人单位返还其收取的劳动合同定金、保证金、抵押金、抵押物发生的纠纷，或者办理劳动者的人事档案、社会保险关系等移转手续发生的纠纷；

（五）劳动者以用人单位未为其办理社会保险手续，且社会保险经办机构不能补办导致其无法享受社会保险待遇为由，要求用人单位赔偿损失发生的纠纷；

（六）劳动者退休后，与尚未参加社会保险统筹的原用人单位因追索养老金、医疗费、工伤保险待遇和其他社会保险待遇而发生的纠纷；

（七）劳动者因为工伤、职业病，请求用人单位依法给予工伤保险待遇发生的纠纷；

（八）劳动者依据劳动合同法第八十五条规定，要求用人单位支付加付赔偿金发生的纠纷；

（九）因企业自主进行改制发生的纠纷。

第二条 下列纠纷不属于劳动争议：

（一）劳动者请求社会保险经办机构发放社会保险金的纠纷；

（二）劳动者与用人单位因住房制度改革产生的公有住房转让纠纷；

（三）劳动者对劳动能力鉴定委员会的伤残等级鉴定结论或者对职业病诊断鉴定委员会的职业病诊断鉴定结论的异议纠纷；

（四）家庭或者个人与家政服务人员之间的纠纷；

（五）个体工匠与帮工、学徒之间的纠纷；

（六）农村承包经营户与受雇人之间的纠纷。

第三条 劳动争议案件由用人单位所在地或者劳动合同履行地的基层人民法院管辖。

劳动合同履行地不明确的，由用人单位所在地的基层人民法院管辖。

法律另有规定的，依照其规定。

第四条 劳动者与用人单位均不服劳动争议仲裁机构的同一裁决，向同一人民法院起诉的，人民法院应当并案审理，双方当事人互为原告和被告，对双方的诉讼请求，人民法院应当一并作出裁决。在诉讼过程中，一方当事人撤诉的，人民法院应当根据另一方当事人的诉讼请求继续审理。双方当事人就同一仲裁裁决分别向有管辖权的人民法院起诉的，后受理的人民法院应当将案件移送给先受理的人民法院。

第五条 劳动争议仲裁机构以无管辖权为由对劳动争议案件不予受理，当事人提起诉讼的，人民法院按照以下情形分别处理：

（一）经审查认为该劳动争议仲裁机构对案件确无管辖权的，应当告知当事人向有管辖权的劳动争议仲裁机构申请仲裁；

（二）经审查认为该劳动争议仲裁机构有管辖权的，应当告知当事人申请仲裁，并将审查意见书面通知该劳动争议仲裁机构；劳动争议仲裁机构仍不受理，当事人就该劳动争议事项提起诉讼的，人民法院应予受理。

第六条 劳动争议仲裁机构以当事人申请仲裁的事项不属于劳动争议为由，作出不予受理的书面裁决、决定或者通知，当事人不服依法提起诉讼的，人民法院应当分别情况予以处理：

（一）属于劳动争议案件的，应当受理；

（二）虽不属于劳动争议案件，但属于人民法院主管的其他案件，应当依法受理。

第七条 劳动争议仲裁机构以申请仲裁的主体不适格为由，作出不予受理的书面裁决、决定或者通知，当事人不服依法提起诉讼，经审查确属主体不适格的，人民法院不予受理；已经受理的，裁定驳回起诉。

第八条 劳动争议仲裁机构为纠正原仲裁裁决错误重新作出裁决，当事人不服依法提起诉讼的，人民法院应当受理。

第九条 劳动争议仲裁机构仲裁的事项不属于人民法院受理的案件范围，当事人不服依法提起诉讼的，人民法院不予受理；已经受理的，裁定驳回起诉。

第十条 当事人不服劳动争议仲裁机构作出的预先支付劳动者劳动报酬、工伤医疗费、经济补偿或者赔偿金的裁决，依法提起诉讼的，人民法院不予受理。

用人单位不履行上述裁决中的给付义务，劳动者依法申请强制执行的，人民法院应予受理。

第十一条 劳动争议仲裁机构作出的调解书已经发生法律效力，一方当事人反悔提起诉讼的，人民法院不予受理；已经受理的，裁定驳回起诉。

第十二条 劳动争议仲裁机构逾期未作出受理决定或仲裁裁决，当事人直接提起诉讼的，人民法院应予受理，但申请仲裁的案件存在下列事由的除外：

（一）移送管辖的；

（二）正在送达或者送达延误的；

（三）等待另案诉讼结果、评残结论的；

（四）正在等待劳动争议仲裁机构开庭的；

（五）启动鉴定程序或者委托其他部门调查取证的；

（六）其他正当事由。

当事人以劳动争议仲裁机构逾期未作出仲裁裁决为由提起诉讼的，应当提交该仲裁机构出具的受理通知书或者其他已接受仲裁申请的凭证、证明。

第十三条 劳动者依据劳动合同法第三十条第二款和调解仲裁法第十六条规定向人民法院申请支付令，符合民事诉讼法第十七章督促程序规定的，人民法院应予受理。

依据劳动合同法第三十条第二款规定申请支付令被人民法院裁定终结督促程序后，劳动者就劳动争议事项直接提起诉讼的，人民法院应当告知其先向劳动争议仲裁机构申请仲裁。

依据调解仲裁法第十六条规定申请支付令被人民法院裁定终结督促程序后，劳动者依据调解协议直接提起诉讼的，人民法院应予受理。

第十四条 人民法院受理劳动争议案件后，当事人增加诉讼请求的，如该诉讼请求与讼争的劳动争议具有不可分性，应当合并审理；如属独立的劳动争议，应当告知当事人向劳动争议仲裁机构申请仲裁。

第十五条 劳动者以用人单位的工资欠条为证据直接提起诉讼，诉讼请求不涉及劳动关系其他争议的，视为拖欠劳动报酬争议，人民法院按照普通民事纠纷受理。

第十六条 劳动争议仲裁机构作出仲裁裁决后，当事人对裁决中的部分事项不服，依法提起诉讼的，劳动争议仲裁裁决不发生法律效力。

第十七条 劳动争议仲裁机构对多个劳动者的劳动争议作出仲裁裁决后，部分劳动者对仲裁裁决不服，依法提起诉讼的，仲裁裁决对提起诉讼的劳动者不发生法律效力；对未提起诉讼的部分劳动者，发生法律效力，如其申请执行的，人民法院应当受理。

第十八条 仲裁裁决的类型以仲裁裁决书确定为准。仲裁裁决书未载明该裁决为终局裁决或者非终局裁决，用人单位不服该仲裁裁决向基层人民法院提起诉讼的，应当按照以下情形分别处理：

（一）经审查认为该仲裁裁决为非终局裁决的，基层人民法院应予受理；

（二）经审查认为该仲裁裁决为终局裁决的，基层人民法院不予受理，但应告知用人单位可以自收到不予受理裁定书之日起三十日内向劳动争议仲裁机构所在地的中级人民法院申请撤销该仲裁裁决；已经受理的，裁定驳回起诉。

第十九条　仲裁裁决书未载明该裁决为终局裁决或者非终局裁决，劳动者依据调解仲裁法第四十七条第一项规定，追索劳动报酬、工伤医疗费、经济补偿或者赔偿金，如果仲裁裁决涉及数项，每项确定的数额均不超过当地月最低工资标准十二个月金额的，应当按照终局裁决处理。

第二十条　劳动争议仲裁机构作出的同一仲裁裁决同时包含终局裁决事项和非终局裁决事项，当事人不服该仲裁裁决向人民法院提起诉讼的，应当按照非终局裁决处理。

第二十一条　劳动者依据调解仲裁法第四十八条规定向基层人民法院提起诉讼，用人单位依据调解仲裁法第四十九条规定向劳动争议仲裁机构所在地的中级人民法院申请撤销仲裁裁决的，中级人民法院应当不予受理；已经受理的，应当裁定驳回申请。

被人民法院驳回起诉或者劳动者撤诉的，用人单位可以自收到裁定书之日起三十日内，向劳动争议仲裁机构所在地的中级人民法院申请撤销仲裁裁决。

第二十二条　用人单位依据调解仲裁法第四十九条规定向中级人民法院申请撤销仲裁裁决，中级人民法院作出的驳回申请或者撤销仲裁裁决的裁定为终审裁定。

第二十三条　中级人民法院审理用人单位申请撤销终局裁决的案件，应当组成合议庭开庭审理。经过阅卷、调查和询问当事人，对没有新的事实、证据或者理由，合议庭认为不需要开庭审理的，可以不开庭审理。

中级人民法院可以组织双方当事人调解。达成调解协议的，可以制作调解书。一方当事人逾期不履行调解协议的，另一方可以申请人民法院强制执行。

第二十四条　当事人申请人民法院执行劳动争议仲裁机构作出的发生法律效力的裁决书、调解书，被申请人提出证据证明劳动争议仲裁裁决书、调解书有下列情形之一，并经审查核实的，人民法院可以根据民事诉讼法第二百三十七条规定，裁定不予执行：

（一）裁决的事项不属于劳动争议仲裁范围，或者劳动争议仲裁机构无权仲裁的；

（二）适用法律、法规确有错误的；

（三）违反法定程序的；

（四）裁决所根据的证据是伪造的；

（五）对方当事人隐瞒了足以影响公正裁决的证据的；

（六）仲裁员在仲裁该案时有索贿受贿、徇私舞弊、枉法裁决行为的；

（七）人民法院认定执行该劳动争议仲裁裁决违背社会公共利益的。

人民法院在不予执行的裁定书中，应当告知当事人在收到裁定书之次日起三十日内，可以就该劳动争议事项向人民法院提起诉讼。

第二十五条 劳动争议仲裁机构作出终局裁决，劳动者向人民法院申请执行，用人单位向劳动争议仲裁机构所在地的中级人民法院申请撤销的，人民法院应当裁定中止执行。

用人单位撤回撤销终局裁决申请或者其申请被驳回的，人民法院应当裁定恢复执行。仲裁裁决被撤销的，人民法院应当裁定终结执行。

用人单位向人民法院申请撤销仲裁裁决被驳回后，又在执行程序中以相同理由提出不予执行抗辩的，人民法院不予支持。

第二十六条 用人单位与其他单位合并的，合并前发生的劳动争议，由合并后的单位为当事人；用人单位分立为若干单位的，其分立前发生的劳动争议，由分立后的实际用人单位为当事人。

用人单位分立为若干单位后，具体承受劳动权利义务的单位不明确的，分立后的单位均为当事人。

第二十七条 用人单位招用尚未解除劳动合同的劳动者，原用人单位与劳动者发生的劳动争议，可以列新的用人单位为第三人。

原用人单位以新的用人单位侵权为由提起诉讼的，可以列劳动者为第三人。

原用人单位以新的用人单位和劳动者共同侵权为由提起诉讼的，新的用人单位和劳动者列为共同被告。

第二十八条 劳动者在用人单位与其他平等主体之间的承包经营期间，与发包方和承包方双方或者一方发生劳动争议，依法提起诉讼的，应当将承包方和发包方作为当事人。

第二十九条 劳动者与未办理营业执照、营业执照被吊销或者营业期限届满仍继续经营的用人单位发生争议的，应当将用人单位或者其出资人列为当事人。

第三十条 未办理营业执照、营业执照被吊销或者营业期限届满仍继续经营的用人单位，以挂靠等方式借用他人营业执照经营的，应当将用人单位和营业执照出借方列为当事人。

第三十一条 当事人不服劳动争议仲裁机构作出的仲裁裁决，依法提起诉讼，人民法院审查认为仲裁裁决遗漏了必须共同参加仲裁的当事人的，应当依法追加遗漏的人为诉讼当事人。

被追加的当事人应当承担责任的，人民法院应当一并处理。

第三十二条 用人单位与其招用的已经依法享受养老保险待遇或者领取退休金的人员发生用工争议而提起诉讼的，人民法院应当按劳务关系处理。

企业停薪留职人员、未达到法定退休年龄的内退人员、下岗待岗人员以及企业经营性停产放长假人员，因与新的用人单位发生用工争议而提起诉讼的，人民法院应当按劳动关系处理。

第三十三条 外国人、无国籍人未依法取得就业证件即与中华人民共和国境内的用人单位签订劳动合同，当事人请求确认与用人单位存在劳动关系的，人民法院不予支持。

持有《外国专家证》并取得《外国人来华工作许可证》的外国人，与中华人民共和国境内的用人单位建立用工关系的，可以认定为劳动关系。

第三十四条 劳动合同期满后，劳动者仍在原用人单位工作，原用人单位未表示异议的，视为双方同意以原条件继续履行劳动合同。一方提出终止劳动关系的，人民法院应予支持。

根据劳动合同法第十四条规定，用人单位应当与劳动者签订无固定期限劳动合同而未签订的，人民法院可以视为双方之间存在无固定期限劳动合同关系，并以原劳动合同确定双方的权利义务关系。

第三十五条 劳动者与用人单位就解除或者终止劳动合同办理相关手续、支付工资报酬、加班费、经济补偿或者赔偿金等达成的协议，不违反法律、行政法规的强制性规定，且不存在欺诈、胁迫或者乘人之危情形的，应当认定有效。

前款协议存在重大误解或者显失公平情形，当事人请求撤销的，人民法院应予支持。

第三十六条 当事人在劳动合同或者保密协议中约定了竞业限制，但未约定解除或者终止劳动合同后给予劳动者经济补偿，劳动者履行了竞业限制义务，要求用人单位按照劳动者在劳动合同解除或者终止前十二个月平均工资的30%按月支付经济补偿的，人民法院应予支持。

前款规定的月平均工资的30%低于劳动合同履行地最低工资标准的，按照劳动合同履行地最低工资标准支付。

第三十七条 当事人在劳动合同或者保密协议中约定了竞业限制和经济补偿，当事人解除劳动合同时，除另有约定外，用人单位要求劳动者履行竞业限制义务，或者劳动者履行了竞业限制义务后要求用人单位支付经济补偿的，人民法院应予支持。

第三十八条 当事人在劳动合同或者保密协议中约定了竞业限制和经济补偿，劳动合同解除或者终止后，因用人单位的原因导致三个月未支付经济补偿，劳动者请求解除竞业限制约定的，人民法院应予支持。

第三十九条 在竞业限制期限内，用人单位请求解除竞业限制协议的，人民法院应予支持。

在解除竞业限制协议时，劳动者请求用人单位额外支付劳动者三个月的竞业限制经济补偿的，人民法院应予支持。

第四十条 劳动者违反竞业限制约定，向用人单位支付违约金后，用人单位要求劳动者按照约定继续履行竞业限制义务的，人民法院应予支持。

第四十一条 劳动合同被确认为无效，劳动者已付出劳动的，用人单位应当按照劳动合同法第二十八条、第四十六条、第四十七条的规定向劳动者支付劳动报酬和经济补偿。

由于用人单位原因订立无效劳动合同，给劳动者造成损害的，用人单位应当赔偿劳动者因合同无效所造成的经济损失。

第四十二条　劳动者主张加班费的，应当就加班事实的存在承担举证责任。但劳动者有证据证明用人单位掌握加班事实存在的证据，用人单位不提供的，由用人单位承担不利后果。

第四十三条　用人单位与劳动者协商一致变更劳动合同，虽未采用书面形式，但已经实际履行了口头变更的劳动合同超过一个月，变更后的劳动合同内容不违反法律、行政法规且不违背公序良俗，当事人以未采用书面形式为由主张劳动合同变更无效的，人民法院不予支持。

第四十四条　因用人单位作出的开除、除名、辞退、解除劳动合同、减少劳动报酬、计算劳动者工作年限等决定而发生的劳动争议，用人单位负举证责任。

第四十五条　用人单位有下列情形之一，迫使劳动者提出解除劳动合同的，用人单位应当支付劳动者的劳动报酬和经济补偿，并可支付赔偿金：

（一）以暴力、威胁或者非法限制人身自由的手段强迫劳动的；

（二）未按照劳动合同约定支付劳动报酬或者提供劳动条件的；

（三）克扣或者无故拖欠劳动者工资的；

（四）拒不支付劳动者延长工作时间工资报酬的；

（五）低于当地最低工资标准支付劳动者工资的。

第四十六条　劳动者非因本人原因从原用人单位被安排到新用人单位工作，原用人单位未支付经济补偿，劳动者依据劳动合同法第三十八条规定与新用人单位解除劳动合同，或者新用人单位向劳动者提出解除、终止劳动合同，在计算支付经济补偿或赔偿金的工作年限时，劳动者请求把在原用人单位的工作年限合并计算为新用人单位工作年限的，人民法院应予支持。

用人单位符合下列情形之一的，应当认定属于"劳动者非因本人原因从原用人单位被安排到新用人单位工作"：

（一）劳动者仍在原工作场所、工作岗位工作，劳动合同主体由原用人单位变更为新用人单位；

（二）用人单位以组织委派或任命形式对劳动者进行工作调动的；

（三）因用人单位合并、分立等原因导致劳动者工作调动；

（四）用人单位及其关联企业与劳动者轮流订立劳动合同；

（五）其他合理情形。

第四十七条 建立了工会组织的用人单位解除劳动合同符合劳动合同法第三十九条、第四十条规定，但未按照劳动合同法第四十三条规定事先通知工会，劳动者以用人单位违法解除劳动合同为由请求用人单位支付赔偿金的，人民法院应予支持，但起诉前用人单位已经补正有关程序的除外。

第四十八条 劳动合同法施行后，因用人单位经营期限届满不再继续经营导致劳动合同不能继续履行，劳动者请求用人单位支付经济补偿的，人民法院应予支持。

第四十九条 在诉讼过程中，劳动者向人民法院申请采取财产保全措施，人民法院经审查认为申请人经济确有困难，或者有证据证明用人单位存在欠薪逃匿可能的，应当减轻或者免除劳动者提供担保的义务，及时采取保全措施。

人民法院作出的财产保全裁定中，应当告知当事人在劳动争议仲裁机构的裁决书或者在人民法院的裁判文书生效后三个月内申请强制执行。逾期不申请的，人民法院应当裁定解除保全措施。

第五十条 用人单位根据劳动合同法第四条规定，通过民主程序制定的规章制度，不违反国家法律、行政法规及政策规定，并已向劳动者公示的，可以作为确定双方权利义务的依据。

用人单位制定的内部规章制度与集体合同或者劳动合同约定的内容不一致，劳动者请求优先适用合同约定的，人民法院应予支持。

第五十一条 当事人在调解仲裁法第十条规定的调解组织主持下达成的具有劳动权利义务内容的调解协议，具有劳动合同的约束力，可以作为人民法院裁判的根据。

当事人在调解仲裁法第十条规定的调解组织主持下仅就劳动报酬争议达成调解协议，用人单位不履行调解协议确定的给付义务，劳动者直接提起诉讼的，人民法院可以按照普通民事纠纷受理。

第五十二条 当事人在人民调解委员会主持下仅就给付义务达成的调解协议，双方认为有必要的，可以共同向人民调解委员会所在地的基层人民法院申请司法确认。

第五十三条 用人单位对劳动者作出的开除、除名、辞退等处理，或者因其他原因解除劳动合同确有错误的，人民法院可以依法判决予以撤销。

对于追索劳动报酬、养老金、医疗费以及工伤保险待遇、经济补偿金、培训费及其他相关费用等案件，给付数额不当的，人民法院可以予以变更。

第五十四条 本解释自 2021 年 1 月 1 日起施行。

人力资源社会保障部、最高人民法院关于劳动人事争议仲裁与诉讼衔接有关问题的意见（一）

- 2022年2月21日
- 人社部发〔2022〕9号

各省、自治区、直辖市人力资源社会保障厅（局）、高级人民法院，解放军军事法院，新疆生产建设兵团人力资源社会保障局、新疆维吾尔自治区高级人民法院生产建设兵团分院：

为贯彻党中央关于健全社会矛盾纠纷多元预防调处化解综合机制的要求，落实《人力资源社会保障部最高人民法院关于加强劳动人事争议仲裁与诉讼衔接机制建设的意见》（人社部发〔2017〕70号），根据相关法律规定，结合工作实践，现就完善劳动人事争议仲裁与诉讼衔接有关问题，提出如下意见。

一、劳动人事争议仲裁委员会对调解协议仲裁审查申请不予受理或者经仲裁审查决定不予制作调解书的，当事人可依法就协议内容中属于劳动人事争议仲裁受理范围的事项申请仲裁。当事人直接向人民法院提起诉讼的，人民法院不予受理，但下列情形除外：

（一）依据《中华人民共和国劳动争议调解仲裁法》第十六条规定申请支付令被人民法院裁定终结督促程序后，劳动者依据调解协议直接提起诉讼的；

（二）当事人在《中华人民共和国劳动争议调解仲裁法》第十条规定的调解组织主持下仅就劳动报酬争议达成调解协议，用人单位不履行调解协议约定的给付义务，劳动者直接提起诉讼的；

（三）当事人在经依法设立的调解组织主持下就支付拖欠劳动报酬、工伤医疗费、经济补偿或者赔偿金事项达成调解协议，双方当事人依据《中华人民共和国民事诉讼法》第二百零一条的规定共同向人民法院申请司法确认，人民法院不予确认，劳动者依据调解协议直接提起诉讼的。

二、经依法设立的调解组织调解达成的调解协议生效后，当事人可以共同向有管辖权的人民法院申请确认调解协议效力。

三、用人单位依据《中华人民共和国劳动合同法》第九十条规定，要求劳动者承担赔偿责任的，劳动人事争议仲裁委员会应当依法受理。

四、申请人撤回仲裁申请后向人民法院起诉的，人民法院应当裁定不予受理；已经受理的，应当裁定驳回起诉。

申请人再次申请仲裁的，劳动人事争议仲裁委员会应当受理。

五、劳动者请求用人单位支付违法解除或者终止劳动合同赔偿金，劳动人事争议仲裁委员会、人民法院经审查认为用人单位系合法解除劳动合同应当支付经济补偿的，可以依法裁决或者判决用人单位支付经济补偿。

劳动者基于同一事实在仲裁辩论终结前或者人民法院一审辩论终结前将仲裁请求、诉讼请求由要求用人单位支付经济补偿变更为支付赔偿金的，劳动人事争议仲裁委员会、人民法院应予准许。

六、当事人在仲裁程序中认可的证据，经审判人员在庭审中说明后，视为质证过的证据。

七、依法负有举证责任的当事人，在诉讼期间提交仲裁中未提交的证据的，人民法院应当要求其说明理由。

八、在仲裁或者诉讼程序中，一方当事人陈述的于己不利的事实，或者对于己不利的事实明确表示承认的，另一方当事人无需举证证明，但下列情形不适用有关自认的规定：

（一）涉及可能损害国家利益、社会公共利益的；

（二）涉及身份关系的；

（三）当事人有恶意串通损害他人合法权益可能的；

（四）涉及依职权追加当事人、中止仲裁或者诉讼、终结仲裁或者诉讼、回避等程序性事项的。

当事人自认的事实与已经查明的事实不符的,劳动人事争议仲裁委员会、人民法院不予确认。

九、当事人在诉讼程序中否认在仲裁程序中自认事实的,人民法院不予支持,但下列情形除外:

(一)经对方当事人同意的;

(二)自认是在受胁迫或者重大误解情况下作出的。

十、仲裁裁决涉及下列事项,对单项裁决金额不超过当地月最低工资标准十二个月金额的,劳动人事争议仲裁委员会应当适用终局裁决:

(一)劳动者在法定标准工作时间内提供正常劳动的工资;

(二)停工留薪期工资或者病假工资;

(三)用人单位未提前通知劳动者解除劳动合同的一个月工资;

(四)工伤医疗费;

(五)竞业限制的经济补偿;

(六)解除或者终止劳动合同的经济补偿;

(七)《中华人民共和国劳动合同法》第八十二条规定的第二倍工资;

(八)违法约定试用期的赔偿金;

(九)违法解除或者终止劳动合同的赔偿金;

(十)其他劳动报酬、经济补偿或者赔偿金。

十一、裁决事项涉及确认劳动关系的,劳动人事争议仲裁委员会就同一案件应当作出非终局裁决。

十二、劳动人事争议仲裁委员会按照《劳动人事争议仲裁办案规则》第五十条第四款规定对不涉及确认劳动关系的案件分别作出终局裁决和非终局裁决,劳动者对终局裁决向基层人民法院提起诉讼、用人单位向中级人民法院申请撤销终局裁决、劳动者或者用人单位对非终局裁决向基层人民法院提起诉讼的,有管辖权的人民法院应当依法受理。

审理申请撤销终局裁决案件的中级人民法院认为该案件必须以非终局裁决案件的审理结果为依据,另案尚未审结的,可以中止诉讼。

十三、劳动者不服终局裁决向基层人民法院提起诉讼，中级人民法院对用人单位撤销终局裁决的申请不予受理或者裁定驳回申请，用人单位主张终局裁决存在《中华人民共和国劳动争议调解仲裁法》第四十九条第一款规定情形的，基层人民法院应当一并审理。

十四、用人单位申请撤销终局裁决，当事人对部分终局裁决事项达成调解协议的，中级人民法院可以对达成调解协议的事项出具调解书；对未达成调解协议的事项进行审理，作出驳回申请或者撤销仲裁裁决的裁定。

十五、当事人就部分裁决事项向人民法院提起诉讼的，仲裁裁决不发生法律效力。当事人提起诉讼的裁决事项属于人民法院受理的案件范围的，人民法院应当进行审理。当事人未提起诉讼的裁决事项属于人民法院受理的案件范围的，人民法院应当在判决主文中予以确认。

十六、人民法院根据案件事实对劳动关系是否存在及相关合同效力的认定与当事人主张、劳动人事争议仲裁委员会裁决不一致的，人民法院应当将法律关系性质或者民事行为效力作为焦点问题进行审理，但法律关系性质对裁判理由及结果没有影响，或者有关问题已经当事人充分辩论的除外。

当事人根据法庭审理情况变更诉讼请求的，人民法院应当准许并可以根据案件的具体情况重新指定举证期限。

不存在劳动关系且当事人未变更诉讼请求的，人民法院应当判决驳回诉讼请求。

十七、对符合简易处理情形的案件，劳动人事争议仲裁委员会按照《劳动人事争议仲裁办案规则》第六十条规定，已经保障当事人陈述意见的权利，根据案件情况确定举证期限、开庭日期、审理程序、文书制作等事项，作出终局裁决，用人单位以违反法定程序为由申请撤销终局裁决的，人民法院不予支持。

十八、劳动人事争议仲裁委员会认为已经生效的仲裁处理结果确有错误，可以依法启动仲裁监督程序，但当事人提起诉讼，人民法院已经受理的除外。

劳动人事争议仲裁委员会重新作出处理结果后，当事人依法提起诉讼的，人民法院应当受理。

十九、用人单位因劳动者违反诚信原则，提供虚假学历证书、个人履历等与订立劳动合同直接相关的基本情况构成欺诈解除劳动合同，劳动者主张解除劳动合同经济补偿或者赔偿金的，劳动人事争议仲裁委员会、人民法院不予支持。

二十、用人单位自用工之日起满一年未与劳动者订立书面劳动合同，视为自用工之日起满一年的当日已经与劳动者订立无固定期限劳动合同。

存在前款情形，劳动者以用人单位未订立书面劳动合同为由要求用人单位支付自用工之日起满一年之后的第二倍工资的，劳动人事争议仲裁委员会、人民法院不予支持。

二十一、当事人在劳动合同或者保密协议中约定了竞业限制和经济补偿，劳动合同解除或者终止后，因用人单位的原因导致三个月未支付经济补偿，劳动者请求解除竞业限制约定的，劳动人事争议仲裁委员会、人民法院应予支持。

图书在版编目（CIP）数据

劳动关系全流程法律实务解析/桂维康著. —北京：中国法制出版社，2023.1
ISBN 978-7-5216-3232-3

Ⅰ.①劳… Ⅱ.①桂… Ⅲ.①劳动法-中国-指南 Ⅳ.①D922.5-62

中国国家版本馆 CIP 数据核字（2023）第 012137 号

责任编辑：赵　燕　李槟红　　　　　　　　　　封面设计：杨泽江

劳动关系全流程法律实务解析
LAODONG GUANXI QUANLIUCHENG FALÜ SHIWU JIEXI

著者/桂维康
经销/新华书店
印刷/河北华商印刷有限公司
开本/787 毫米×1092 毫米　16 开　　　印张/ 22.5　字数/ 352 千
版次/2023 年 1 月第 1 版　　　　　　　　2023 年 1 月第 1 次印刷

中国法制出版社出版
书号 ISBN 978-7-5216-3232-3　　　　　　　　　　　定价：75.00 元

北京市西城区西便门西里甲 16 号西便门办公区
邮政编码：100053　　　　　　　　　　传真：010-63141600
网址：http://www.zgfzs.com　　　　　　编辑部电话：010-63141671
市场营销部电话：010-63141612　　　　印务部电话：010-63141606

（如有印装质量问题，请与本社印务部联系。）